守　望　经　典　　学　问　弥　新

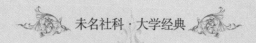

菊与刀

日本文化模式论

〔美〕鲁思·本尼迪克特 著

何道宽 译

北京大学出版社

图书在版编目(CIP)数据

菊与刀:日本文化模式论/(美)鲁思·本尼迪克特(Benedict,R.)著;
何道宽译.—北京:北京大学出版社,2013.1
(未名社科·大学经典)
ISBN 978-7-301-21835-8

Ⅰ.①菊…　Ⅱ.①本…②何…　Ⅲ.①民族文化—研究—日本　Ⅳ.①K313.03

中国版本图书馆 CIP 数据核字(2012)第 302353 号

书　　　　名:	菊与刀:日本文化模式论
著作责任者:	〔美〕鲁思·本尼迪克特(Ruth Benedict)　著　何道宽　译
责 任 编 辑:	周丽锦　陈相宜
标 准 书 号:	ISBN 978-7-301-21835-8
出 版 发 行:	北京大学出版社
地　　　　址:	北京市海淀区成府路 205 号　100871
网　　　　址:	http://www.pup.cn　新浪官方微博:@北京大学出版社
电 子 信 箱:	ss@pup.pku.edu.cn
电　　　　话:	邮购部 010-62752015　发行部 010-62750672
	编辑部 010-62753121
印　刷　者:	北京汇林印务有限公司
经　销　者:	新华书店
	890 毫米×1240 毫米　A5　9.5 印张　203 千字
	2013 年 1 月第 1 版　2023 年 2 月第 8 次印刷
定　　　价:	49.00 元

未经许可,不得以任何方式复制或抄袭本书之部分或全部内容。
版权所有,侵权必究
举报电话:010—62752024　电子信箱:fd@pup.pku.edu.cn

鲁思·本尼迪克特
(Ruth Benedict, 1887—1948)

经典作家小传

鲁思·本尼迪克特

(Ruth Benedict,1887—1948)

美国著名人类学家,文化模式论创始人,第二次世界大战前后美国两大人类学女杰之一,心理人类学代表人物之一。她在大学期间学习的是英国文学,1919年前往哥伦比亚大学从事人类学研究,师从人类学历史学派创始人弗兰茨·博厄斯(Franz Boas,1858—1942),1923年获得博士学位。她于1927年开始研究印第安部落文化,后写成《文化模式》(*Patterns of Culture*,1934)一书,开拓了文化和个人性格研究的新方向。1940年完成《种族:科学与政治》(*Race:Science and Politics*)一书,批判种族歧视。第二次世界大战期间从事对罗马尼亚、荷兰、德国、泰国等国的民族性的研究,而其中以对日本的研究——《菊与刀:日本文化模式论》一书的贡献最大。二战结束后,她继续在哥伦比亚大学参加"当代文化研究",于1948年病逝。

名师点评

《菊与刀》一书是以对个案访谈和关于日本文化诸议题的资料的严谨分析为基础写作而成的。儿童教育,以及个人生命中的各种事项被紧密联系在一起。这本书前进了很大一步,使文化和个人性格研究接受了这样一个观点,即人类行为与政治和宗教制度比与人的生物性更为相关。

——玛格丽特·米德(美国著名人类学家)

(《菊与刀》)从对战争(第二次世界大战)的看法讲起,讲到明治维新,再分述日本人的风俗习惯、道德观念,一直到怎样"自我训练"(修养)和教育孩子学习传统。全书夹叙夹议,贯穿着作者的人类学文化类型论的观点,一点也不枯燥。……我们同东方这位邻国的关系是很不寻常的,难道我们不该多了解它一点吗?

——金克木(北京大学教授)

本书著者的学识和能力令人惊叹。尽管作者一次也没有到过日本,但她却搜集了如此众多和非常重要的事实。虽然这些事实是些一目了然的日常的事情,可著者正是依据这些事实栩栩如生地描绘出日本人的精神生活和文化全貌。著者还在分析这些事实的基础上,推导出关于日本文化基本的然而对整体来说又是具有决定意义的诸特征。

——川岛武宜(东京帝国大学)

《菊与刀》是一部研究日本的名著,最初发表于1946年。由于近年来中日关系是国人关心的话题,作为一本分析日本人文化性格(日本的国民性)的名著,《菊与刀》可以使读者对日本的国民性有更多的认识。……《菊与刀》问世已经半个多世纪了,但书中所提示的关于日本文化的基本理论和观点,对于理解当代日本文化和日本人的行为方式仍具有重要的参考价值。

——崔世广(中国社会科学院日本所文化研究室主任)

目 录

第一章　受命研究日本　/ 001

第二章　战争中的日本人　/ 019

第三章　各安其位　/ 039

第四章　明治维新　/ 069

第五章　欠时代和社会的恩情　/ 089

第六章　滴水之恩，难以回报　/ 105

第七章　情义的回报"最难承受"　/ 123

第八章　维护名誉　/ 135

第九章　情感的世界　/ 163

第十章　道德的两难困境　/ 179

第十一章　自我修养　/ 207

第十二章　儿童的学习　/ 229

第十三章　投降后的日本人　/ 267

译者后记　/ 285

第一章　受命研究日本

经典名句

◆ 战刀和菊花是这幅画的一体两面。日本人极富攻击性又不冒犯人,既穷兵黩武又有审美情趣,既骄横又和蔼,既僵化又善变,既恭顺服从又不听人摆布,既忠心耿耿又背信弃义,既勇敢又怯懦,既谨守传统又顺应新潮。他们非常担心别人对自己行为的评价,当别人没有觉察到他们的过失时,他们又因愧疚而惴惴不安。他们的士兵既俯首帖耳、绝对服从,又桀骜不驯、长有反骨。

◆ 只有在注意到一个民族生存中最司空见惯的现象时,你才能充分意识到人类学家研究工作的先决条件:原始部落也好,最先进的民族也好,其日常生活中的行为都是后天学会的。无论其行为或意见多么古怪,他思想感情的方式与他的生活经验都息息相关。

《富岳三十六景·常州牛堀》

在美国与之拼死交战的敌人中，日本人是最为陌生的。他们的行为与思维习惯极为独特，过去与强敌作战时，我们没有必要考虑这样的因素。与1905年的沙皇俄国一样，日本人全副武装、训练有素，不属于西方文化传统。对他们而言，西方国家接受的、战争里的人性常规显然并不存在。如此，太平洋战争之艰苦卓绝就远不止涉及连绵不绝的抢占滩头、夺取岛屿，也只是难以克服的后勤补给问题了。于是，了解敌人的本性就成了大问题。我们必须要理解他们的行为，然后才能对付他们。

困难之大，难以尽述。自日本闭锁的国门被打开以来的75年间，外人对日本人的描绘用了一连串匪夷所思的"但是又"，人们对其他任何民族进行描绘时，都不曾用这样的语汇。严肃的观察家论述其他民族时也许会说，某某民族彬彬有礼、前无古人，但他不太可能补上一句："但是又趾高气扬、盛气凌人。"如果他说某某民族顽固僵化、无与伦比，也不会补充说："但是又欣然适应极端的革新。"如果他说某某民族恭顺服从，就不会说这个民族很不容易服从自上而下的控制。如果他说某某民族忠心耿耿、宽宏大量，就不会说，"但是又背信弃义、心怀恶意"。如果他说某某民族无所畏惧，就不会说他们畏首畏尾。当他说某某民族很在意他人的意见时，就不会说他们真诚的良心令人吃惊。当他议论某民族的军队里机器人似的纪律时,他就不会说他们桀骜不驯、长有反骨。当他说这个民族专心致志、热衷西学时,他就不会再放大他们热情的保守主义。他用一本书论述这个民族普遍的审美狂热、对演员和艺术家的尊敬,描绘他们如何醉心于栽培菊花的艺术;如果是这样,通常他就不会再写另一本书来描绘他们对刀术的崇拜,以及武士至上的威望。

菊花与战刀

然而,这一切矛盾都是论述日本的任何著作不可或缺的经纬,而且是千真万确的矛盾。战刀和菊花是这幅画的一体两面。日本人极富攻击性又不冒犯人,既穷兵黩武又有审美情趣,既骄横又和蔼,既僵化又善变,既恭顺服从又不听人摆布,既忠心耿耿又背信弃义,既勇敢又怯懦,既谨守传统又顺应新潮。他们非常担心别人对自己行为的评价,当别人没有觉察到他们的过失时,他们又因愧疚而惴惴不安。他们的士兵既俯首帖耳、绝对服从,又桀骜不驯、长有反骨。

战时的美国需要了解日本,这是迫在眉睫、极端重要的任务。上述矛盾以及其他许多显著的矛盾,我们都不能弃之不顾。我们面对的危机接踵而至。日本人将要做什么?如果不入侵其本土,日本会投降吗?我们该不该轰炸天皇的皇宫?我们对日本战俘有何期望?在对日军和日本本土的宣传中,我们应该说什么才能挽救美国士兵的生命,才能削弱他们战到最后一兵一卒的决心?日本通们的各种建言也见仁见智、尖锐对立。和平来临时,为了让他们规规矩矩,我们需要对他们实行长期的军事管制吗?我们的军队不得不清剿日本山区要塞里死拼到底的日本兵吗？日本会不会发生法国革命、俄国革命那种革命，然后才能实现国际和平呢？谁会领导那样的革命呢？另一种选择是不是灭绝日本人呢？不同的判断会产生天壤之别的后果。

1944年6月，我受命研究日本。对我的要求是，用我所能调动的一切文化人类学方法进行研究，详细描绘日本人是什么样的民族。那年初夏，我们对日本的大反攻初露端倪、异常猛烈。许多美国人还在说，对日作战还要打3年，或者10年，甚至更久。日本人还在说要打100年。他们说，美国人只取得了局部地区的小胜，新几内亚和所罗门业已失手，但这些岛屿离日本列岛数千英里。日本官方的公报拒不承认海上的惨败，民众仍然自认为在打胜仗。

但那年6月，战局开始变化。欧洲开辟了第二战场，最高统帅部在两年半的时间里以欧洲战场优先的方针有了回报。对德作战的胜利已然在望。在太平洋战场上，美军已经在塞班岛登陆，预示日本终将战败。自此，我们的士兵常常与日军短兵相接。在新几内亚的瓜达尔卡纳尔岛，在缅甸的阿图、塔拉瓦和比亚克的战役中，我们深知，我们所面对的是令人生畏的敌人。

因此到1944年6月，回答有关日本帝国的许多问题就至关重要了。无论军事问题还是外交问题，无论高层提出的政策问题还是到日本人后方撒传单的问题，每一种洞见都意义重大。在举国动员的对日作战中，我们必须要知道许多答案，不仅要知道东京当权者的目的和动机，不仅要理解日本漫长的历史，不仅要知道经济的和军事的统计数据，而且要知道日本政府指望日本人民做什么。我们必须要了解日本人思想感情的习惯，了解其思想感情的模式。我们必须要了解他们的行为和意见背后约束的力量。我们必须要尽可能搁置美国人行为举止的前提，以免轻率断言，在给定情况下，我们的行为举止如何，他们的行为举止也就应该如何如何。

我的任务有困难。美国和日本正在交战；战争期间你容易谴责敌方，予以全盘否定；更加困难的是尝试用敌方的眼睛察看其生活。但我必须迎难而上。问题在于日本人如何行动，而不是我们处在他们的位置时会如何行动。我必须要将日本人的战时行动作为理解他们的资产，而不是将其视为负担。我不得不察看他们作战的方式，暂时不将其当作军事问题，而是视之为文化问题。战时也好，和平时期也好，日本人的行为都有其特质。他们的作战方式表露了他们什么样的生活方式和思维方式呢？他们的领袖如何鼓舞士气，如何安抚困惑的民众，如何利用战场上的士兵，这一切都会显示，他们如何看待自己可资利用的优势。我必须穷究战争的种种细节，以便看清日本人的行为特征是如何一步步显露出来的。

然而，两国正在交战，这是我遭遇到的严重的不利条件。这意味着，我不得不放弃文化人类学家最重要的研究方法：田野调查。我不能去日本，不能到日本人家里借宿，无法观察他们日常生活里的紧张和压力，无法亲眼分辨哪些是关键问题，哪些是枝节问题。我不能观察面对复杂问题的决策过程。我不能观察他们的孩子的成长过程。我只有一种田野调查的书可供参考，即人类学家对日本村庄的研究，这就是人类学家约翰·恩布里价值连城的《须惠村》(Suye Mura)，但我们在1944年面对的许多问题这本书尚未提出来。

尽管困难重重,但作为人类学家,我相信我可以采纳一些技法和假设。至少我不必放弃人类学家倚重的面对面研究。许多旅居美国的日本人是在日本长大的,我可以询问他们亲身经验的具体事实,

> 《须惠村》(*Suye Mura*,1939),是人类学家在实地考察的基础上写出的一本关于日本村落的著作。其作者为约翰·恩布里(John Embree,1908—1950),美国人类学家、日本问题专家,二战期间受聘于美国陆军部,参与人员培训。

发现他们如何判断这些事实,用他们描绘的经验来填补我们知识的缺口。作为人类学家,我相信这些知识是理解任何一种文化必不可少的条件。其他一些社会科学家研究日本时倚重的是,利用图书馆,分析过去的事件或统计数据,跟踪日本的文字宣传或口头宣传。我相信,他们追寻的许多答案嵌入在日本文化的规则和价值中,如果倚重实际上生活于其中的人去探索那种文化,我们就能发现更令人满意的答案。

这并不意味着,我不读文献,我感谢曾经在日本生活的西方人留下的著述。有关日本的文献浩如烟海,优秀的西方学者对日本的观察著述汗牛充栋。与其他人类学家相比,我的有利条件略胜一筹。到亚马逊河源头或新几内亚高地去做田野调查的人类学家不得不研究无文字的部落。这些部落没有书面语,不能把自我流露的信息诉诸笔端、留在纸上;而西方人留下的评述既稀缺又肤浅。没有人知道这些部落的历史,所以人类学家不能借助前人的研究成果,只能靠田野调查去发现:这些部落人的经济生活如何运行,他们对社会满意的程度,其最重要的宗教生活是什么。在日本研究方面,我是许多学者的后继者。对日本人生活细节的

许多描写深藏于古籍中。欧美人士以生动的文字描绘了他们的经历,日本人留下了异乎寻常的自我展示的文字。和许多东方民族不一样,他们有强烈的冲动去自我表露。他们既记录琐碎的生活细节,又阐述自己全球扩张的规划。他们的坦承令人吃惊。当然,他们不展示全景,任何民族都不会。日本人写日本时,常略去许多非常关键的事情,因为那些事情像我们呼吸的空气,让人视而不见、习而不察。同理,美国人写美国时,常常也会忽略自己熟悉的东西。尽管如此,日本人还是喜欢展露自己。

我阅读文献的方式颇像达尔文重建物种起源理论时的读书方法,特别注意那些难以理解的东西。为了理解议会演说里杂然纷呈的思想,我需要知道什么呢?他们对情有可原的小问题猛烈抨击,对骇人听闻的暴行却轻易接受。这背后隐藏着什么?我一边读,一边不停地问:这一场景到底"错在哪里"?为了理解,我需要知道什么?

我还在看日本人创作和拍摄的电影,包括宣传片、历史片以及表现当代东京生活和乡间生活的故事片。事后,我又与日本人一道重温这些片子,其中一些是他们过去在日本看过的;无论是哪一种情况,他们都以日本人的视角看其中的男女主人公和反面人物,与我的视角大不相同。当我云里雾里、不解其意时,他们却能一目了然。他们看情节和动机的方式有别于我,他们从影片的结构去看,当然是自有其理的。至于对小说的理解,我们的差异就更为悬殊,我感觉到的字面意思和他们所理解的意思迥然不同。一些日本人急忙为日本人的习俗辩护,另一些却仇恨日本的一切。至于我从哪一种日本人那里学得更多,真还难以说清。而日本人如何规范自己的生活,两种人所描绘的熟悉的画面,却相当一致，无论其态度是欣然接受或痛加排斥。

　　人类学家搜集材料、获取洞见时直接走向他们研究的民族和文化；就此而言，他所做的工作与旅居日本的精明的西方观察家无异。如果他能提供的洞见仅限于此，他就不可能在这些外国旅居者宝贵研究的基础上添砖加瓦。然而，文化人类学家训练有素，他拥有一些特殊的资格；尽管文化领域已有大量的学者和观察家，他还是不妨一试，做出自己的贡献。这是值得的。

　　人类学家了解亚太地区的许多文化。日本人的许多生活安排和生活习惯与太平洋海岛上的原始部落有不少相似之处。一些相似性见于马来西亚、新几内亚或波利尼西亚。遥想这些相似性是否显示古代的迁徙或接触，固然十分有趣，但这种文化相似性知识对我而言之所以有价值，并不是因为它们曾经有历史关联。原因毋宁是：在这些比较朴素的文化里，我知道其社会制度和风俗习惯是如何运作的，我可以从其异同中找到解读日本生活的线索。我还对亚洲大陆的暹罗、缅甸和中国略知一二，因此，我可以对日本和其他民族进行比较，因为日本的很大一部分文化遗产与这些民族相关。通过对原始民族的研究，人类学家业已反复证明，这样的文化比较极其有用。一个部落的风俗习惯与相邻部落可能有70%的相同之处，但为了适应自己的生活方式和价值体系，它的风俗习惯经历了一些变化；其生活方式和价值体系与邻居是不相同的。在变化的过程中，这个部落可能会摒弃一些基本的风俗习惯，但无论被摒弃的部分比例多么小，该部落的未来发展道路总会有一个独特的方向。总体上，不同的民族有许多相同的特质；人类学家研究其差异，这种研究的应用价值，无与伦比。

　　人类学家还必须适应自己的文化与其他文化的最大差异，为此,他们必须要磨砺自己的研究方法。他们从经验中获知,不同文化的人面对的情景可能有天壤之别,他们对这些情景的理解也别若云泥。在北极村或热带沙漠里,人类学家面对全然陌生的亲属责任或经济交换,连狂放不羁的幻想也不可能凭空杜撰这样的文化特质。他们必须要对这些亲属关系和经济交换进行事无巨细的研究,而且还必须对其影响进行透彻的研究;他们还要仔细调查,每一代人如何从小就受这些习俗的制约,如何将其代代传承。

对文化差异及其制约和后果,人类学家表现出专业关怀;这样的关怀用于研究日本必大有斩获。对美国和日本根深蒂固的文化差异,无人不察。我们有一句民谚说:无论我们干什么,日本人都反向而行。除非研究者满足于说,这样的差异不可思议,这样的民族难以理解,否则人们对这两个民族文化差异的信念是没有危险的。人类学家的经验充分证明,即使奇异的行为也不会妨碍我们的理解。与其他社会科学家相比,专业的人类学家能更好地利用文化差异,将其视为资产,而不是负担。正是因为这些表面上奇异的现象,他特别注意制度及其民族的差异;差异越大,他就越是注意。研究一个部落的生活方式时,他不会将任何东西视为理所当然;他不会只挑选少数事实去考察,而是要审视一切。在研究西方民族时,缺乏比较文化训练的人总是忽略大块大块的行为领域。他们把许多东西视为理所当然,对日常生活习惯于不去探索,对日常事务中被普遍接受的判断总是忽略不计。这些平凡的事物被投射到民族的屏幕上以后,俨然会小事放大,关乎民族的未来,其重要性甚至胜过外交家签署的条约。

人类学家必须完善研究平凡现象的方法,因为当他研究部落文化时，这些司空见惯的事情与他自己国家里对应的现象是迥然不同的。当他试图理解一个部落极端凶恶、另一个部落极端怯懦的表现时，当他试图厘清他们在特定条件下的行为方式和感知方式时，他必须注重观察，注意细节；在研究文明民族时，这些观察和细节是看不到的。他有理由相信，这些现象至关重要，他也知道如何挖掘这些细节。

在研究日本文化时，值得做这样的尝试。这是因为，只有在注意到一个民族生存中最司空见惯的现象时，你才能充分意识到人类学家研究工作的先决条件：原始部落也好，最先进的民族也好，其日常生活中的行为都是后天学会的。无论其行为或意见多么古怪，他思想感情的方式与他的生活经验都息息相关。越是对某一行为不解，我越是相信，日本人的生活中存在着这种古怪行为的制约因素。如果研究工作使我一步步深入到日常交往里琐碎的细节，那真是求之不得，再好不过。人们正是这样学习的。

作为人类学家，我也从一个前提出发：最孤立的行为断片也都有千丝万缕的系统联系。我认真对待数以百计的细部是如何构建整体模式的。任何人类社会都必须要对自己的生活进行某种设计。它认可应对和评估形势的某些方式。生活于其中的人把这些解决问题的办法当作宇宙的基础。无论困难多大，他们都要对这些应对办法进行整合。人们都接受了一套价值系统。如果他们在生活中圈定一块地盘，按照一套相反的价值系统去思想和行事，过不了多久，他们就会惹火烧身：效率低下，混乱无序。他们总要使生活更有条理，趋于一致。他们为自己寻求共同的理据和共同的动机。某种程度的一致性必不可少，否则整个系统就会土崩瓦解。

因此,经济行为、家庭布局、宗教仪式和政治目标都是啮合在一起的。一个领域的变化可能会比其他领域快,从而使其他领域承受巨大的压力,而压力的兴起是为了满足系统维持一致性的需求。在前文字的社会里,以力服人靠权力意志;权力意志不仅表现在经济交易中,而且表现在宗教活动中。文明国家有古老的经典,其教会必然掌握着千百年的历史;相反,无文字的部落却不知自己的历史。在文明社会里,由于经济和政治权力日益需要公众的认可,在那些与公众的认可相抵触的领域里,教会就放弃了自己的权力。语词依旧,词义已变。宗教教义、经济活动和政治并不是堤坝里隔绝的小水池,水会盛满而溢出。越过堤坝,不同的水体便混合在一起。这是永恒的真理。研究者深入到经济、性行为、宗教、育儿等领域,研究的范围越广,他就越是能跟踪他研究的社会里正在发生的事情。他就能提出假设,广泛搜集各个生活领域的数据,他就会收获良多。他就能发现任何民族的需求,无论这些需求是用政治、经济还是道德的语词表达出来的,他都能将其视为思维习惯和方式的表现。因此,本书不是专讲日本宗教、经济生活、政治或家庭的书,它要考察日本人生活方式里那些被视为理所当然的观念。它要按照这些观念的表现来描绘其本来面目,无论涉及哪个方面、哪个领域的活动。这是讲日本人何以成为日本人的书。

20世纪的障碍之一是,我们对一个重要问题的观念仍然极为朦胧和偏颇。我们仍然不知道,美国人何以成为美利坚民族,法国人何以成为法兰西民族,俄国人何以成为俄罗斯民族。由于缺乏这样的知识,各民族彼此误解。当麻烦仅仅是毫厘之差的分歧时,我们却害怕其是不可调和的冲突。由于其总体的经验和价值体系，一个民族心中想到的行为的路数与我们截然不同、大异其趣时，我们却奢谈共同的宗旨。我们不给自己机会去发现，他们的习惯和价值是什么。如果我们给自己机会去研究，我们就会发现，我们不熟悉的行为路数未必就是坏的。

完全依靠本民族对自己的思维和行为习惯所做的论述，那是靠不住的。每一个民族都有人尝试描述自己，但那样的工作谈何容易。任何民族看生活的透镜都不同于其他民族的透镜。人很难意识到自己在通过自己的眼睛看世界。任何国家都将自己的视角视为理所当然，每个民族都自有一套看生活的聚焦和透视技巧，都觉得自己看景物的那一套本领是上帝赋予的。至于眼镜，我们不能指望戴眼镜的人知道如何给自己验光配镜；同理，我们不能指望各民族分析自己看世界的观点。我们想知道如何配镜时，我们就培训眼科医生，希望他能给我们验光配镜。毫无疑问，总有一天我们会认识到，为当代世界各民族"验光配镜"是社会科学家的任务。

这一任务要求我们，面对事实时既要心肠"硬"（tough-minded），又要相当宽宏大量。有时，善良的人会谴责忍心面对事实的态度。这种善良的人提倡"天下一家"；他们把希望寄托在说服世界各民族的基础上，他们认为，东方和西方、黑人和白人、基督教徒和伊斯兰教徒的一切差异都是表面现象，全人类都人同此心、心同此理。有时，这一观点被称为"四海之内皆兄弟"。但我不明白，为何提倡天下一家就不能说，日本人有日本人的生活方式，美国人有美国人的生活方式。有时，心肠"软"（soft-minded）的人只能将自己的善良主张建立在这样的基础上：世界上的各民族似乎是用同一张底片冲洗出来的。但如果将这样的千篇一律当作尊重每一个民族的条件,那就无异于要求自己的妻子儿女出自同一个模子,那就是神经质。"硬"心肠满足于说,差异应该存在。他们尊重差异。他们的目标是建立一个承认差异却又安全的世界。在这个世界上,美国就是地地道道的美国,却不会威胁世界和平;同理,法国就是地地道道的法国,日本就是地地道道的日本。对任何研究者而言,用外力干预来阻止这种态度走向成熟的任何企图都是痴心妄想,因为他自己也不会相信,文化差异必定是悬在世界头上的达摩克利斯之剑,他也不必害怕,采取这种立场就会使整个世界僵死不变。鼓励文化上的差异,并不意味着使世界静止。伊丽莎白女王时代之后曾有过安妮女王时代,继后又出现维多利亚女王时代,但英格兰并未丧失其特性。不同的时代之所以会出现不同的标准、不同的民族情绪,那正因为英国人就是英国人。

在希腊神话中,狄奥尼修斯国王请大臣达摩克利斯(Damocles)赴宴,命其就座,却在其头顶悬挂一柄寒光闪闪的利剑。千钧一发,利剑随时可能掉下伤人。

系统研究民族差异既需要"硬"心肠,也需要宽厚。比较宗教研究之所以兴盛,那是因为研究者既有坚定的信仰,又能非同寻常地宽宏大量。他们可能是虔诚的耶稣会士、博学的阿拉伯人士或非宗教人士,但他们不会是狂热分子。同理,如果他们对自己的生活方式处处设防、事事捍卫,总觉得那是世人应对生活的唯一办法,那么,比较文化就不可能昌盛。这种人不可能理解,对其他生活方式的了解可以增强对自己文化的热爱。他们自我封闭,不去享受令人愉快、丰富人生的体验。由于事事设防,他们必然要求其他民族采纳自己应对生活的方式，主张舍此态度，别无其他。抱这种态度的美国人必然会敦促各民族接受自己喜欢的信条。然而，其他民族不可能应我们的要求采纳我们的生活方式，就像我们无法学会用 12 进制代替 10 进制进行计算；同理，我们难以像有些东非土著人那样学会"金鸡独立"，单腿站着休息。

如此，本书论述日本人的生活习惯，是他们意料之中并视为理所当然的习惯。所论者包括：什么情况下日本人可以期待得到礼遇、什么情况下不能得到礼遇、何时感到羞耻、何时感到尴尬、对自己有何要求等。判断本书所论的理想权威就是街上的普通人，可以是任何人。这并不是说，所谓任何人是特定环境里一定在场的人。但其意思的确是：任何人都能认识到在某种情况下事情就是这样的。本研究的目标是：描绘深深扎根的思想行为态度。即使这一目标难以企及，那也是我们的理想。

在这样的研究中，你很快就到达这样一个临界点：更多人更多的证言并不能提供更多有效的素材。比如，谁对谁鞠躬、何时鞠躬，这不需要日本全国的统计数据。公认的、约定俗成的情况是任何人都可以提供的，经过几次确认以后，你就不必再到 100 万日本人那里去搜集相同的信息了。

研究者试图揭示日本人的生活方式赖以作为基础的预设，其任务之难远不止于统计数据方面的有效验证。他肩负的重任是提出报告，这些公认的习惯和判断如何成为日本人观察生活的透镜。他必须要说清楚，其预设如何影响其焦点和透视，如何影响其对生活的看法。他必须要让美国人看懂他的论述，而美国人看生活的焦点与日本人是迥然不同的。在整个分析任务中，权威的法庭未必就是"田中先生"，而是日本的"任何人"。因为"田中先生"并不明说他的预设；他无疑会觉得，为美国人所做的解释太累赘。

美国人的社会研究常常忽视文化赖以为基础的前提，不将其视为预谋的目标。大多数研究都想当然地认为，前提是不言自明的。社会学家和心理学家关注的是东鳞西爪的意见和行为，倚重的老一套手法是统计数据。他们统计分析的对象是感性材料、问卷答案、访谈的问题，他们试图从中推导出某些因素的独立性或相互依存性。在公共舆论领域，美国人完善了很有价值的技法：在全国人口中科学抽样，进行民意测验。因此我们可以发现，多少人支持或反对竞选公职的候选人，多少人支持或反对某一项政策。支持者和反对者可以按城市或乡村、高收入或低收入、共和党或民主党分类。在实行普选的国家里，法律的起草和制定都依靠民众的代表，这样的民意测验有实用价值。

美国研究者可以在美国人中搞民意测验，他们懂得发现的结果；但民意测验有一个前提，一望而知、谁也不提的前提：研究者了解美国人的生活方式，并视之为理所当然。民意测验的结果告诉我们的仅仅比我们业已知道的略多一点而已。了解另一个国家则是另一回事。对其人民的习惯和预设进行系统的定性研究是必不可少的，而且是前提，这样随后的民意测验才能发挥积极作用。凭借精心的抽样，民意测验能发现多少人拥护政府，多少人反对政府。然而，除非我们知道民众的国家观念，否则民意测验又能告诉我们什么呢？只有知道他们的国家观念，我们才知道不同的派别争论的是什么，我们才能弄懂街头上、议会里的争论。与政党的理论相比，人民有关政府的预设更具有普遍而持久的意义。在美国，对共和党和民主党而言，政府几乎就是"必要之恶"，它限制个人自由。此外,除非是在战争期间,在政府工作未必能赶得上在私营企业里的同等岗位所享有的地位。美国人的国家观和日本人的国家观相去甚远,和许多欧洲国家的版本也很不相同。我们首先需要知道的是,日本人的国家观是什么样的版本。他们的观点体现在很多方面,表现在民俗、对成功人士的评论、有关国家历史的神话以及有关全国性假日的辞令中。我们可以根据这些间接的表现去进行研究。但那需要系统的研究。

我们可以调查选举中赞成票和反对票的比例,可以尽力注意细节。同理,我们可以研究任何民族对生活的基本预设,以及他们普遍赞同的解决办法。日本这个国家的基本预设很值得探索。一旦我发现我这个西方人的预设与他们对生活的看法不吻合,一旦弄懂他们所用的范畴和符号,西方人习惯上视为日本人行为里的许多矛盾就不复存在了。我开始明白,为何日本人把自己猛烈摇摆的行为视为总体系统不可分割的一部分,而这个系统是始终如一的。我将在此尝试证明为何如此。我在他们中间开展工作时,他们用我感到陌生的语汇,流露出奇特的思想。我逐渐明白,这些语汇和思想含义深刻,蕴含悠久的情感。我的西方善恶观发生了深刻的变化。日本人的文化体系独一无二,既不是佛教,也不是儒教,强也好,弱也好,长也好,短也好,它就是日本的。

第二章　战争中的日本人

经典名句

◆ 每一种文化传统都有一套关于战争的正统信条。

◆ 日本人偏离西方战争常规的方式都是我们研究日本文化的资料，我们借以管窥日本人的人生观以及关于人生责任的信条。

◆ 日本与西方各国的区别并不在于日本对物质军备的粗枝大叶。差别在于，军舰和大炮只不过是不死的"日本精神"的外在象征；像武士的佩刀一样，军舰和大炮成了美德的象征。

◆ 对日本人而言，天皇和日本是不可分割的。"没有天皇的日本不是日本。""没有天皇的日本是难以想象的。"

《富岳三十六景・登户浦》

每一种文化传统都有一套关于战争的正统信条。虽然西方国家各有其特征,但它们的某些战争理念是相同的。西方国家交战时,某些总动员的战斗口号、局部战败时的安抚形式、阵亡与投降人数的比例、战俘的行为准则都是可以预测的,因为西方国家共有一个伟大的文化传统,而这个传统是涵盖战争的。

日本人偏离西方战争常规的方式都是我们研究日本文化的资料,我们借以管窥日本人的人生观以及关于人生责任的信条。为了系统研究日本文化和日本人的行为,无论他们偏离我们正统信条的行为是否具有至关重要的军事意义,我们都要予以重视。他们的任何行为都可能有重要意义,因为这些行为提出了有关日本人民族性的问题,我们需要做出回答。

日本人为自己的战争行为辩护的前提与美国截然相对。日本对国际局势的界定与我们截然不同。美国把战争归咎于轴心国的侵略:日本、意大利和德国悍然发动征服战争,危害了国际和平;轴心国夺取了满洲、埃塞俄比亚和波兰,证明它们踏上了压迫弱小民族的罪恶道路;它们违背了"自己生存也让别人生存"的国际准则,至少是触犯了为自由企业"门户开放"的准则。与此相反,日本用另一种方式看待战争的原因:只要每一个国家都拥有绝对的主权,世界就会陷入"无政府状态",日本有必要为创建等级分明的秩序而斗争；当然那是在日本支配下的秩序，因为唯有它才是自上而下等级分明的国家，才能理解"各安其位"之必要。日本实现了统一，国泰民安，清剿了土匪，新建了路网、电网和钢铁企业；根据官方的数据，99.5％的青少年在公立学校里接受教育；根据日本等级制度的前提，它应该扶持比它落后的小兄弟中国，因为它与中国同属大东亚人种；它应该把美国、英国和俄国从亚洲清除出去，让它们"各安其位"。各国同属一个世界，各就各位，组成一个国际等级系统。在下一章里，我们将考察，日本文化赋予等级制很高的价值，这意味着什么。这是日本人创造的符合自己口味的幻想。遗憾的是，它占领的邻国并不这样看问题。但即使节节败退，它也没有对自己的大东亚"理想"进行批判，连日本战俘中最不好战的那些人也没有指责自己国家在亚洲大陆和西南太平洋的战争目的。在未来很长的一段时间里，日本必然继续维护它代代相传的态度，最重要的态度之一就是它对等级制度的信赖和信心。这与热爱平等的美国人格格不入，但我们必须理解这一态度，看看他们所谓的等级制度有何意义，有何好处。

　　同样，日本寄托胜利希望的基础和美国也大不相同。它叫嚷日本必胜，精神必将战胜物质。美国固然大，其军备固然强，但那有什么关系？日本人说，这一切早在预料之中，不值一提。他们在大报《每日新闻》上读到这样的文字："如果我们害怕这样的数字，战争就不会发生了，敌人的宏富资源并不是战争开始后才创造出来的。"

　　即使在日本获取胜利时，其政治家、高级将领和军人也都喋喋不休地强调：战争不是军备的较量；这是美国人对物质的信念与日本人精神信念的较量。当我们美国人胜利的时候，日本人也反复重申,在这场较量中,物质力量注定失败。毫无疑问,在塞班岛、硫黄岛溃败时,这一信条成了很方便的遁词。不过,这一信条不是为失败开脱而编造的遁词。这是日本人在节节胜利的岁月里的战斗口号,在珍珠港事件以前很久,它就是日本人普遍接受的动员口号了。在20世纪30年代,前陆军大臣、狂热的军国主义分子荒木贞夫大将在《告日本国民书》的宣传手册里写道:日本的"真正使命"是"弘扬皇道于四海,力量悬殊不足忧,吾又何惧于物质?"

> 荒木贞夫(1877—1966),甲级战犯,多次出任日本陆军相,被远东国际军事法庭判处无期徒刑,后因病保释。

当然,与其他一切备战的民族一样,他们也有忧虑。在整个20世纪30年代,国民总收入用于军备的比例以天文数字上升。到偷袭珍珠港时,将近一半的国民总收入被用于陆军和海军。用于民事的经费只占政府总支出的17%。日本与西方各国的区别并不在于日本对物质军备的粗枝大叶。差别在于,军舰和大炮只不过是不死的"日本精神"的外在象征;像武士的佩刀一样,军舰和大炮成了美德的象征。

正如美国追求强大一样,日本也大力开发物质资源,一以贯之。和美国一样,日本也全力以赴,发展生产,但它的生产运动却有自己独特的前提。日本人说,精神就是一切,是永存的。物质当然不可或缺,但它们是次要的,总会半途夭折。日本的电台叫嚷说:"物质资源是有限的,没有千年不灭的物质,这是永恒的真理。"对精神的倚重被贯穿到日常的战斗中。他们的战事须知里有这样一条口号:"以吾等之训练对抗敌军之数量,以吾等之血肉对抗敌军之钢铁。"这是他们传统的口号,并不是专为这次战争设计的,战务手册第一页赫然印着用粗体字写的口号:"熟读手册,胜利已定。"飞行员驾驶小型飞机视死如归,发起自杀式攻击,撞击美国军舰。这就是精神战胜物质取之不竭的教材。这些敢死队被命名为"神风特攻队"。"神风"(kamikaze)是拯救日本的一场飓风;13世纪时,成吉思汗入侵日本,那场飓风使其船队遭遇灭顶之灾。那场"神风"拯救了日本。

即使在平民生活中,政府也鼓吹精神胜于物质的信条。在工厂里干了12个小时,又遭遇通宵达旦的轰炸,你觉得筋疲力尽吗?回答是:"身子越沉重,意志越坚强,精神越高涨。""身体越是疲惫,训练越是美满。"冬天躲在防空洞里不是很冷吗?大日本体育会就设计出御寒体操,在广播中鼓吹,体操不仅可以取代保暖设备和被褥,而且在粮食定量不足以维持人体正常所需时,这样的体操还可以替代食物。"当然有人会说,目前食品短缺,无心做体操。不对!越是食物不足,越是要用其他方法来增强我们的体力。"这就是说,"我们"要用多消耗体力的办法来增强体力。相反,美国人看体力时总是要精打细算:今天用多少体力,那要看昨天睡得如何,是8小时还是5小时;要看饮食是否正常,是否受凉。在上述例子中,日本人的计算方法却截然不同,它不依靠能量的储备;考虑能量的储备是唯物质主义。

战争期间,日本的广播更走极端。在战斗中,精神甚至能战胜死亡。有家广播电台曾经描绘过一个英雄飞行员战胜死亡的奇迹:

> 空战结束后,日军飞机以三四架的小编队返回机场。一位大尉最先降落。下飞机以后,他站在地上,用望远镜注视着天空。他的部下返回了,一架接一架,他数着,脸色有些苍白,却十分镇定。最后一架飞机返场后,他完成

报告，走到司令部，向司令官报告。然而，刚汇报完，他就颓然倒地。军官们急忙去帮忙。天哪！他已气绝身亡。检查时发现，他身子冰冷，胸口有弹伤，是致命的。刚断气的人，身体不可能冷，而大尉的身体却冷如冰块。他肯定早就死了，完成那份报告的是他的精神。这一奇迹全靠大尉严格的责任感；他人已死，责任感还在。

对美国人而言，这当然是无稽之谈，但有文化的日本人却不会予以讥笑。他们敢肯定，收听这一广播节目时，日本人不会认为这是编造的故事。首先他们会指出，广播员说得对，大尉的英雄行为是"奇迹"。为什么不呢？灵魂是可以训练的。他显然是自我修炼到家的高手。所有的日本人都知道："沉着冷静的精神历千年万载而不朽。"既然如此，以"责任"为其终生核心信念的大尉，难道不能在几个小时里维持精神不朽吗？日本人深信，特殊的修炼可以使人的精神达到最高的境界。大尉达到了这样的境界，他受益无穷。

我们美国人完全可能对日本人这些极端的言行不屑一顾，将其视为贫穷民族的遁词，或受骗民族的幼稚。然而，倘若真的这样看，我们在战时或平时与日本人打交道的能力都会大打折扣。他们的信条根深蒂固，靠禁忌和排斥、训练和自律养成。这些信条绝不是孤立的荒诞念头。只有了解他们的信条，我们才能理解他们的言论的真正含义。战败以后，他们还是会承认：仅有精神不足以获胜，用"竹枪"守住阵地是痴心妄想。他们也会承认，他们的精神不足以取胜，美国人在战场上、工厂里的精神与他们旗鼓相当。只有了解他们的信条，我们才能理解他们这番自白的含义，这一点更为重要。他们战败以后坦承：他们在战争期间"完全靠主观臆断行事"。

在战争期间，日本人就许多事情发表了各种言论，并不限于等级之必需和精神之至上；对比较文化学者而言，这一切言论都能用来解释深层的意义。他们常常说，安全和士气只不过是精神准备的问题。无论什么灾难降临，无论是平民被轰炸、塞班岛溃败或菲律宾失守，政府对日本老百姓所作的解释总是老一套：一切早已预知，丝毫不必担心。收音机仍喋喋不休，夸大宣传，显然指望安抚百姓，让其相信，他们生活中的一切都在预知的世界中。"美军占领基什卡岛（Kiska），日本本土进入美军轰炸圈之内，但是我们预料到了这样的事变，并做了必要的准备。""敌人无疑会以陆海空三军联合作战的形式侵犯日本。但我们早有考虑，早有布局。"连那些认为日本不可能获胜、希望日本早日停战的俘虏也肯定地说，轰炸不可能摧毁日本人的本土防线，"因为他们早就有思想准备。"美军开始轰炸日本城市时，飞机制造业协会的副会长发表广播讲话说："敌机终于飞临我们头上了。但我们飞机制造业的人早就预料到这样的事态，已做好万全的准备，所以丝毫不用担心。"只有设定一切都在预料之中，全都在谋划之中，日本人才能继续号称，一切都是自己意之所为，都不是外人强加于己的。"我们不该认为自己在被动挨打，是我们主动把敌人吸引过来的。"他们绝不会说："要发生的事终于发生了。"他们说："敌人，你们想来就来吧。我们所等待的事情终于来临了，我们乐意它的到来。"在国会演说中，海军大臣引用了19世纪70年代伟大的武士西乡隆盛的遗言："有两种机运，一种是偶然碰上的，另一种是自己创造的。在非常困难的时候，必须自己去创造机运。"另据电台报道,当美军突入马尼拉市中心时,山下奉文将军"粲然一笑,得意地说,敌人此举正中我下怀……""敌军在林加延湾登陆,马尼拉迅即陷落,这是山下将军的神机妙算,战争正按将军的部署展开,正按他的谋略进行。"换言之,败得越惨,战事就越美妙。

美国人一样走极端,但走的是另一极端。我们全力应战,因为别人把战争强加给我们了。既然敌已犯我,那就让他小心为妙。政界人士刻意让老百姓安心,尽管如此,说到珍珠港事件或巴丹半岛溃败时,其代言人绝不会说:"这些都在我们的谋划之中,已经予以充分考虑。"相反,我们的官员会说:"这是敌人自找麻烦,我们就要还以颜色。"美国人的全部生活顺应变化之中的世界,灵活变通,随时准备迎接挑战。反之,日本人的信心建立在万事预谋的生活方式上,最大的威胁来自预谋之外。

西乡隆盛(1828—1877),日本武士、军人、政治家、"维新三杰"之一,日本武士道精神的代表人物,鼓吹征韩,发动反政府叛乱,兵败而亡。

山下奉文(1885—1946),日本陆军上将、战犯,先在华北屠杀抗日军民,1941年转战菲律宾,亦多次屠杀平民,1946年在马尼拉被处以绞刑。

日本人在作战行动中的另一个主题也能揭示其生活方式。他们不断说,"全世界都在注视着我们。"因此,他们必须充分发扬日本精神。美军在瓜达尔卡纳尔岛登陆时,日军向其部队下达的指令是,他们在"全世界"的众目睽睽之下,必须表现日本水兵的本色。他们得到的预警是，遭遇鱼雷攻击受命弃船时，必须以最得体的表现转移到救生艇上，否则"世人会讥笑你们，美国人会把你们的丑态拍成电影，拿到纽约去放映"。这与他们给全世界的观感有关。他们在这个问题上的关切也是日本文化中根深蒂固的关切。

在日本人的诸多人生态度中，最广为人知的是对天皇陛下的态度。天皇对其臣民拥有多大的控制力呢？有些美国权威人士指出，在700余年的封建时代中，天皇一直是影子似的傀儡元首。每个人的直接效忠对象是自己的领主即大名，以及大名之上的幕府将军。对天皇的忠诚说不上是个问题。天皇幽闭在宫廷中，其活动和仪式均受制于幕府，有严格的制度限制。即使一个封建大领主对天皇表示敬意，那也被视为叛逆。对日本百姓而言，天皇几乎就不存在。这些美国分析师坚持认为，日本只能用它的历史去理解。在这一代人的记忆里，原本模模糊糊的天皇才赫然现身，受到拥戴，他怎么能够成为这个保守民族凝聚力的核心呢？他们认为：日本人喋喋不休地宣传，天皇对其臣民有永世不坠的统治权，显然是太夸张了，其宣传只能证明其论据之脆弱。因此，美国的战时政策没有理由对天皇温文尔雅，恰恰相反，对日本近来编造的这种邪恶的元首观念，我们有千条理由进行猛烈的抨击。这个观念是日本民族现代神道教的核心，如果我们削弱并挑战天皇的神圣，敌国日本的整个结构就会土崩瓦解、沦为废墟。

> 神道教，简称神道，日本传统宗教，初为自然崇拜和泛灵论，后吸收佛教和道教成分，发展成为日本最重要的本土宗教，现约有80%的日本人信仰神道。

然而,许多美国才俊持相反的主张。他们熟悉日本,阅读战地记者的报道,熟知许多日本文献。旅居日本的美国人深知,任何贬低、抨击天皇的言行都会深深刺痛日本人,反而大大激发起他们的士气。他们绝不相信,我们抨击天皇是在抨击军国主义。在第一次世界大战日本战败的岁月里,这些美国侨民看到了日本人对天皇的崇敬;彼时,"民主"这一口号成为一时之尚;军人威信扫地,在东京街头行走时也知趣地换上便装;但日本人对天皇强烈的崇敬一如既往。这些旅居日本的美国人坚持认为,日本人对天皇的崇敬不能与德国人的"希特勒万岁"相提并论,因为对希特勒的崇拜是纳粹党命运的晴雨表,与法西斯的一切罪恶计划是紧紧联系在一起的。

日本战俘的供词证明了这些美国人的观点。与西方士兵不同,日本战俘没有受过保密训练,不知道哪些问题要三缄其口,他们对各种问题的回答显然都不受任何管束。不对士兵被俘后的供词进行训示,当然是由于日本人奉行不投降的政策。直到战争结束前的最后几个月,这样的训示才有所补救,但即使如此,补救的措施也仅限于某些军团或地方部队。战俘的供词值得注意,因为这代表了日军意见的一个截面图。这些士兵之所以投降并不是因为士气低落,因此他们并非典型的日军。他们被俘时,几乎全都已经负伤,并失去了知觉。

顽抗到底的日本战俘都觉得,他们的极端军国主义是为了天皇,他们在"尊奉圣意","让圣上无忧","尊奉圣令而献身","圣上率其子民作战,遵命是我的天职"。同理,反对这场战争的人、反对日本未来征服计划的人也认为,他们的和平主义信念也是圣意使然。对所有的日本人而言,天皇就是一切。厌战者称:"陛下热

> 东条英机（1884—1948），日本陆军大将、内阁首相、甲级战犯，被远东军事法庭处以绞刑。

爱和平。""天皇一贯开明，反对战争。""陛下被东条欺骗了。""在满洲事变中，陛下是反对军部的。""战争开始时，天皇不知情，也没有批准战争。他不喜欢战争，也不允许把国民拖进战争。天皇不知道，他的士兵受到了虐待。"这些供词和德国战俘的供词完全不同。固然，德国战俘抱怨，希特勒被他麾下的将军和统帅部助手背叛，非常不满，然而，他们还是把战争的责任归咎于希特勒，认为他是煽动战争的终极源头。相反，日本战俘明确表示，对皇室的崇敬要同军国主义以及侵略政策分开，这完全是两码事。

然而，对日本人而言，天皇和日本是不可分割的。"没有天皇的日本不是日本。""没有天皇的日本是难以想象的。""天皇是日本人的象征，是他们宗教生活的中心。他是超乎宗教的崇拜对象。"即使日本战败，国民也不会抱怨天皇。"人民并不认为，天皇应负战争责任。""即使战败，责任也在内阁和军部而非天皇。""即使战败，日本人仍然会崇拜天皇，百分之百，无一例外。"

日本人众口一词，认为天皇超越批评。美国人认为此举虚伪，他们对批评习以为常，认为任何人都不得免予被怀疑和批评。但毫无疑问，即使战败以后，天皇超越批评也是日本人的声音。即使审问战俘最有经验的美国人也证实，没有必要在审问记录上填写"拒绝谴责天皇"，因为所有战俘都拒绝这样做，连那些与盟军合作、参与对日本军队广播的战俘都不会批评天皇。在所有的审问记录中，只有三个人表达了温和的批评，其中一人说："让天皇继续在位是错误的。"另一个人说，天皇"性格软弱，形同傀儡"。

第三个人也只是推测说,或许天皇会逊位,让儿子继承;他又说,如果天皇制被废除,年轻妇女就会希望,她们能获得美国妇女那样的自由,这是令她们羡慕的自由。

因此,日军指挥官利用日本人万众一心对天皇的崇拜,把"钦赐"香烟分发给部下;在天皇诞辰,他们率领部下向东方三鞠躬并三呼"万岁";"即使在部队遭到昼夜轰炸时",他们也率领部下早晚吟诵天皇颁布的《军人敕谕》,那是"圣谕"。如此,"吟诵声在树林里回荡。"军国主义者千方百计要士兵效忠天皇。他们号召部下"完成陛下的心愿","不让圣上忧虑","向陛下的仁慈表示你们的崇敬","为天皇捐躯"。但是,遵奉圣命形同双刃,利弊皆有。正如许多战俘所言:"如果天皇有令,即使只有竹枪,日本人也会毫不犹豫地战斗;如果他命令停战,日本人就会迅速停止战斗。""如果天皇命令停战,日本人明天就会放下武器。"即使是最好战的满洲关东军"也会放下武器"。"只有天皇的圣谕才能使日本国民接受战败、甘心认命,才能使他们重建家园,继续活下去。"

他们对天皇无条件、无保留地忠诚,对其他人和集团则批评指责,两种态度形成鲜明的对比。在报纸杂志里,在战俘的供词中,不乏对政府和军界领袖的批评。战俘毫无顾忌地谴责自己的上司,尤其是那些不与部下共患难的家伙。对那些乘飞机撤退、丢下部队苦战到底的指挥官,他们尤其痛恨。他们通常称赞一些军官,痛斥另一些军官。没有迹象表明,他们对日本的事务善恶不分、是非不论。连本土的报纸杂志也批评"政府"。它们呼吁更有力的领导、更密切的协调,抱怨没有得到政府必要的支持,甚至抨击政府对言论自由的限制。有一个很好的例子。1944年7月,东京一家报纸对一个论坛做了报道。论坛的参加者有报刊编辑、

> 大政翼赞会（Imperial Rule Assistance Association），日本法西斯组织，1940年10月12日由近卫内阁建立，主张解散现有政党，推行舆论一律、一国一党的"新体制运动"。

前任议员、主张极权主义的大政翼赞会。有人发言说："我认为唤起民众的办法很多，但最重要的是开放言论自由。近年来，民众不能畅所欲言。他们害怕因言获罪，他们缩手缩脚，敷衍了事，所以公众胆小怕事。如此下来，我们绝不可能完全开发民众的力量。"另一个人阐述了同样的主题："几乎每天晚上，我都与选区的民众交谈，就许多事情向他们请教，但他们都不敢说话，因为他们的言论自由被剥夺了。这不是激发他们斗志的办法。所谓的战时特别刑法和治安法捆住了他们的手脚，使他们像封建时代的民众一样胆小怕事。因此，能挖掘的战斗力至今没有开发出来。"

可见，即使在战时，日本人也批评政府、统帅部和顶头上司。他们整体上认同等级制的优越性，但并非没有疑问。然而，天皇却免予任何批评。既然他至高无上的地位是在近代才得以确立，为什么他凛然不可侵犯？日本人的国民性里有何特质使天皇神圣不可侵犯呢？日军战俘说，只要天皇命令作战，即使只剩下"竹枪"一支，日本人也会战斗至死。那么，如果天皇下令投降，他们也会平静地接受战败和占领军吗？这一套是胡说八道，意在误导我们吗？或者事情的确如此呢？

这一切有关日本人战争行为的问题极其重要，从其反物质主义的偏见到对天皇的态度莫不如此，它们与日军在各个战区的行为有关，与本土的日本人也有关系。其他一些态度特别与日军相关，其中之一是对战斗力消耗的态度。日本电台的一则报道生动反映了美军态度和日军态度的强烈反差。其口吻让人十分震惊、难以置信。对于在台湾海域作战的海军上将约翰·麦凯恩将军的授勋仪式,日本电台做了如下的报道:

> 约翰·麦凯恩(John S. McCain,1884—1945),美国海军四星上将,太平洋战区司令之一,出席日本受降仪式后不久死于心脏病。他因护送遭受重创的巡洋舰"休斯敦号"和"堪培拉号"脱离战区回国而受到嘉奖。约翰·麦凯恩是现任美国参议员约翰·麦凯恩的祖父。

给约翰·麦凯恩司令官授勋的官方理由并不是他击退了日军。我们不了解他们为什么不这样说,因为尼米兹的公报宣称他击退了日军……麦凯恩受勋的理由是,他拯救了两艘战损的美国军舰并将其安全地护送到基地。这一则消息之所以重要,那是因为确有其事,那不是虚构的……我们并不怀疑麦凯恩上将的确救了两艘军舰。我们想要你们了解的是这一莫名其妙的事实:在美国,救了两艘战伤的军舰就值得授勋。

美国人参加一切救援行动都会感到高兴,他们热心帮助一切陷入困境、需要帮助的人。

> 切斯特·尼米兹(Chester W. Nimitz,1885—1966),美国海军五星上将。第二次世界大战期间担任美军太平洋舰队总司令及盟军太平洋战区总司令,1945年9月2日代表美国在日本投降书上签字。

如果被拯救者是伤残严重的人,救援者的行为更是英雄壮举。与之相反,日本人批判这样的拯救行动。就连为B-29轰炸机和战斗机配置救生设备,都被日本人斥为"懦夫"之举。他们的报刊和电台反复回到这个话题；安然接受生死危险才是美德，预防措施不值得提倡。这种观点同样表现在对伤兵和疟疾患者的态度中。伤兵是残损的物品。医疗服务严重缺乏，连维持有效战斗力都有困难；随着时间的推移，补给的困难让本已匮乏的医疗设施雪上加霜。但这不是事情的全部。日本人对物质追求的蔑视也是原因之一。日军士兵接受的训示是：死亡本身就是精神的胜利。他们认为，美国人对伤病员的照料是对英雄主义的干扰，就像轰炸机上的逃生设备一样。即使在和平时期的平民生活中，日本人也不像我们那么倚重内外科医生。我们美国人对伤病患者非常怜悯，胜过对其他福利设施的关心，和平时期来访的欧洲人也经常议论美国人这样的执着。这一点对日本人全然是陌生的。无论如何，交战中的日本军队没有训练有素的救护队，没有抢救战火中的伤兵并对其施以急救的准备；其前线和后方都没有医疗系统，也没有远离战场的康复医院。日本军方对医疗补给的漠不关心令人扼腕。在紧急情况下，医院干脆把伤病员杀掉。尤其在新几内亚和菲律宾作战时，日本人常常不得不从有医院的地点撤退。但在尚有机会时，他们没有转移伤病员的常规。只是部队不得不"有计划地撤退"时，或敌军即将占领医院时，他们才匆忙撤退。事到临头，军医官在撤退前，往往枪杀伤病员，或者让伤病员用手榴弹自杀。

日本人对"伤残物品"的态度是他们对待同胞的基本态度，在对待美国战俘时，这一态度起了同样重要的作用。用我们的标准来衡量，日本人不仅对战俘而且对自己的同胞都犯下了虐待的暴行。前菲律宾上校军医哈罗德·格拉特里（Harald Glattly）在台湾的战俘营里被监禁了三年。他说："美军战俘得到的医疗胜过日军士兵。俘虏营里的盟军军医可以照顾盟军俘虏,监管俘虏营的日本人却没有一个军医。有一段时间,日军给自己配备的医务人员只有一个下士,后来才换成一个中士。"他说,日本军医很少露面,大约是一年一两次(据1945年10月15日《华盛顿邮报》)。

关于兵员消耗理论,日本人最极端的表现就是不投降主义的政策。经过苦战、陷入绝境时,任何西方军队都会投降。投降以后,他们仍然自认为是光荣的军人;按照国际协议,他们的家人会接到通报,知道他们还活着。在家人的眼里,无论就军人或平民的身份而言,他们并没有丢脸。但日本人对深陷绝境的看法截然不同。光荣与战死密不可分。陷入绝境时,日本军人应该用最后一颗手榴弹自杀,或者赤手空拳向敌人发起集团冲锋,以求集体自杀。日本军人决不应该投降。即使因伤昏迷而被俘,他"回国后也再抬不起头"。他颜面扫地,以前的他业已"死亡"。

当然,日军的命令里必然有诸如此类的内容,但前线的将士显然不需要特别正式的灌输。日军非常忠实地践行这一准则。在缅甸北部的战役中,被俘士兵与阵亡士兵的比例为142:17166,也就是1:120。这142人几乎全是因负伤或昏迷而被俘的。只有极少数人是单人或两三人一组投降的。在西方国家的军队里,当阵亡人数达到全部兵力的四分之一或三分之一时,就无法忍受,就不得不停止抵抗了,这几乎是不言自明的公理;西方军队投降人数和阵亡人数的比例大约是4:1。但到了霍兰迪亚战役时,日军首次有大批人投降,投降者和阵亡者的比例为1:5。相比北缅战役里1:120的比例,这算是一个巨大的进步。

因此,对日本人而言,仅仅因为投降,美国战俘已经失去尊严。即使战伤、疟疾或痢疾尚未将其排除在"完好的人"之外,他们也已经成为"残损的物体"。许多美国人描绘,美国人的笑声在战俘营里是多么危险,因为日本看守觉得很受伤。在日本人眼里,美国战俘的笑声使他们受辱,而美国人意识不到这样的伤害,这使日本看守更加气愤难忍。在美国战俘必须服从的命令中,许多也是日本看守必须遵守的规矩,长官要求他们遵守规矩。战俘被强制徒步行军,转移时像沙丁鱼一样挤在船舱里,这都是司空见惯的命令。美国战俘还说,哨兵极为严厉地要求,违反规章时,俘虏必须掩盖这种行为;公开暴露违规行为是滔天大罪。如果俘虏白天到营区外去修路或安装什么设备,他们不得从乡下带回任何食物。有时,这一规定成了一纸空文,也就是说,如果带回的水果、蔬菜被隐藏得很好,看守就不会盘问。如果偷带的食物被看见了,那就是公然的冒犯,就是蔑视哨兵的权威。公然挑战权威一定要受到严惩,即使小如回嘴的挑战也不允许。即使在平民生活中,日本人也严厉地对待"顶嘴"。日军的纪律更是严惩顶嘴。俘虏营里的确有肆无忌惮虐待战俘的暴行;我们对这样那样的行为加以区分,将其视为文化习惯的结果,这不是对虐俘暴行的宽恕。

尤其在战争初期,日军士兵深信敌军虐待并杀害所有战俘,因而被俘即为羞耻的观念更被大大强化了。一个谣言不胫而走,传入各个战区。他们说,美军攻占瓜达尔卡纳尔岛以后,用坦克碾死俘虏。于是,有些日军士兵试图投降时,我军士兵也很怀疑,为预防日军士兵诈降伤人,他们就不留活口。他们的疑虑不是没有道理的。死路一条的日本兵别无其他选择时,常常与敌人同归于尽,并以此而自豪,甚至在被俘后也以死相拼。正如一个日本兵所言:既然决心"在祭坛上化为灰烬,决心为胜利而献身,如果没有英雄壮举就死去,岂不是奇耻大辱?"同归于尽的可能性使我军倍加警惕,日军投降的人数也相应减少了。

投降是可耻的,这是打在日本人意识深处的烙印。他们接受并视之为理所当然的战争行为与我们接受的战争规约格格不入。同样,对他们而言,我们的战争规约也与他们的观念格格不入。美军战俘主动要求,战俘营当局把自己的姓名通知本国政府,以便让家属知道自己还活着,日本人因此而感到震惊,并对其嗤之以鼻。巴丹半岛的美军竟然投降,对此,至少一般日本大兵是毫无思想准备的,他们以为美军会像自己一样死拼到底。美国人为什么不以被俘为耻,他们实在无法接受这一事实。

西方士兵和日本士兵最戏剧性的差别,无疑是日军士兵被俘后与盟军合作的态度。日本人熟悉的生命准则里没有适应战俘生活的内容。如果他们名誉扫地,作为日本人的生命就结束了。

到了战争结束前的最后几个月,才有极少数的日本人能够想象回国以后如何生活,而不论战争结局如何。有些俘虏要求被处死,又接着说:"如果你们的习惯不允许处死战俘,我就做一个模范战俘。"实际上,他们比模范战俘还要模范。有些老兵和老资格的、极端的民族主义者非常合作,给盟军指出弹药库的位置,仔细说明日军兵力的部署,为我们写宣传品,与我军飞行员一道飞行,指引他们瞄准要轰炸的军事目标。他们仿佛翻开了生命中新的篇章,新的篇章与旧的篇章刚好相反;但说起新旧篇章书写的内容时,他们表现出同样的忠诚。

当然,以上描述并非战俘的全貌。少数人冥顽不化,毫不妥协。无论如何,必须先提示一些有利条件,他们才可能与盟军合作。有些美军指挥官很警惕,不敢从表面价值上去接受日本战俘的协助,这当然可以理解;有些战俘营从未尝试利用日军战俘可能提供的服务。但在接受日军战俘合作的地方,原先怀疑的消除是一个前提,如此,对日军战俘合作态度的信赖就逐渐加深了。

美国人并没有预料到,日军战俘的态度会来个180度的大转弯,这与我们的信条不符。日本人的行为准则似乎是:择定了一条行动路线就全力以赴,如果失败,就很自然地选择另一条道路。在战后的岁月里,我们能指望他们这种行为方式吗?这是不是个别士兵被俘后的特殊行为呢?日本人在战争期间奇特的举动使我们感到愕然,迫使我们思考问题;同理,日军战俘态度的大转弯提出了许多问题,使我们不得不思考他们习惯成自然的整个生活方式,思考他们制度的运作方式,思考他们的思想和行为的习惯。

第三章　各安其位

经典名句

◆ 日本人信赖等级制,在人与人、人与国家的关系中,这是他们整个观念的基础。只有对日本人的家庭、国家、宗教信仰和经济生活等制度做一番描述,我们才可能理解他们对生活的看法。

◆ 日本人用等级制的观念看待国内问题,对国际关系,他们也持同样的看法。

◆ 与其他主权国家相比,日本人都困于这样一个世界:事无巨细都受制于精心描绘的行为准则,人人的地位都有明确的分配。在两百年间,法律和秩序都靠铁腕来维持,如此,日本人学会了将这个精心构建的等级制等同于安全和保障。只要待在已知的疆界范围内,只要履行自己的义务,他们就可以信赖自己的世界。

《富岳三十六景·东都浅草本愿寺》

要想理解日本人，首先必须弄清他们所谓"各安其位"的含义。他们依靠秩序和等级制，我们则信仰自由和平等，两者两极对立、南辕北辙。我们很难给等级制赋予正当性，将其作为一种可行的社会机制。日本人信赖等级制，在人与人、人与国家的关系中，这是他们整个观念的基础。只有对日本人的家庭、国家、宗教信仰和经济生活等制度做一番描述，我们才可能理解他们对生活的看法。

日本人用等级制的观念看待国内问题，对国际关系，他们也持同样的看法。在过去的10年间，他们把自己描绘成高踞于金字塔顶的国家。如今，顶尖地位已被西方人占据，他们对现状的接受仍然以等级制观念为基本原则。日本的外交文件一再表明他们很重视这一观念。1940年，日本、德国和意大利签署三国同盟条约。其前言里有这样一段文字："大日本帝国政府、德国政府和意大利政府确信，使世界各国'各安其位'乃持久和平之前提……"天皇在签订条约时所发布的诏书也重申了同样的观点：

> 弘扬大义于八方，缔造神舆为一宇，实我皇祖皇宗之大训，亦朕夙夜所眷念。今世局动乱不知胡底，人类蒙祸不知何极。朕所珍念者，唯在早日勘定祸乱，光复和平……今三国盟约成立，朕心甚悦。

第三章　各安其位　041

唯万邦各得其所，兆民悉安其业，此乃旷古大业，前途尚迢……

偷袭珍珠港

在偷袭珍珠港的当天，在日本特使向美国国务卿赫尔（Cordell Hull）递交的声明中，也极为明确地提到这一点：

使世界各国各安其位乃日本政府坚定不移之国策……旨在使万国各安其位……日本政府断不能容忍现状的长期维持，因为这与日本的根本国策背道而驰，我们的基本国策是各国人民各安其位。

这一备忘录是对数日前美国国务卿赫尔备忘录的回答，赫尔备忘录援引美国所尊重的四项基本原则，恰如等级制在日本之地位。国务卿赫尔列举的四项原则是：各国主权及领土完整不得侵犯；互不干涉内政；依靠国际合作与和解；平等原则。美国人信奉平等和不可侵犯的权利，这四项原则是其要点。我们认为，在国际关系和日常生活中都必须遵循这样的准则。平等是美国人向往的更美好世界的基础,是最崇高、最合乎道义的基础。对我们而言,那是免于专制、不受干涉、不受强制的自由;其意味着,法律面前人人平等,人人都有改善自己生活的权利。这就是当今世界组织化的基本人权的基石。即使在我们违背平等原则的时候,我们仍然提倡平等的美德;我们义愤填膺地向等级制宣战。

自建国以来,美国人即坚守平等的原则。杰斐逊将其写进《独立宣言》,美国宪法里的"权利法案"也以平等为基础。这些庄重的文字写进了这个新国家的公共文献里。它们意义重大,因为它们反映了一种生活方式;这种生活方式正在这个大陆上的人们的日常生活中形成,这是让欧洲人感到陌生的生活方式。19世纪30年代初,法国年轻人亚历克西斯·托克维尔造访美国,就论述过美国的平等。《美国的民主》是国际社会报道美国的最伟大文献之一。托克维尔聪颖睿智,以同情的目光观察美国,所以能看到美国的许多优点。这是一个陌生的世界。年轻的托克维尔是在法国贵族阶层中长大的。在他那个时代,活跃而有影响力的人士仍然记得,法国社会受到大革命的震撼,此后又受到崭新而激进的《拿破仑法典》的冲击。他态度宽容,高度评价了新奇的美国生活秩序,但他是从法国贵族的视角来观察的。《美国的民主》描述目击的事情,预报即将出现的新事物,对象是旧世界的读者。他相信,美国是发展的前哨,欧洲也会出现这样的新事物,只是略有不同而已。

托马斯·杰斐逊(Thomas Jefferson, 1743—1826),美国政治家,第三任总统,《独立宣言》的起草人。

第三章 各安其位

亚历西斯·托克维尔（Alexis de Tocqueville，1805—1859），法国作家、政治家，曾游历美国，所著《美国的民主》成为经典，该书分析了美国政府制度的优缺点。

如此，他对这个新世界做了详细的报道。在这里，人们自视与他人享有真正的平等。他们的社会交往模式新颖，不拘束。人们以平等身份交谈，自然而然。他们不在乎等级分明的繁文缛节，既不以此要求别人，也不以此要求自己。托克维尔喜欢说，美国人不欠人情。没有一个家庭因袭了古老贵族式的或是罗马式的家族。主导旧世界的社会等级制业已消亡。他又说，美国人信奉平等，赋予其至高无上的地位，连自由也难以与之匹敌。实际上，他们有时会忽视自由，但有时也会在无意中忽视了平等。但他们在生活中践行了平等。

通过这个外国人的眼睛来看我们的祖先，我们美国人深受鼓舞；一百多年前，他就论述了我们的生活方式。美国发生了许多变化，但基本轮廓未变。我们从他的书里看到，1830年的美国已然是我们今天所看到的美国。在这里，过去和现在都有亚历山大·汉密尔顿式的人物；在杰斐逊那个时代，汉密尔顿偏重贵族式的社会秩序。但即使汉密尔顿式的人物也意识到，我们的生活方式不是贵族式的。

亚历山大·汉密尔顿（Alexander Hamilton，1755或1757—1804），美国政治家，曾任财政部长，建立中央银行，主张加强联邦政府权力，与杰斐逊的政治主张对立。

因此，在珍珠港事件前夜，我们向日本宣告美国的最高伦理原则，这是我们太平洋政策的基石；我们表明了我们最信奉的原则。我们确信，只要沿着我们指出的方向前进，每一步都会使这个尚不完美的世界更加完善。与此相似，日本人宣告"各安其位"的信念，其诉求是日本人生活的准则；这是社会经验留在他们身上的烙印。千百年来，不平等已成为日本民族有组织生活的准则，在那些生活节点上，不平等常在意料之中，也最容易被接受。对他们而言，承认等级制的行为极其自然，就像呼吸一样习而不察。不过，他们的等级制不是简单的西方式威权主义。无论制人者还是受制于人者，其行为都遵从有别于我们的传统。如今，日本人接受美国人的权威，将其置于其等级制的顶端；有鉴于此，我们尽可能清楚地了解他们等级制的常规，就更有必要了。只有这样，我们才能清楚地描绘，他们在当前情况下可能会采取什么样的行为方式。

近世以来，日本已然西化，但仍然是贵族社会。每一次寒暄、每一次接触都必须表明人与人社会距离的种类和程度。每当一个日本人对另一个日本人说"吃"或"坐下"时，他都要用不同的语词，以表示彼此的熟悉程度、地位高下。称呼对方的"你"用不同的词，"吃"和"坐下"也用不同的词根。换言之，日本人用"敬语"，就像许多太平洋地区的民族一样。而且，"敬语"还伴有适当的鞠躬和跪拜。敬语、鞠躬和跪拜都受详细的规矩和惯例约束；不仅要懂得向谁鞠躬，还必须懂得弯腰到什么程度。对一位东道主适当的鞠躬对另一位东道主未必妥当，当宾主的关系略有不同时，那样的鞠躬就可能被认为是无礼。鞠躬的方式很多，从跪在地上、双手触地、额触手背的最高跪拜礼，直到略微的动肩、颔首。

日本人必须从小学习如何行鞠躬礼，以不同的鞠躬表示不同程度的顺从。

阶级差异很重要，所以要靠适当的礼仪予以确认，但交往的礼节不止于此，性别、年龄、家庭关系、过去的交往等都必须考虑在内。如果情景不同，即使同样的两个人之间表示尊敬的程度也有不同。一个平民对另一个平民朋友无须鞠躬行礼，但如果朋友穿上军服，他就必须向朋友鞠躬。遵守等级差异的礼节是一种艺术，要求平衡多种因素，在特定情况下，有些因素可能相互抵消，有些则彼此增强。

当然，有些人是不必太拘泥礼节的。在美国，家人就不必如此，回到温馨的家庭时，连最轻微的礼节都被舍去了。但日本却是另一番景象，表示尊敬的礼节正是在家里学习的，必须事无巨细予以遵守。母亲用背带背婴儿时常用手压婴儿低头，孩子蹒跚学步时的第一课就是学习尊敬父亲或兄长。妻子要给丈夫鞠躬，孩子要给父亲鞠躬，弟弟要给哥哥鞠躬；女孩子要向哥哥或弟弟鞠躬。鞠躬不是空洞的姿态。其意义是：鞠躬者承认，受礼的尊者有权干预自己的事情；反过来，接受鞠躬的一方就要承担相应的责任。以性别、辈分以及长嗣继承等为基础的等级制，是家庭生活的重要关系。

当然，孝道是日本和中国所共有的崇高的道德准则。早在6世纪、7世纪，日本人就采纳了中国人的孝道；同时传入日本的还有中国的佛教、儒教伦理和世俗文化。但孝道传入后，其性质必然有所修正，以适应日本家庭的结构特征。直到今天，中国人仍然对其大宗族尽忠。一个大宗族可能有成千上万人，宗族有治理的家法，受到族人的支持。中国幅员辽阔，各地情况千差万别，但在很多地方，一个村庄的居民都同祖同宗。中国有四亿五千万人，姓氏却只有四百七十个；同姓的人在一定程度上都认为自己同宗。一个地方的居民，可能全都同宗。而且，天各一方、不同城镇的许多家庭都可能是同宗。在广东那种人口众多的地区，宗族成员联合起来，维护壮观的祠堂；在祭祖的日子里，族人祭拜的祖宗牌位可能会数以千计，他们都是同一位祖宗的后人。每个宗族都有自己的财产、土地和家庙，并设有义仓义塾以资助有前途的宗族子弟学习。它联系散居各地的成员，每十年左右刊印一次经过详细增订的族谱，记载有权分享祖宗恩惠者的姓名。有些宗法家规世代相传，如果宗族与衙门意见不一，它可能拒绝把本族犯人交给朝廷。在封建帝制时期，这种半自治的大宗族共同体，名义上受朝廷管理，那些经常更迭的朝廷命官实际上落得逍遥；在这些地区，他们是外来者。

日本的情况则截然不同。19世纪中叶以前，贵族和武士家族才可以使用姓氏。在中国，姓氏是宗族制度的根本保证，没有姓氏或类似姓氏的制度安排，宗族组织就不能发展。在有些宗族里，族谱就是这样的制度安排。在日本，只有上层阶级才能修谱续谱。但就像"美国革命妇女会"一样，他们的族谱是自下而上的记录，从在世的人追溯祖先，而不是自上而下、由古至今地记录祖宗繁衍的后代。这样的族谱与中国的族谱截然

> "美国革命妇女会"（Daughters of American Revolution），非营利组织，1890年成立，讲究"根正苗红"。起初，会员仅限于参加独立战争者的后裔，后扩大到名门望族；其宗旨是张扬爱国主义，保存美国历史，推动儿童教育。

不同。再者，日本是封建国家，人们尽忠的对象不是大宗族，而是封建领主。领主就是土霸王，他们和中国轮值的官员不同，中国的官员始终是外来的陌生人；日本领主和中国官员别若天壤。在日本，属于哪位领主至关重要，萨摩藩和肥前藩的身份别若云泥。一个人与他所属的藩有千丝万缕的联系。

宗族制度化的另一条途径是在祠堂或神社里祭拜远祖或氏族神。没有姓氏和族谱的日本"平民"也能到神社祭神。日本人不祭祀远祖；但全体村民到神社祭神，无须证明他们同出一祖。全体村民都是社神的"孩子"，因为他们住在神社的土地上。当然，日本村民关系密切，与在世界各地世代定居在同一村落里的村民无异，但他们不是关系紧密的宗族，并非同一祖先的后代。

对祖先的祭拜在家里厅房的神龛前进行，与神社里的祭神截然不同。祭祖的神龛里只有六七块灵牌，仅限于记忆所及的父母、祖父母和近亲。灵牌是微型的墓碑。即使在墓地里，曾祖父母的碑文风蚀以后也不再重刻，三代以上的祖先很快就会淡出记忆。日本家庭的人口减少到接近西方的规模，接近法国的家族。

因此，日本人的"孝道"只限于朝夕相处的家庭内部。其意义是根据成员的辈分、性别和年纪各安其位；这个家庭不超出父亲、祖父及其兄弟和后人。豪门望族人口要多一些，但即使这些大家族也会分成独立的支系，次子以下的男孩另立门户。在这个人口少、朝夕相处的团体内，"各安其位"的规定十分细腻。长者主动正式隐退之前，家人对他们都必须毕恭毕敬。直到今天，即使孙子业已成年，如果祖父尚未隐退，父亲也不能擅自做出任何决定，他必须请示年迈的祖父，得到祖父的允许。即使孩子已经三四十岁，父母还是要一手包办他们的婚姻。父亲是一家之长，用餐时他首先举筷,沐浴时他首先入浴,全家人向他低头鞠躬,他只需颔首受礼。在日本有一则流行的谜语,大致可以这样翻译:"儿子想要忠告父母,犹如和尚想要头上蓄发,为何难?"谜底是:"不管怎么想,绝对办不到。"

"各安其位"不仅涉及辈分的差异,而且涉及年龄的差异。日本人有一句口头禅"非兄非弟",表示极端的混乱,相当于我们所谓的"非鱼非鸟"。在日本人看来,长兄必须严格维护长兄的特征,犹如鱼儿离不开水一样。长子终将继任家长。根据早期观光者的记述,"日本的长子自幼就学会一套担当重任的气派"。长子拥有接近父亲的特权。过去,弟弟必然依赖长兄。如今,特别是在村镇,长子仍然按老规矩留在家里,其弟弟则出门闯荡,多读书,多挣钱。尽管如此,古老的等级制习惯仍根深蒂固。

甚至在现今的政治话语里,长兄的特权也生动地表现在大东亚政策的讨论中。1942年春,陆军省的一位中佐作为发言人对"共荣圈"问题做了这样的表述:"日本是他们的兄长,他们是日本的兄弟。我们要使占领区的居民明白这个道理,使之家喻户晓。如果过分体恤,他们就会滋长一种倾向,期待日本的仁慈,这对日本的治理反而有害。"换言之,什么事对兄弟有益,这要由兄长决定,兄长做事时,不能"过分体恤"。

不论年龄大小,人在等级制中的地位取决于其性别。女人跟在她丈夫身后走路,其社会地位比丈夫低。偶尔,妻子穿美式衣服时,可以与丈夫并行,进出门时还可以走在丈夫前面。然而,如果穿和服,她就必须跟在丈夫身后。在家里,女孩子眼睁睁地看着礼品、关怀和学费源源不断地送给兄弟,她只能安分守己。即使兴办了高中一级的女子学校,其必修课也以礼仪和举止为重点；与男校相比，认真的智力训练也难以望其项背。一位女校校长主张，中上流家庭出身的女生要学一点欧洲语言，只有这样，她们整理丈夫的书籍，并为其掸去灰尘、将其放回书柜时，才不至于把书上下颠倒了。

但与大部分亚洲国家相比，日本妇女还是拥有很多自由，这并不仅仅限于西化这一个阶段。即使过去，她们也不像中国上层妇女那样缠足。今天的印度妇女赞叹日本妇女的自由：她们进出商场，行走大街，不必深藏闺房。在日本，妻子负责采购，掌管钱包。入不敷出时，挑选并决定典当物品的也是她们。使唤佣人的是主妇，她对孩子的婚姻有很大的发言权。媳妇熬成婆婆以后，她也开始铁腕治家，仿佛她从未当过唯命是从、点头哈腰的儿媳妇。

在日本，辈分、性别和年龄造就很大的特权。但拥有特权的人与其说是独断专制者，毋宁说是受托人。父亲或长兄对全家人负责，包括在世的、去世的与尚未降生的成员。他必须做出重大的决策并保证其实施，但他并不拥有无条件的权威。家人期待他为全家的荣誉负责。他必须使儿子和兄弟能牢记该家族的遗产，包括精神遗产和物质遗产，要求他们不辜负家族的遗产。即使身为农民，他也要承担祖先赋予他的高尚责任。他的阶级地位越高，他对家族的责任就越重。家族的要求高于个人的索求。

若遇重大事件时，不论门第如何，家长都要召集家庭会议，充分讨论。以订婚为例，家庭成员可能要从远方赶回来开会。决定的过程涉及难以估计的人品因素。妻子或兄弟的意见也可能产生决定性的影响。如果家长无视众人意见，独断专行，则将陷入困境。当然，当事人可能非常反感会上的决定，很难从命。但长者习惯了服从家庭会议的决定,他们毫不动摇地要求晚辈像他们一样服从。他们这种要求背后的约束力,与普鲁士父亲支配妻子、儿女的专横权力是非常不同的;普鲁士父亲的专横既是习惯使然,又有法律依据。日本长辈对后辈要求的强制性并不逊于普鲁士父亲,但两种强制的效果有所不同。在家庭生活中,日本人并不尊重专断的权威,也不培养屈服于专断权威的习惯。对家庭意愿的屈服是服从一种至上的价值;无论那种要求多么苛刻,都是以至上价值的名义,与所有成员都有利害关系。服从的要求以共同的忠诚为名义。

日本人首先在家里养成等级制的习惯,然后将其推广到经济生活与政治事务中。他学会对一切高位者毕恭毕敬,所谓高位者是按照指定的"适当位置"高于他的人,无论这些人是否真正拥有支配他的力量。表面上看,即使受制于妻子的丈夫、受制于兄弟的兄长得到的尊重,也不会有所减少。特权的外观界限并不会因为有人在背后操纵而受到瓦解;外表不会为适应实际的支配关系而有所改变;外表的样子神圣不可侵犯。如此,不受外表束缚的运作实际上有策略优势,实际的操纵者不容易受到攻击。通过家庭生活的经验,日本人懂得,家庭的决定价值千钧,因为他们相信,共同的决定维护了家族的荣誉。这种决定不是圣旨,不是暴君的铁腕,家长不是暴君。家长更像物质和精神财产的受托人,共同的财产对所有的人都至关重要,要求全体成员的个人意愿服从家庭共同利益的要求。日本人反对在家里使用武力威胁,但他们对家庭需要的服从并不因此而减弱,他们对高位者的尊敬也不会因此而降低。虽然年长者没有机会成为铁腕的独裁者,但家里的等级制仍然原封未动。

上述文字勾勒日本家庭的等级制度,相当粗略,难以说明日本人何以接受那种公认的强烈的情感纽带;美国人带着自己独特的人际交往标准去阅读时,难以正确理解。日本人的家庭非常团结,何以至此?这正是本书研究的课题之一。同时,在政治、经济生活等广阔领域里,他们也需要等级制。如果要了解这样的需求,我们就需要透彻了解这样的习惯在家里是如何养成的,这一点至关重要。

日本上流社会"各安其位"的图景

日本人阶级关系中的等级制,与家庭里的等级制一样森严。从古至今,日本都是一个等级森严的社会。千百年来,其等级森严的习惯有其长短,这一点对日本社会极端重要。自有文字记载的历史以来,等级制一直是日本人生活的准则,其发端可以追溯到7世纪。彼时,日本从无等级的中国引进生活方式,予以变通,以适应其自身的等级制文化。在7世纪和8世纪时,天皇及其宫廷给自己定下一个任务:从中国引进高度文明的习俗来丰富自己的文化。目睹了伟大的中国文明,他们的遣唐使无不赞叹不已。

他们以无与伦比的精力从事引进工作。此前，日本连文字都没有。7世纪时，日本借用中国的会意文字来记录它截然不同的语言；它已有一种多神教，4万个神祇镇守山岳、村庄，给人赐福。这种民间宗教经历代变迁，延续至今，成了现代的神道。7世纪时，日本从中国全盘引进佛教，作为"护国至善宗教"①。此前，日本没有宏大的永久性建筑，公共的、私人的永久性建筑都没有。几代天皇仿照中国的京城建造了新的奈良城。各地仿照中国的式样，营建了许多壮丽的佛寺。天皇根据遣唐使的报告，设置官位，制订律令。一个主权国家竟能如此有计划地引进外国文明，且相当成功，世界史上罕有他例。

然而，从一开始，日本就未能复制中国那种无等级的社会组织。日本采用的官位制业已变昧；在中国，官品授给科举及第的行政官员；在日本，官位却授给世袭贵族和封建领主。这些就成了日本等级制的组成部分。日本分裂成许多半独立的藩国，领主们互相嫉妒对方的权势，重要的社会制度与领主、封臣和侍从的特权有关。日本孜孜不倦地从中国引进文明，尽管如此，它却不能采纳足以取代其等级制的生活方式；中国的行政官僚制度，它未能学到手；集不同行业的人于一体的庞大的宗族制度，它也不能采纳。日本也未能采纳中国那种世俗皇帝的观念。日语中称皇室为"云上人"，只有皇室成员才能继承皇位。中国常常改朝换代，日本则没有皇朝更迭。天皇不可侵犯，天皇本人就是神。天皇及其大臣把中国文化引进日本，但毫无疑问，他们根本不能想

---

① Quoted from a contemporary chronicle of the Nara Period by Sir George Sansom, *Japan: A Short Cultural History*, 1931, p.131.

象，中国人在这些事务上做了什么样的安排，也不曾猜想，他们引进的制度会带来什么变化。

因此，尽管日本从中国引进了各种各样的文化，中国这个新文明反而为它几百年的冲突铺平了道路，世袭领主和封臣为夺取全国控制权纷争不息。到8世纪末，贵族藤原氏掌握了大权，把天皇赶到后台。稍后，封建领主联手反对藤原氏的统治，整个日本陷入内战。群雄之中，著名的源赖朝征服了所有的对手，成了国家的实际统治者。他沿用"将军"这个古老的军事头衔，全称为"征夷大将军"。按照日本的通例，只要其子孙能控制其他封建领主，这个称号就由源氏家族世袭。天皇已徒具虚名，其重要性仅限于，"将军"必须接受他的赐封仪式。天皇没有任何行政权力。实际权力掌握在军事集团手中，幕府用武力来制服桀骜不驯的领主。每个封建领主即"大名"都拥有自己的武装侍从即"武士"。武士完全听从主人的命令，为其出征；在动乱的年代里，他们时刻准备挑战敌对的大名或摄政的"将军"，质疑其"合理地位"。

源赖朝（1147—1199），第一代将军，平安时代末期武将源义朝之子。1192年，任"征夷大将军"，建立了日本历史上第一个武士政权镰仓幕府。

> 幕府，凌驾于天皇之上的中央政府，以"挟天子以令诸侯"的方式进行统治，其首领为"征夷大将军"，亦称幕府将军。日本历史上先后出现了镰仓幕府、室町幕府、江户幕府等三个幕府。

16世纪时，内乱频仍。经过几十年的大乱之后，伟大的德川家康击败所有敌手，于1603年成了德川家族的第一代将军。德川家族执掌江户幕府达260年，1868年结束。天皇与将军的"双重统治"即被废止，近代时期开始，德川政权结束。在许多方面，漫长的德川时代是日本历史上最值得重视的时期之一。它在日本国内维持了武力治下的和平，有效地实施了为德川氏政治目的服务的中央集权制。

德川家康（1543—1616），日本战国时代末期政治家、军事家，创建江户幕府。

德川家康曾面临一个非常棘手的难题，也未找出一个容易解决的办法。一些强藩的藩主曾在内战中反对他，直到最后惨败才归顺。这就是所谓"外样大名"。他允许外样大名继续控制自己的领地和武士。在日本的封建领主中，外样大名继续享有最高的自治权。但是，德川家康却不让他们享有德川侍从的荣誉，不准他们在幕府担任任何重要职务。重要职务全留给嫡系大名"谱代"，谱代是内战中拥护德川的藩主。为了维持这一困难的政局，德川家族的策略是防止藩主积蓄力量，防止他们联手，杜绝对幕府的任何威胁。德川家族不仅没有废除封建体制，而且为了维持日本的和平和德川氏的统治，还极力强化封建体制，使之更加僵化。

> 外样大名（Outside Lords），曾在内战中反对德川家康的大名。德川家康把大名分为亲藩、谱代大名和外样大名三种，使亲藩和谱代大名监视外样大名，借以加强自己的统治，树立幕府的权威。

日本封建社会的分层非常复杂，每个人的地位都由世袭的身份固定。德川氏巩固了这种制度,详细规定了各阶层的日常行为。每户的家长都必须在门口标明其阶层地位和世袭身份。他的衣着、食物和房舍都必须合法,由世袭身份决定。在皇室公卿之下,日本有四个世袭等级,依次为武士、农民、工匠、商人。其下是贱民。贱民中人数最多、最为人知的叫"秽多",即从事忌讳职业的人。他们是清道夫、掩埋死囚者、剥取死兽皮的人和鞣制皮革的人。他们是日本的"不可接触者",更准确地说,他们根本不算人。连他们居住地的道路也不计入里程,仿佛这块土地及其居民根本不在世上。他们极度贫困、难以为生,虽然获准从事这些最忌讳的职业,却被排斥在正规的社会结构之外。

商人的地位仅在贱民之上。美国人觉得奇怪,但这正是封建社会的现实。商人阶级总是封建制度的破坏者。商人一旦受人尊敬,生意兴隆,封建制度就会衰亡。德川氏用严刑峻法,推行锁国令,使17世纪的日本孤悬一隅,铲掉了商人经营活动的基础。日本曾有过发达的海外贸易,从南到北沿中国和朝鲜的海岸线进行,商人阶级随之发展壮大。然而,德川氏颁布法规,禁止营造或营运任何大型船舶,违者处以极刑,于是,海外贸易随之终结。获准建造或驾驶的小船,既不能航行到大陆,也不能运输商品。同时,国内贸易也受到严格限制,各藩边境均设关卡收税,严格限制商品进出。另有一些法律凸显商人低下的社会地位。《取缔奢侈令》对商人的花费做了事无巨细的规定,包括:穿什么衣,带什么伞,婚丧花费多少。商人不能和武士住在同一区域内。法律不保证他们免受武士的凌辱,因为武士是特权阶层。德川氏的政策是永远置商人于卑贱的地位;但在货币经济中,这一政策无疑会失败,因为当时日本正是靠货币经济运转的。但德川氏还是做了这样的尝试。

　　武士和农民这两个阶级有助于维护封建社会的安定,德川幕府把它们禁锢在僵化的形态中。在德川家康平定天下之前,大军阀丰臣秀吉颁布了著名的"刀狩令",完成了这两个阶级的分离。他收缴了农民的武器,规定只有武士才有权佩刀。武士再不能务农、务工或经商。即使地位最低的武士也不能合法地从事生产,他成了寄生阶级的一员,每年从农民纳税的贡米中获得俸禄。大名把征收的谷米按份额分配给每个武士侍从。武士无须另觅生计,他完全依靠领主。在日本历史上较早的几个阶段,各藩之间的战争连绵不断,大名与武士之间的牢固纽带得以形成。在天下太平的德川时代,大名与武士的纽带变成经济性的关系。日本的武士—侍从与中世纪欧洲的骑士不一样,既不是拥有封地和农奴的小领主,也不是拥有财富的军人。他们是依靠俸禄生活的人,其额度由家族的血统决定,已在德川初年固定下来。俸禄不多,据日本学者估计,武士的平均俸禄与农民的收入相当,只够维持基本的生活。① 如果分家由几个继承人分享这点儿俸禄,那对武士家庭是很不利的。所以,武士就限制家族人口。对他们而言,如果威望取决于财富和炫耀,那就很可恨,因此他们非常强调俭朴的美德。

丰臣秀吉(1537—1598),日本战国时代大名,首次完成日本统一,1590—1598年间日本的实际统治者。

---

① Quoted by Herbert Norman, *Japan's Emergence as a Modern State*, p. 17, n. 12.

武士与农工商三个等级之间有一条巨大的鸿沟。农工商是平民,武士不是平民。佩刀是特权,是阶级身份的象征,而不仅仅是装饰。他们有权对平民动刀。德川时代之前,其特权业已成为传统。德川家康颁布的法令规定:"凡是对武士无礼或对上位者不敬的平民,均可就地斩首。"不过,这样的法规只不过是认定旧的习俗而已,平民与武士的依存关系并非其刻意的设计。他的政策立足于严格的等级规定。平民与武士都由大名统率,直接隶属于大名。它们处在不同的社会阶梯上,至于每个阶梯上的上行下移,都有一套法规、控制和互动的机制。两个阶梯之间有距离,但由于环境所需,两者之间又架起了桥梁,互相沟通,络绎不绝,但这样的桥梁并不是等级制的固有机制。

在德川时代,武士已不再是只精通刀剑的武夫,他们成为管理领主财产的侍从,通晓文雅艺术的专家,如古典的能乐、茶道等。所有礼仪文书均由他们处理,大名的谋略也靠他们的巧妙手腕来操作。二百年的和平是很长的岁月,个人舞刀弄剑的机会毕竟有限。虽然等级森严、各安其位,但就像商人看重高雅、艺术和享乐的追求并形成自己的生活方式一样,武士虽然时刻准备拔刀出手,他们也形成了平和的艺术。

农民没有免受武士欺凌的法律保障,税米的负担沉重,还受到各种限制。尽管如此,他们还是有一定的安全保障。他们的农田所有权得到保障;在日本,有土地就有威望。在德川时期,土地不能永久转让。这一法律是个体农户的安全保障。这一点与欧洲的封建制不同,与欧洲的封建主也不同。农民有自己的农田,这是永久的拥有权。他们珍视土地,辛勤耕耘,悉心呵护,其后人至今仍然在这些稻田里劳作。尽管如此,农民仍然是头顶整个上层寄生阶级的阿特拉斯神。这个寄生阶级大约二百万人,包括幕府机构、大名集团和食禄的武士。农民要交实物税,将一定比例的成收上缴给大名。在另一个水稻农业国暹罗,传统的赋税是10%;相反,在德川时代的日本,农业税是40%,实际上更高,有些庄园竟高达80%;无时不在的徭役消耗了农民的精力和时间。和武士一样,农民也限制自己家庭的人口。在整个德川时代的数百年间,日本人口总数几乎维持不变。在一个长期和平的亚洲国家,这样停滞的人口足以说明那个时期政权的性质。各个阶级都受到斯巴达式的严格限制,靠赋税生活的侍从或生产者阶级都是如此;但在依附者与上层阶级之间却存在相对可靠的依存关系。人人都知道自己的义务、权利及地位。如果这一点关系受到损害,最贫困的人也会奋起抗争。

极度贫困的农民奋起反抗,矛头不仅指向封建领主,而且指向幕府当局。在德川氏统治的250年间,农民起义不下1000次。起因并非传统的"四成上缴给王公,六成归农民自用"的重赋,而是针对苛捐杂税和徭役。在忍无可忍的情况下,他们成群结队前往领主的庄园表示抗议,但请愿和裁判的程序则是有序进行的。他们准备好正式的请愿书,要求匡正时弊,递交给领主的侍从。如果请愿书被扣押,或者大名置之不理,他们便派代表去京城,把状子呈送给幕府。在一些有名的起义中,农民在江户城内拦截幕府高官的乘舆,直接呈递状子,如此才能保证状子不被扣押。呈递状子困难重重,风险累累,不过,幕

> 阿特拉斯(Atlas),希腊神话里的擎天神(大力神),属于与宙斯神系对抗的泰坦(Titan)神系,被宙斯征服后受惩罚,用双肩支撑苍天。

府收下状子后会进行审查,其判决约有半数对农民有利。①

然而,幕府对农民申诉的裁决并不能满足日本对法律和秩序的要求。农民的抱怨可能是正当的,国家倾听其诉求也有可取之处。但起义领袖则已僭越了等级制的严峻法令。裁决对他们固然有利,但他们已经违犯了效忠的基本法律,这一点不容忽视。因此,他们一定要被处死。他们抗争的正义性与处死他们的合法性没有关系。连农民也接受笃定的死刑。被处死的人是他们的英雄,他们聚集到刑场给受刑者送行,死刑有下油锅、砍头或钉死;送行的农民并不暴动。这就是法律和秩序。事后,他们可能修建神社,奉死者为烈士。他们接受死刑,将其视为等级制不可或缺的组成部分,必须谨守。

总之,德川幕府力求巩固各领地内部的等级结构,使每一个阶级都依靠封建领主。大名在各自的领地中居于等级制的最高地位,拥有对下属的特权。幕府的重大任务是控制大名。幕府将军千方百计防止大名结盟,防止其互相攻伐。各藩的藩界设有关卡,查验证件,征收关税,严禁"女人出境,枪炮入境",防止大名偷运妇女和武器。未经幕府将军特许,大名不能联姻,旨在严防政治联盟的危险。藩与藩之间的通商障碍重重,连桥梁也修建得难以跨越。此外,幕府用密探了解各地大名的财政收支,一旦其仓廪实、金库溢,幕府将军就要求他兴办耗费巨资的公共工程,迫其就范。最有名的一项规定是,每年之中,大名必须在京城住上半年,当他返回领地时,其妻子必须留在东京,作为将军掌握的人

---

① Borton, Hugh, *Peasant Uprisings in Japan of the Tokugawa Period*, Transactions of the Asiatic Society of Japan, 2nd Series, 16(1938).

质。如此,幕府千方百计确保占上风,强制大名服从,强化它在等级制中至高无上的地位。

当然,幕府也不是这一等级制的拱顶石,因为幕府将军的权力是天皇授予的。天皇及其世袭公卿囿于京都,陷于孤立,并无实权。天皇的经济情况甚至不如地位较低的大名,幕府对宫廷礼仪做了严格的限制。尽管如此,即使最有权势的德川将军也没有采取任何步骤去废除这种二元体制,即天皇的名义统治和幕府的实际统治。这不是什么新奇事。自12世纪以来,大将军就以天皇的名义执政,天皇则被剥夺了统治国家的实权。在数百年里,职权的分割非常严重,影子天皇把实权委派给一位世袭的世俗幕府将军,这位世俗首领又把实权委派给一位世袭的政治顾问。自始至终,初始的权威经过一层又一层的委托和再委托。即使在德川幕府绝望的最后岁月里,佩里将军也没料想到幕府背后还有天皇。1858年,汤森德·哈里斯(Townsend Harris)与日本人议定了第一个通商条约,他也经过了一番努力才发现了幕府背后的天皇。

实际上,日本人的天皇观也见之于众多的太平洋岛民中。这种神圣的元首既可能主政,也可能不主政。有些太平洋海岛上的首领主政,有些岛上的首领把权力委派给世俗的首领。但神圣元首的人身总是神圣不可侵犯,无一例外。在新西兰的一些部落中,元首绝对是神圣不可冒犯的,必须由专人奉食,而且奉食的汤匙绝不许碰到他那神圣的牙齿。他出访其他部落时,必须由人抬举,脚不触地,因为他的双脚太神圣,凡是他脚踏的土地都自动成

马休·佩里(Matthew Calbraith Perry, 1794—1858),美国海军上将,出身于海军世家,1853年率美国东印度舰队,强行进入东京湾,迫使日本幕府于次年签订了《日美和亲条约》,即《神奈川条约》,日本的闭关锁国政策由此结束。

为圣地,都归他所有。他的头部尤为神圣,任何人都不许触摸。他的话能通神。在萨摩亚、汤加等太平洋岛屿上,神圣元首绝不会屈尊进入普通人的世俗生活。一位世俗首领掌管一切政务。18世纪末,詹姆斯·威尔逊(James Wilson)造访东太平洋的汤加岛,他评述当地政府时说,它"最像日本政府,其神圣元首是军事元首的国家囚犯"[1]。汤加岛的神圣元首与公共事务隔绝,但履行仪式职能。他摘下第一颗果实,主持仪式,完毕之后,人们才能采食。神圣元首去世时,向臣民昭告的悼词是"天堂为之空虚"。他的葬礼庄严肃穆,王室的陵墓巍峨壮观。但他从不参与朝政。

---

[1] Wilson, James, *A Missionary Voyage to the Southern Pacific Ocean, Performed in the Years 1796, 1797 and 1798, in the Ship Duff*, London, 1799, p. 384. Quoted by Edward Winslow Gifford, Tongan Society. Bernice P. Bishop Museum, Bulletin 61. Hawaii, 1929.

天皇无政治实权,宛若"军事元首的国家囚犯"。即便如此,按照日本人的定义,他还是处在等级制的巅峰,那是他"名正言顺的地位"。对日本人而言,天皇在世俗事务里的积极参与,绝不足以衡量他的地位。在征夷大将军统治的数百年间,日本人自始至终保留并珍视天皇在京都的宫廷。只有以西方人的观点看,天皇的作用才显得多余。日本人却不作如是观,他们时时处处都习惯于严格界定的等级制角色。

下起贱民上至天皇,日本封建时代的等级制极其分明,给现代日本打上了深刻的烙印。毕竟,从法律意义上讲,封建政权的终结只不过才72年。在一代人的时间里,强大的民众习惯不可能消亡。虽然国家的目标发生了急剧的变化,但现代时期的日本政界人士还是精心策划,尽力保留大量封建制的成分。与其他主权国家相比,日本人都困于这样一个世界:事无巨细都受制于精心描绘的行为准则,人人的地位都有明确的分配。在两百年间,法律和秩序都靠铁腕来维持,如此,日本人学会了将这个精心构建的等级制等同于安全和保障。只要待在已知的疆界范围内,只要履行自己的义务,他们就可以信赖自己的世界。盗匪受到钳制,大名间的内战得以避免。只要能证明他人侵犯了自己的权利,任何臣民都可以提起诉讼,就像受剥削的农民可以造反一样。个人可能会因此而遭遇危险,但这是社会认可的诉求。德川朝中最开明的将军甚至设置了"诉愿箱",任何国民都可以将投诉放进"诉愿箱"。将军本人才有开箱的钥匙。只要侵犯不容于既存的行为准则,任何侵犯都能得到矫正,这能得到切实的保证。只要你信赖如此清楚界定的行为准则,且遵守这样的行为准则,你就有了安全保障。表现勇气、证明健全人格的方式是遵守这样的行为准则，而不是修正或反叛这些准则。他们认为，在界定的范围内，这是一个已知而可靠的世界。其准则不像"摩西十诫"那样的抽象道德原则，而是详细且具体的规定：此一情况下应该如何，彼一情况下又该如何；武士应该如何，平民又该如何；兄长应该如何，兄弟又该如何。

在这种制度下，日本人并没有变得温良恭顺；在这一点上，他们不像生活在铁腕等级制下的其他一些民族。重要的是要看到，日本的各阶级都享受一定的保障。连贱民也有保障：他们能垄断特种职业，其自治体得到当局承认。每个阶级都受到严格的限制，但生活的秩序和安全是有保障的。

日本各等级受到的限制有一定的弹性，这是诸如印度等国的等级制所没有的特征。在不损害公认方式的情况下，日本的社会习俗提供了一些显性的手法，用以应对体制的规定。人们可以用几种方式改变自己的等级地位。在货币经济体制下，借贷者和商人必然会发家致富；发财以后，富人就用多种传统的手段渗透进上流社会。他们用扣押和租赁的形式成为"地主"。诚然，农民的土地是不准转让的，但日本的地租极高，对地主而言，让农民留在自己的土地上是有利可图的。如此，借贷者拥有土地，收取地租。这种土地"所有制"既使人有利可图，又给人威望。富人的子女与武士阶层通婚，富人就成为绅士。

摩西率领犹太人走出埃及，返回故乡，路经西奈山，受上帝耶和华感召，颁布10条戒律，是为"人神之契"。"摩西十诫"见于《圣经》。

日本的等级制还有一种通融的传统方式,那就是过继和领养的习俗。这提供了一条"购买"武士身份的途径。尽管德川朝对等级进行种种限制,但商人还是富了起来。他们把自己的儿子过继给武士家庭。按照习俗,日本人很少收养子,大多招女婿上门。入赘的女婿称为"婿养子",成为岳父的继承人。他付出高昂的代价,失去生父家的户籍,转入妻子家的户籍,改姓妻子家姓,与岳父母一家生活。代价虽高,但获益匪浅。如此,富商的后代成了武士,而穷困的武士家庭又能与富贾攀亲。等级制未受伤害,依然如故。但经过变通,富人就有跻身上层等级的身份了。

日本的等级制并不强制规定,通婚只能在同一等级内部进行。不同的等级可以通婚,这有若干的制度安排。结果,富商渗入下层武士,于是,西欧与日本的最大差异之一随之加大。欧洲各国的封建制度之所以崩溃,日益强大的中产阶级压力乃原因之一,中产阶级成了工业时代欧洲的主导力量。强大的中产阶级没有在日本崛起。商人和放贷人通过特许的办法"购买"上层阶级的身份。如此,商人和下层武士就成为盟友。这两种文明的封建制度都陷入垂死的困境,相比而言,日本比欧洲大陆容许更强的阶级流动性。这一点既令人好奇,又令人吃惊。在日本,贵族和资产阶级之间几乎没有任何阶级战争的迹象,阶级流动性就是最令人信服的证据。

贵族和资产阶级为了共同的事业,形成了互利的关系,指出这一特征,颇为容易;诚然,法国的贵族和资产阶级也能形成互利关系;不过在西欧,那种互利关系只能发生在个别的案例中。在欧洲,阶级的僵化关系根深蒂固;法国的阶级冲突导致贵族财产被剥夺的后果。在日本,这两个阶级却彼此接近起来。推翻老朽幕府的是商业—金融阶层和下级武士结成的联盟。现代日本保留了贵族制度,倘若没有社会公认的阶级流动机制,这种局面是很难出现的。

日本人喜好并且信赖他们那种明白细密的行为地图,自有其理。如此,只要遵守行为规范,安全就有保障;对非法侵犯的抗争就得到允许;各为其利的变通遂有可能。这一地图要求人们履行彼此的义务。19世纪后半叶德川幕府崩溃时,没有任何集团主张撕毁这一地图。日本没有发生法国式的大革命,连1848年那样的革命也没有发生。然而,时事艰难,令人绝望。从一般平民到幕府将军,各个阶级都负债累累,商人和放贷人成为债主。非生产阶级人数众多,巨额的官方财政难以为继。财政拮据的大名无力支付手下武士的定额俸禄,整个封建关系网沦为笑柄。大名将增税当作救命的浮木,农民的税负愈加沉重;提前几年预征,农民陷入赤贫。幕府也债台高筑,难以维持现状。1853年佩里将军率舰队前来时,日本国内的匮乏已达顶点。他强行闯入日本之后,日本被迫于1858年签订日美通商条约,当时日本已无力抗拒了。

"一新"的口号响彻日本,旨在"恢宏往昔","王政复古"。这样的政变与革命相悖,连进步也说不上。与"尊王"联手的口号是"攘夷",两者都深得民心。国民支持回到闭关锁国的黄金时代。少数领袖人物知道这条路走不通,他们努力走新路,却被暗杀。这是一个不喜欢革命的国家,似乎无迹象表明,它会改弦更张,以顺应西方模式,遑论50年后在西方国家的土地上与其一比高

> 指1868年2月倒幕派发动的"王政复古"政变,废除江户幕府,政权回归日本天皇,确定"百事一新"的施政方针。

低。但一切就这样发生了。日本的长处与西方截然不同;凭借自己所长,日本达到了高层人士和大众舆论都不曾要求的目标。19世纪60年代的西方人,如果能从水晶球中看到未来,他们绝不会相信,日本会有今天。极目所望,不见一丝浮云预示,20年后将有一场风暴横扫日本。然而,不可能的事情竟然发生了。日本那落后的、受等级制羁绊的民众急速转弯,踏上了一条崭新的道路,坚定不移地走下去了。

第四章　明治维新

经典名句

◆ 日本人倚重的是建立在历史经验上的古老的敬畏习惯,他们将其提炼为伦理系统,定型于行为举止规范中。国家可以指望,只要那些"阁下"各安其位、各谋其政,他们的特权就会得到尊重。

◆ 日本人的生活方式是,分配适当的权威,界定适当的范围。

◆ 日本人总是依据等级制构建世界秩序。在家庭和人际关系中,年龄、辈分、性别和阶级决定行为的规范。在政治、宗教、军队、产业等各个领域中,都有十分仔细的等级划分,无论地位高低,谁也不得逾越既定的边界,违者必受惩罚。

《富岳三十六景·东海道吉田》

宣告近代日本到来的战斗口号是"尊王攘夷",即"王政复古,驱逐夷狄"。其目的是使日本免于外部世界的污染,恢复10世纪以前天皇和将军"双重统治"的黄金时代。那时,京都的天皇朝廷极为反动。在天皇支持者的心目中,帝党的胜利应有的含义是:羞辱外国人,并将其驱逐出去;恢复日本的传统生活方式;剥夺"改革派"的国事发言权。"改革派"即强大的外样大名,他们是倒幕派的先锋,其盘算是借"王政复古"取代德川氏,由自己统治日本,坐坐交椅。农民们盼望多留一些稻米,但讨厌"改革"。武士阶层则希望维护自己的薪俸,并能挥刀上阵建立新功。商人为王政复古派提供财政支持,其希望是张扬重商主义,但从不非难封建制度。

从京都前往东京的明治天皇(1868年底)

1868年,倒幕势力胜出,王政复古,"双重统治"结束。以西方的标准来看,胜利者推行的乃是一种极为保守的孤立主义政策,但甫一就位,新政府就与保守的方针背道而驰。不到一年,新政府就废除了大名在自己封地的征税权。它收回了版籍和土地册,把原来大名所得收成的四成收归政府。但这种剥夺不是无偿的,政府向大名发放的俸禄相当其正常收入的一半;同时,大名还免于供养武士,也不必承担公共设施的费用。和大名一样,武士也从政府领取俸禄。在以后的五年里,一切等级间的不平等在法律上都被废除,等级和阶级的徽标和服饰标记也被废止,连发髻也得剪掉,贱民获得解放,禁止土地转让的法令被废除,各藩之间的关卡被撤除,佛教的特殊地位被取消。

> 1871年,日本政府颁布"散发脱刀令",规定把象征身份的发髻散开剪短,准许自由剪发,废除佩刀。

到1876年,政府向大名和武士一次性发给5至15年的秩禄公债,相当于5至15年的俸禄。这一次性的补偿金额因人而异,根据其在德川时代所获俸禄的额度来定。这一笔钱使他们能在新的非封建性经济里兴办实业。"早在德川时代,商业金融巨子与封建土地贵族的特殊结合已然成形,最后确立则是在明治时期。"①

新生的明治政府异乎寻常的改革不得人心。在1871年至1873年间,公众对侵略朝鲜("征韩")的热情空前高涨,远远

明治天皇

---

① Norman, p. 96.

胜过对这些改革举措的热情。明治政府不仅坚持激进的改革,而且否决了征韩的计划。其方针与绝大

> 西乡隆盛,日本江户时代末期武士、军人、政治家,他和木户孝允、大久保利通并称"维新三杰"。

多数曾经为其奋战的民众的愿望背道而驰,所以,到1877年,对立派的伟大领袖西乡隆盛发动了大规模的反叛。他的军队代表了尊王派维持封建制度的全部愿望;在"王政复古"后第一年,明治政府就背离了他们的愿望。政府招募了一支由一般平民组成的义勇军,击溃了西乡隆盛的武士军队。叛乱是一个指针,说明明治政府激起了民众广泛的不满。

农民的不满同样令人注目。从1868年到1878年,即明治的最初10年间,农民起义逾190起。到1877年,新政府才一步三回头,着手减轻农民的重税,农民有理由觉得新政府让人失望。此外,农民还反对兴办学校、实行征兵制、丈量土地,嫉恨散发令和贱民的平等地位;官方限制佛教的极端政令、历法改革和其他许多举措也引起他们的反感,因为这一切改变了他们久已习惯的生活方式。

那么,进行如此激进而不得人心的改革的"政府"里究竟有一些什么样的人呢?他们是下层武士和商人的"奇异联盟",这是日本特殊体制形成的联盟,发端于封建时代。武士是大名的心腹管家,他们经营封建时代的垄断企业如矿山、纺织厂、纸板厂等。还有一些购买到武士地位的商人,他们把生产技术知识普及到武士阶级。武士和商人的联盟很快就推出了领风气之先的行政人才,他们干练、自信,制定维新政策,策划政策的实施。但真正的问题并非他们来自什么阶级,而是他们为何如此精明能干、讲究实践。

第四章 明治维新

19世纪后半叶,日本刚刚脱离中世纪,国力虚弱,犹如今日之暹罗。这个弱小的国家,却能产生精明的领袖,他们孕育并实施雄才大略的政策,完成了文治武功的壮举,任何民族都罕有过如此的尝试。这些领袖的长短强弱盖源于传统的日本国民性。本书的主旨就是要探讨其国民性的过去和现状。限于篇幅,我们只能确认明治时期的政治家是如何施政的。

此时的政治家根本不认为自己的任务是意识形态革命,他们将政务视为一项工作而已。他们构想的目标是把日本建成强国,使人不得不刮目相看。他们不是捣毁偶像的人,既不痛斥封建阶级,也不使之沦为乞丐,而是诱之以厚禄,终于使其转而支持政府。他们最终改善了农民的生活条件。明治头十年,农民难以休养生息,其原因是政府财政拮据,而不是政府罔顾农民要求。

然而,精明强干的明治政府摒弃一切废除等级制的思想。"王政复古"运动将天皇推到顶峰,废除了幕府,简化了等级制。此后的政治家又废除了藩地,消除了忠于藩主和忠于国家之间的矛盾,但这些变化并未动摇等级制的根基,只是给了它一个新的位置。为了强加他们精心构建的政纲,那些新领导"阁下"加强了中央集权。他们恩威并重,交替使用,自上而下,推行新政。但他们并不幻想迁就舆论,因为舆论未必想要改革历法,未必赞同兴办公学或废除对贱民的歧视。

自上而下施予的恩惠之一就是1889年天皇赐予人民的《大日本帝国宪法》。宪法赋予人民在国家的地位,并设立议会。"阁下"们考察西方各国宪法,经过批判研究,精心拟定,是成宪法。不过,宪法起草者"采取了一切预防措施,杜绝民意干涉,防止舆论侵扰"①。起草宪法的机构是隶属帝国宫内省的一个局,因而是神圣不可冒犯的。

明治天皇颁布宪法

1889年(明治二十二年)2月11日颁布,以1850年的《普鲁士宪法》为蓝本,天皇钦定,依次由天皇、臣民权利和义务、帝国议会、国务大臣及枢密顾问、司法、会计和补则七个章节组成,共76条。

明治时期的政治家们十分清楚自己的目标。1880年,宪法草拟者伊藤博文公爵派遣木户孝允侯爵前往英国,就日本面临的问题,请教斯宾塞。经过漫长的交谈,斯宾塞将自己的判断诉诸笔端,致予伊藤。关于等级制,斯宾塞写道,日本的传统习俗为国家的良好发展奠定了无与伦比的基础,有助于国民福利,应当加以维护和培育。他说,对长者的传统义务,尤其是对天皇的传统义务,是日本的一大机运。日本将在"长者"的领导下稳步前进,能防备前进道路上的种种困难,偏重个人主义的国家却难免遭遇诸如此类的困难。斯宾塞的判断验证了明治诸杰的信念,使后者十分满意。

---

① 金子坚太郎子爵是宪法起草人之一。参见 Norman, *ibid.*, p.88。

他们有意在现代世界中保存日本那种"各安其位"的长处。他们不想破坏等级制的习俗。

无论是在政治、宗教或经济领域,明治政治家都明确规定国家和人民之间"各安其位"的义务。他们的整个设计与美国和英国的安排格格不入,所以我们常忽视了其基本的要点。当然,自上而下的强力统治无须追随舆论。政府掌握在顶端人物手中,不容选举产生的人物染指。在这个顶层中,人民没有丝毫发言权。以1940年为例,政府最高层官员都是可以"谒见"天皇的重臣、天皇身边的顾问、握有天皇玉玺委任状的官员。天皇任命的官员包括阁僚、府县知事、法官、各局长官及其他高官。选举产生的官员无法达到这样的高位。比如,在遴选、任命内阁成员及大藏省或运输省官员的事务中,选举产生的议员根本就说不上有任何发言权。普选产生的下院代表国民的意见,能质询或批评政府高官,权力不可小觑,但对任命、决策或预算等却没有真正的发言权,也没有立法权。下院受上院制约,上院不由选举产生,其中的议员一半是贵族,另有四分之一由

伊藤博文(1841—1909),日本近代政治家、长洲五杰、明治后三杰、明治九元老之一、首任内阁首相、首任枢密院议长、首任贵族院院长、首任韩国总监、明治宪法之父。他四次组阁,任期长达七年,任内发动中日甲午战争。

赫伯特·斯宾塞(Herbert Spencer, 1820—1903),英国哲学家、社会学家、社会达尔文主义之父,将进化论引入社会学,提出"适者生存"说,著有《综合哲学》《生物学基础》《社会学研究》等。

天皇钦定。上院与下院对法律的批准权几乎平分秋色,进一步加强了对下院的钳制。

因此,日本能确保政府高位掌握在"阁下"们手中。但这并不意味着,在"各安其位"的体制下就没有自治。在一切亚洲国家中,无论其政权如何,自上而下的权威与自下而上的地方自治都会在中途相遇。各国的差异仅限于民主责任达到什么程度,责任的多寡,地方领导是否回应社区的需要,在多大程度上能防止地方大员对民众的损害。与中国一样,德川时代日本的最小社群单位约5至10户,后来被称作"邻组",这是对居民负责的最小单位。"邻组"的组长负责组内的事务,确保成员行为的端正,报告可疑行为,递解通缉犯。起初,明治政治家们废除了这一基层组织,后来才予以恢复。有时,市镇政府积极培植"邻组",但在今日之农村,"邻组"的功能已消失殆尽。"部落"单位则更为重要,这一单位既没有被废除,也没有被纳入行政体系。它是国家权力尚未行使功能的领域。"部落"约有15户人家,直至今日,组织严谨,部落长每年轮换。部落长的任务是"管理部落财产;每遇丧葬、火灾之类变故,负责给予援助;举凡农事、盖房、修路等要务,由他决定适当日程,全体合作共事;一遇火警则摇铃示警;休息日则敲击梆子示警"①。与其他亚洲国家不同的是,日本的部落长不负责为国家征税,故不必肩负这一重担。其地位不涉及爱恨情仇的矛盾,他们只在民主范围内行使责任。

近代日本政府正式承认市、町、村的地方自治机构。由公选的"长者"们推选一位首领,他以本地代表的身份与国家打交道,

---

① Embree, John F., *The Japanese Nation*, p. 88.

国家的代表则是中央政府和府县公署。在农村,这位首领常常是一位老人,是拥有土地的农夫。他尽义务,经济上略有所失,威望却大增。他与"长者"负责村里的财务、公共卫生和学校的维护,尤其负责财产登记和村民的个人档案。村公所事务繁忙,掌管国家的拨款和本地的募款,国家为所有儿童提供的初等教育补贴由它监管开支,本地的教育募款和开支更多,也由它负责。此外,村里共有财产的管理和租赁、土地改良和植树造林也由它负责。一切财产交易都必须在村公所登记,否则就不合法。凡是本地居民,村公所都要负责更新其档案,包括其住址、婚姻、子女出生、领养、官司等详细资料,其家庭档案也包括类似的资料。日本各地有关个人的资料都进入他本人家庭所在地的档案。每当求职或受审时,或被索要身份证明时,当事人都必须写信请原籍地提供书面副本,或亲自回家索取副本,交给有关方面。为此,谁也不敢掉以轻心,都不愿意给本人或家庭的档案留下污点。

因此,市、町、村均有重大责任。这是一种共同体的责任。20世纪20年代,日本有了全国性政党。在其他任何国家,这都意味着各政党轮流坐庄,交替执政与在野。但日本的情况大不一样,地方行政机构并未受到影响,仍然由"长者"领导,他们为社区服务。不过,在三个方面,地方行政机构却没有自治权:法官由国家任命,警官和教员都是国家雇员。民事案件多半靠调停或中间人协调,所以,法院在地方行政里的作用微乎其微。相比而言,警察的作用更为重要。每逢集会,他们必须到场。但这种任务偶尔才有;他们的时间多半用于登记居民的个人档案和财产。政府常常让警官调岗,以确保其"外人"地位,以免与当地人的关系过分密切。教员也常有调动。国家对学校的规定事无巨细。和法国一样,日本每个学校都在同一天用同样的教本,上同样的课。在每天早晨的同一时间,全国各地的各个学校在同样的广播乐声中,做同样的体操。对学校、警察和法院,市、町、村的社区没有自治权。

可见,日本的各级政府机构与美国的政府机构大相径庭。在美国,民选推举的官员肩负最高的行政和立法责任,地方的管理由警察和警署来行使。不过,与全然西方的荷兰和比利时等国相比,日本的政府形式上并无明显不同。例如,和日本一样,荷兰的法律由女王的内阁部长起草,国会实际上并不立法。荷兰女王委任市长和镇长,其权力直达地方事务,胜过 1940 年以前的日本。诚然,女王实际上总是恩准地方的提名,但女王法律上掌管任免权的确是事实。警察和法院直接对君主负责,这也是荷兰的制度。在荷兰,任何宗派团体都可以创办学校。日本和法国的学校制度几乎完全一样。在荷兰,运河的开凿、围田的开垦、地方事务的改进大体上都是地方社区的责任,而不是当选市长和官员的责任。

实际上,日本政府和西欧各国政府诸如此类的差异,并不在于形式,而在于其职能。日本人倚重的是建立在历史经验上的古老的敬畏习惯,他们将其提炼为伦理系统,定型于行为举止规范中。国家可以指望,只要那些"阁下"各安其位、各谋其政,他们的特权就会得到尊重。这不是因为其政策得到人民赞许,而是因为越过特权的界线就是错误。在决策的最高层,"公众意见"是没有地位的。政府所求者无非就是"公众支持"。即使国家越过官方划定的界线而干涉地方事务,其行政管辖权也会因敬重之心而被接受。在各种内政机能中,国家并非"必要之恶",所谓"必要之恶"是美国人普遍的感觉。在日本人的眼里,国家近乎至上之善。

再者,日本政府小心翼翼,认可人民意志,使之"适得其所"。在依法行政的公共领域,即使是为了人民自身的利益,国家也迎合人民,这样说并不过分。比如,负责振兴农业的官员在改进农耕法时,也无权耍威风,与我们爱达荷州的同行们无异。官员以政府担保为前提,提倡农民建立信用合作社或供销合作社;总是要和地方名流举行漫长的圆桌会议,并尊重他们的决定。地方的事情需要地方管理。日本人的生活方式是,分配适当的权威,界定适当的范围。如此,与西方文化相比,日本的"上位者"更受尊重,他们也获得了更大的行动自由,但他们也必须严守自己的本分。日本人的格言是:"万事万物,各得其所。"

在宗教领域,明治政治家做出的安排,比政府的形式更为离奇。不过,此举仍然是在践行那条日本格言。国家把一种崇拜视为宗教,奉之为国家统一和民族优越的特殊象征,其他信仰则听凭个人自由。国家管理的整个领域就是国家神道。它与敬重民族象征有关,就像在美国敬重国旗一样。日本人说,国家神道不是宗教。所以,日本可以要求全体国民信奉国家神道,并不认为这与西方的宗教信仰自由信条相悖,就像美国政府要求人们对星条旗敬礼一样。这仅仅是忠诚的象征。因为国家神道"不是宗教",所以日本人可以在学校里传授国家神道,不会冒受西方批评的风险。如此,国家神道成了学校传授的历史,起于诸神时代,兴于对天皇的崇拜,天皇就成为"万世一统"的主宰。国家神道由国家支持,受国家管理。至于其他宗教,甚至其他教派的神道或祭祀神道,则听任个人意愿,佛教、基督教更不用说了,这一点颇像美国。这两种不同领域的宗教甚至在行政上和财政上都是分开的:国家神道受内务省神祇局管理,它的神官、祭祀、神社等费用均由国库开支；一般祭祀神道以及佛教、基督教教派则由文部省宗教局管理，其经费靠教徒自愿捐赠。

伊势神宫
天照大神，亦称天照大御神、天照皇大神、日神，是日本神话中众神之神、天皇的始祖，也是神道教的最高神祇。

由于日本政府在这个问题上的官方立场，人们不能说国家神道是庞大的"国教"，但至少可以说它是庞大的机构。逾十一万神社遍布各地，从祭祀天照大神的伊势大神宫到地方小神社；小神社平日无人打理，到了特别祭典时才有神官予以清扫。神官系统与政府系统并列，等级分明，从最底层的神官到各郡、市和府、县的神官，直到最高层被尊为"阁下"的神官。与其说他们指导民众的祭祀，不如说他们是在替民众祭祀。国家神道的祭祀与我们去教堂礼拜，没有相似之处。因为它不是宗教，法律禁止神官宣讲教义，所以不可能有西方人理解的那种礼拜仪式。相反，在频繁的祭祀日里，町、村的代表参拜神社，列队站在神官面前。神官手举扎着麻绳和纸条的"币帛"，在其面前挥动，为其祛邪。然后，神官再打开神龛的内门，高声呼叫，召唤众神享用供品。神官祈祷，参拜者们按身份排列，鞠躬行礼，敬畏有加，献上神圣的小树枝，上扎纸条；如此祭祀，古今如一。继后，神官再度高声送神，关闭神龛内门。在国家神道的大祭祀日里，天皇亲自为国民致祭，政府部门放假休息。但这些假日不是群众性的大节日，不像地方神社的祭祀日，也不像佛教的祭祀日。地方神社的祭祀日和佛教的祭祀日都属于"自由"祭祀的领域，不在国家神道范畴之内。

在这个"自由"祭祀的领域里，日本人按照自己的教派和节日举行祭祀活动，这样的活动贴近他们的心意。佛教信徒众多，非常活跃，无处不在，各宗派自有其独特的教义和开山祖的教谕。在国家神道之外，神道也有不少教派。早在 20 世纪 30 年代政府推行国家主义以前，有些神道教派已经成为纯国家主义的堡垒。有些教派偏重精神治疗，常被比作基督教科学派。有的信奉儒家教义，有的则专事神灵附体，朝觐圣山神社。民间的祭祀节日常游离于国家神道之外。在这种节日里，人民涌至神社，人人都漱口祛邪，净化心灵，又撞钟、击掌，召神祈福，旋即鞠躬行礼，礼毕再次撞钟、击掌，送回神灵。祭祀完毕，离开神社之前，主要活动开始。他们光顾小摊，买小玩意，看相扑、傩舞、神乐舞，小丑的插科打诨活跃气氛，人人都喜欢看热闹。有位旅居日本的英国人说，这样的祭祀活动总使他想起威廉·布莱克的一首诗：

> 基督教科学派（The Church of Christ, Scientist/Christian Science），总教堂位于美国马萨诸塞州波士顿，1879 年由玛丽·贝克·艾迪（Mary Baker Eddy）创立。

去教堂礼拜，谁若赐我美酒与炉火，

使我抒怀、欢心,

我等定将纵情高歌,大声祈祷,

终日不绝,流连忘返。

除了少数专侍神灵、献身宗教的人,日本宗教并不要求人民清心寡欲。他们喜欢朝觐之旅,这也是休闲之旅,令人身心愉悦。

> 威廉·布莱克(William Blake, 1757—1827),英国诗人,前浪漫主义代表人物,对英国浪漫主义运动产生重大影响,讴歌自然,抒写理想与生活,风格独特,代表作有《天真之歌》《经验之歌》等。

如此,明治政治家仔细标定国家的施政范围,以及国家神道的宗教领域。其他领域则交给民众,但他们确保自己在新的等级制中身居高位,主宰心目中的国家大事。在创建军队时,他们也面对类似的问题。正如在其他领域一样,他们摒弃旧式的等级制,军队的改良比平民生活中的改良更为彻底。军队中甚至禁用日语里的敬语,当然,一些旧的习惯用语实际上保留下来了。军官的晋升以业绩为准,而不看家庭出身,这一方针贯彻执行之彻底实为其他领域所罕见。在这方面,军队在日本人中享有很高的声誉,显然是当之无愧的。无疑,这是新军队赢得民众支持的最好办法。加之,中队和小队的兵员全系乡邻,和平时期的士兵离家不远。这就是说,士兵与家乡保持联系,而且,在服役的两年间,军官和士兵、老兵和新兵的关系取代了武士与农民、富人与穷人的关系。在许多方面,军队起到民主杠杆的作用,成了真正的人民军队。在大多数国家中,军队都被当作维持现状的左膀右臂。相反,日本军队同情小农,常支持其向大金融家和企业家发起抗争。

至于建立这样一支人民军队的后果,日本政治家未必全都赞成。他们并不认为,在军队建设的底层去确保军队在等级制中的最高地位是恰当的举措。为了确保军队至上的目标,他们在最高层采取措施。但他们并未将其写入宪法,而是遵循传统惯例:日本军部独立于政府。比如,与外务省及内政各省大臣不同,陆军大臣和海军大臣有权直接谒见天皇,能以天皇的名义强制推行自己的措施。如此,他们无须向文官内阁大员通报情况,也不必与其协商。再者,他们握有胜过内阁的撒手锏。若不信赖内阁成员,他们就可以阻止内阁的成立,办法很简单:拒绝委派陆海军将领入阁。如果没有现役的高级将领担任陆海军大臣,任何内阁都无法组成,因为文官或退役将领是不能担任陆海军大臣的。同样,如果军部对内阁的任何举措不满,只需召回军部在内阁中的代表,他们就可以使内阁解体。在这个最高决策阶层,军部首脑确保不容他人干涉。如果还需要进一步的保证,那就是宪法的一条规定:"如果帝国议会未通过政府所提的预算案,上一年的预算就自动生效,政府的本年度预算就循例实施。"仅举一例说明问题:外务省保证日军不占领满洲,而关东军却跨出了这一步。军部首脑趁内阁意见不一致时,支持关东军,完成了对满洲的占领。军界和其他各界一样,就等级特权而言,日本人往往接受一切后果,这并不是由于他们同意该项政策,而是由于他们在特权问题上不赞成逾越界限。

在工业发展方面,日本所走的道路无与伦比,不见于任何西方国家。在此,"阁下"们同样策划游戏,制定规则。岂止策划,他们还用政府财政创办企业,按自己的需要决策。庞大的国家官僚机器组织并经营这些企业。外国技术人员被引进来,日本人被派到国外去学习。后来,正如他们所言,当这些企业"组织完备,业务兴旺"时,政府就将其转让给私营企业。这些企业逐步以"极低的荒唐价格"①出让给精心挑选出来的金融寡头、著名财阀,首要者有三井、三菱两个家族。日本政治家认为,工业发展对日本至关重要,不能"托付给"供求法则和自由竞争。但这一政策又绝非出自社会主义教条;获得丰厚利润的正是那些财团。日本的成就是:以最小的失误和浪费,建立起它认为急需的产业。

如此,日本对"资本主义生产阶段的出发点和继后阶段的正常顺序"做了修正。② 它不以消费品和轻工业生产起步,而是先搞关键性的重工业。兵工厂、造船厂、钢铁厂、铁路建设等优先,迅速达到技术效率的高级阶段。但这些企业并不放手让予"私人之手",庞大的军事企业仍由官办,得到政府的特别拨款。

明治初期的列车

---

① Norman, *op. cit.*, p. 131. 这一讨论依据诺曼富有启发性的分析。
② *Ibid.*, p. 125.

在整个政府优先发展的产业领域,小工商业者和非官僚经营者不可能享受"应有的地位"。唯有国家和受国家信任而在政治上享有特权的大财阀世家,才能在这个领域经营。但正如日本人生活中的其他领域一样,产业界也有自由领域,也就是那种"残羹剩水"的产业,其经营理念是用最低限度的资本加最大限度的廉价劳动力。不用现代技术,这些轻工业也能生存,且活得很好。它们在我们美国人称之为"家庭式血汗工厂"里运行。一位小本经营的制造商买进原料,贷给一个家庭或只有四五个工人的小作坊,回收产品,再贷出,再回收,如此往复,最后把产品卖给商人或出口商。20世纪30年代,在日本的工业雇员中,53%以上是在这种小作坊或家庭作坊里工作,其雇员不到5人。① 许多工人受古老父子式的学徒制庇护,在大城市里,许多母亲在家里背着婴儿,干计件零活。

明治时代的富冈制丝场

在日本人的生活方式中,产业的二元制与政治宗教领域里的二元制一样,都具有重大意义。仿佛是这样一番景致:日本政治家断定,他们需要一个财阀,使之与其他领域里的等级制相匹配,

---

① Professor Uyeda, quoted by Miriam S. Farley, *Pigmy Factories*, Far Eastern Survey, VI (1937), p. 2.

于是财阀创办一批战略性产业,挑选一批政治上受宠的商人家族,赋予其"适当地位",使之与其他等级建立联系。日本政治家从来不曾设想削弱政府与财阀的联系,在长期家长式的呵护下,财阀获利丰厚,而且地位显赫。由于历史悠久的对待金钱和利润的态度,财界贵族难免受到民众的攻击,政府则尽量用公认的等级制观念对其予以扶植。不过,扶植的政策并未完全成功,财阀常受到少壮派军官和农民的攻击。但事实上,日本舆论攻击的矛头所向并不是财阀,而是"成金"。"成金"常被译作"暴发户"(nouveau riche),但这个词不能准确表达日本人的感情。在美国,严格意义上的"nouveau riche"是"新来者"(newcomers)的意思。他们不善交际,遭人嘲笑,未经恰当的"打磨"。但其致富故事温暖人心,其不足因此而被抵消。他们从小木屋里起步,从驴前马

> 在日本象棋——将棋中,步卒攻入对方阵地即可升级,名曰"成金",拥有与"金将"相等的攻击力,类似中国象棋中的过河卒子。

后的贩夫走卒跃升至石油巨子。但在日本,"成金"一词来自将棋,有如跃升至女王的步卒。它在棋盘上横冲直撞,派头十足,宛若"大亨",但在等级制中,它根本无此权力。人们相信,"成金"致富端靠诈骗剥削,遭人嫉恨;这一态度,与美国人对"白手起家者"的态度,别若天壤。在等级制中,日本给巨富应有的地位,并与之结盟。但如果财富是在恰当领域之外获得的,公共舆论就会给予猛烈抨击。

因此,日本人总是依据等级制构建世界秩序。在家庭和人际关系中,年龄、辈分、性别和阶级决定行为的规范。在政治、宗教、军队、产业等各个领域中,都有十分仔细的等级划分,无论地位高

低,谁也不得逾越既定的边界,违者必受惩罚。只要维持"各安其位"的局面,日本人就心满意足,不会抗争。他们就感到安全。当然,从最高福祉受保护的意义上说,他们常常并不"安全"。但由于他们接受等级制,视之为合法,所以他们是"安全"的。这是他们生活判断的典型特征,正如信仰平等与自由企业,被视为美国生活方式的特征一样。

然而,日本人试图出口其"安全"公式时,就遭到报应了。在自己的国度里,等级制合乎公众的想象,因为等级制就是这样塑造出来的。扩张的野心只能适用于它赖以生存的世界,一旦出口就成了致命的商品。其他国家憎恨日本人大言不惭的主张,认为其狂妄至极,甚至比狂妄还狂妄。身处占领国时,日军官兵发现,自己并不受当地居民欢迎,他们感到震惊,始终不解。虽然当地人地位低,但日本人不是给了他们适当的地位吗?即使对身处底层的人,等级制不是也有可取之处吗?日本军部拍摄了一连串的战争影片,渲染中国人对日本的"热爱",描绘中国姑娘和日本人的爱情;她们绝望、潦倒,因爱情而获得幸福。和纳粹征服版本的影片相比,日本人的影片的确不那么露骨,但从长远来看并不比纳粹成功。他们不能以要求自己的标准来要求别的国家。他们认为可以输出等级制,其错误就在于此。他们认识不到,日本的道德规范适合日本人,日本人接受"各安其位",但他们不能指望,别的国家也接受"各安其位"的等级制。其他国家并没有这种道德观。这是正宗的日本土产。著书立说的日本人将其视为理所当然,并不加论述。所以,描写这样的道德观势在必需,这是理解日本的前提。

第五章　欠时代和社会的恩情

经典名句

◆ 东方各民族总认为自己欠历史的恩情。东方人的许多行为被西方人称为祖先崇拜,其实很大一部分并不是真正的崇拜,也不完全是对祖先的崇拜,而是一种仪式,借以宣示对过去的一切感激不尽。而且,他们不仅对过去心怀感激,日常与人的每一次接触都使他们对当今的世界更加感激。他们的日常决定和行为必然就发自这种感恩的心情。这是根本的出发点。

◆ 在日本,所谓"义"(righteousness)就是基于对自己地位的认识:人处在相互欠情的巨大网络中,整个网络既包括自己的祖先,也包括同时代的人。

《富岳三十六景・甲州犬目峠》

在英语里，我们常说自己是"heirs of the ages"（世代历史的继承者）。经过两次世界大战和严重的经济危机，这句话表现的自信有所削弱。但这一变化丝毫没有增加我们对历史感恩的心态。东方各民族正好相反，他们总认为自己欠历史的恩情。东方人的许多行为被西方人称为祖先崇拜，其实很大一部分并不是真正的崇拜，也不完全是对祖先的崇拜，而是一种仪式，借以宣示对过去的一切感激不尽。而且，他们不仅对过去心怀感激，日常与人的每一次接触都使他们对当今的世界更加感激。他们的日常决定和行为必然就发自这种感恩的心情。这是根本的出发点。西方人极端忽视世界赐予他们的恩情，忽视社会给予他们的呵护、教育和福祉，忽视他们有幸降临人世的事实。因此，日本人总觉得我们的动机有所欠缺。美国人会说，他们对谁也不欠情，品德高尚的日本人不会这样说。他们不会轻视过去。在日本，所谓"义"（righteousness）就是基于对自己地位的认识：人处在相互欠情的巨大网络中，整个网络既包括自己的祖先，也包括同时代的人。

东西方之别讲起来简单，但要理解其生活里的重大差异，就有困难。除非我们理解这种重大的差异，否则我们就不可能理解日本人极端的自我牺牲精神；在这场战争中，我们对此已相当熟悉;除非我们理解这种重大的差异,否则我们就不可能理解,日本人为何那么容易动怒;我们认为,那大可不必。欠情者极端易怒,日本人可以为证。欠情的感觉使日本人肩负沉重的责任。

汉语和日语都有许多词汇,表示英语的"obligation"(义务)。它们不是同义词,其特殊含义也无法译成英语,因为它们表达的概念使我们觉得很隔膜。日语里表达"obligation"的词意义宽泛,从最大的感恩到最小的欠情都可以用,这个词就是"恩",可以译成一连串的英语单词,从"obligation"和"loyalty"(忠诚)直到"kindness"(和蔼)与"love"(爱),但这些词都难免使原义失真。倘若其含义确实是"爱"或"义务",那么,日本人定能说"受孩子的恩",但这种用法在日本根本不可能成立。"恩"的意思也不是忠诚。日语用其他的词表示忠诚,那些词绝不是"恩"的同义词。"恩"这个词有许多用法,"恩"都含有承载、负债、负担的意思。人接受高位者的恩惠。如果他接受的恩惠不是来自高位者或者地位相同的人,他就会感到不舒服,就会产生自卑感。日本人说"我受某人之恩",就等于说"我对某人负有义务",于是,这位债主、施惠者就被称作"恩人"。

"牢记某人之恩"可能是互相忠诚的单纯流露。日本小学二年级的课本中有一个小故事,名为《不忘恩情》,其中的"恩"就是这个意思。这是小学生操行课里的小故事。

> 哈齐是一条可爱的小狗。刚一出生,就被一个陌生人抱走了。那人疼爱它,待它像自己的孩子。因此,它那孱弱的身体就强壮起来了。主人清晨上班时,它送主人到电车站;主人傍晚下班回家时,它又去车站迎接。

过了一段时间,主人去世了。谁知它懂不懂去世,反正它每天都在寻找主人。它照常去电车站,每当有车到站,它总是迎上前去,看人群里是否有主人。

岁月流逝,一年过去了,两年过去了,三年过去了,十年过去以后,人们仍然可以看到那老态龙钟的哈齐,每天在车站前寻找它的主人。

这个小故事的寓意是忠诚,忠诚是爱的别名。一个深深关爱母亲的儿子可以说是不忘母恩,也就是说,他对母亲的忠诚像哈齐对主人那样很专注。"恩"这个词并不专指他对母亲的爱,还指母亲所做的一切,包括婴儿期母亲的哺育,童年期母亲的牺牲,成年后母亲为他的利益所做的一切,总之包括母亲在世时为他付出的一切;"恩"指他欠母亲的一切恩情。"恩"也意味着报恩,报恩也就是爱。然而,"恩"的首要意思是欠情。相反,我们美国人则认为,爱是自由给予的,不受义务的约束。

用于首要和最大的恩情,亦即"皇恩"时,"恩"总是指无限忠诚。这就是天皇的恩情,人人都应该以无尽的感激来恭受。他们觉得,为自己的国家、生活和大小事务感到高兴时,不想到诸如此类的恩典是不可能的。从古至今,人一生中的最大恩主就是他视野内的最高上级。这个人物随着时代而变化,起初是本地的地头,稍后是大名或幕府将军,如今则是天皇。最重要的似乎并非谁是最高上司,而在于千百年来日本人的首要习惯,那就是"牢记恩情"。近代以来,日本人千方百计使感恩的情感集于天皇一身。日本人生活

> 地头,封建时代幕府或藩中拥有领地的幕僚或侍从。

第五章 欠时代和社会的恩情

的一切偏爱都增加了对"皇恩"的感情。战争时期,发给前线士兵的每一支香烟都冠以天皇的名义,强调每个士兵所领受的"皇恩"。出征前赐给士兵的每一口酒进一步加重了"皇恩"。他们说,神风队员自杀式的攻击就是报答皇恩。他们鼓吹,为守卫太平洋上的岛屿而战至最后一人的士兵也是在报答浩荡的皇恩。

人们还从天皇以下的人那里承受恩惠。当然,人人都得到父母之恩。这就是著名的东方孝道的基础,父母据此而拥有对子女的权威。孝道可以表述为子女如何欠恩及如何报恩。因此,日本子女竭力服从父母,与德国的情况略有不同;德国也是父母对子女拥有权威的国家,但德国的情况是:家长强使子女服从。日本人东方式版本的孝道是非常现实的。有这么一句谚语表达了父母的养育之恩,其大意是:"养儿方知父母恩。"这就是说,父母之恩就是实实在在的,是日常生活中对子女的呵护与操劳。日本人的祖先崇拜只限于父辈及记忆中的祖辈。这使他们更重视童年时代依靠的父辈,他们首先想到的是实际照料过自己的人。当然,无论哪一种文化都有一条显而易见的至理名言:每一个成年男女都经历过孤立无助的婴儿期,离开父母就活不下去;成年之前,人人都必须依靠父母提供衣食住行。日本人深感,美国人轻视这一切。正如一位作者所言:"在美国,牢记父母之恩就是要对父母好,仅此而已。"当然,日本人不会让孩子背上"恩"的包袱。对孩子的悉心照料乃是对自己孩提时代父母恩惠的报答。人们像父母当年照顾自己那样去呵护自己的孩子,甚至做得更好,借以在一定程度上报答父母。人们对孩子的义务只不过是"报答父母养育之恩"属下的一个子项而已。

人也承受老师和主人的恩惠。老师和主人都助人成长,所以人要感恩,将来必要时就要满足他们的要求,困难时向他们伸出援手,他们去世后,对他们年幼的亲属要予以照顾。要不遗余力地尽责报恩,时间不会减少所欠的恩情。随着时间的流逝,恩情只增不减。恩情像利息,越积越多。欠恩情债是严重的事情。日本人常说:"难以报恩于万一。"这是人的重负,"恩情的力量"总是压倒个人之所好,这一看法确有其理。

上述报恩的伦理的顺利实施取决于一个前提:人人都自视欠下了大笔的恩情债,而且自觉履行报恩的义务,没有怨言。上文业已考察,日本的等级制组织严密,渗透到生活的一切领域。与等级制伴生的习惯,他们会认真遵守,绝不懈怠,日本人履行报恩的义务一丝不苟,到了西方人无法想象的程度。但如果把上司看成善待下属的人,这就比较容易想象了。日语中有一个词很有意思,足以证明,上司的确被认为是"爱"其下属的。日语中的"爱",相当于英语的"love"。在19世纪,传教士觉得,日语的"爱"似乎是翻译基督教中"love"这一概念的唯一选择。在翻译《圣经》时,用日语的"爱"表达上帝对人类的爱以及人类对上帝的爱。但"爱"这个词在日文里特指上司对下属的"爱"。西方人也许会觉得,日语的"爱"其实是严父般的慈爱(paternalism),但实际上日语的"爱"没有这个意思,其意思是"温情"(affection)。当代日本的"爱"仍然是严格意义的上对下的爱。不过,这个词也用于同辈之间了,也许基督教用语的影响是一个因素,官方打破等级界限的努力肯定是另一个因素。

尽管有那么多减轻背负恩情压力的办法,但要让人接受恩赐而不感到被冒犯,那实在是稀罕的幸运事。人们不喜欢随随便便背负"恩"的人情债。他们常说"使人受恩",最接近的英语译文是

"imposing upon another"。在美国,"imposing"含有强人所难的意思;在日本,"使人受恩"则表示给人馈赠、表示友善。萍水相逢的陌生人施恩是最令人嫉恨的事情。在邻里之间,在既定的等级关系中,人们了解并接受"恩"的复杂含义。如果与对方仅有点头之交,或接近于同辈,施恩和受恩会令人不快。人们宁愿避免卷入"恩"所带来的复杂后果。大街上出事时,日本人袖手旁观,并不仅仅是因为缺乏主动性。大家公认,任何非官方的干预都会使人背负恩情。明治以前一条著名的法律规定:"遇有争吵或争端,无关者不得干预。"在没有得到授权的情况下,施以援手的人反而会受到怀疑:他是否想捞取不正当的好处?既然帮助别人会使当事人感恩,人们便都不积极援手,反而会非常慎重。在非正式场合,日本人对卷入"恩情",是极其谨慎的。哪怕是一支烟,如果与敬烟者并无交往,他也会不舒服。在这种情况下,表示谢意的最礼貌的说法是"*Kino doku*"(真过意不去)。有个日本人向我解释说:"在这样的情况下,直截了当地表示你感到为难会使你好受一些,因为你从来没有想到要为对方做什么事,所以对受恩感到羞耻。"于是,"真过意不去"这句话有时译作"Thank you"(意在谢谢对方献的烟),有时又译作"I am sorry",或者"I feel like a heel"(蒙您抬举,不好意思)。"*Kino doku*"有诸如此类的意思,但哪一个译文都不贴切。

日本人有很多表达"Thank you"的说法;和表达受恩的语汇一样,它们都含有不安的心情。最没有歧义的、现代大都会大百货商店的售货员所采用的"谢谢"是"*arigato*",其本意是"难为你了"。店员要表达的意思是:顾客光顾,赐福商店。这是恭维之辞。在接受别人的礼物时和在许多其他场合也用这句话表示谢意。另有几种一般表示感谢的词句,"kino doku"表示受恩惠时的为难心情。小店主常说"sumimasen",其本意是:"这怎么得了呢?"换言之,"我受了您的恩情。但在现代经济安排下,我永远无法偿还,感到非常抱歉。""Sumimasen"这个词在英语中被译成"Thank you"(谢谢)、"I'm grateful"(十分感激),或"I'm sorry"(对不起)、"I apologize"(很抱歉)。譬如在大街上,一阵风吹走了你的帽子,有人给你捡了回来。在这种场合,你对他说"sumimasen"最合适。接过帽子时,作为礼节,你应当表示内心的不安:"他施恩于我,我从未见过他,无以报答,深感内疚。道歉以后,我会好受一些。'Sumimasen'也许是日语里表示感谢最常见的用语。说这句话表示我承认:我受了他的恩。接过帽子,此恩并未结束。但我怎么办呢?毕竟我们是陌生人。"

站在日本人的立场上看,还有一个更强烈的表示背负恩情的心情的词,就是"katajikenai"(诚惶诚恐)。用汉字书写就是"辱"与"羞",兼有"受辱"与"感激"两层意思。日文辞典解释这个词时说:你受到了特别的恩惠,因而感到羞愧和耻辱,因为你不配接受这样的恩惠。你用这个词明确表示受恩时感到的羞愧。我们在下文将会看到,日本人对"羞愧"是极为敏感的。日本的老派店员在向顾客道谢时,仍然说"katajikenai",顾客买货要求赊账时也说"katajikenai"。这个词在明治以前的小说中,是经常出现的。身份低的小姑娘被领主选中为妾时向领主说"katajikenai",意思是说:"我十分羞愧,配不上受此恩宠,对您的仁慈,我感到受宠若惊。"同样,因打斗而被当局赦免的武士,也要说"katajikenai",表示"我无脸见人却深蒙大恩。我作践自己,非常不妥,非常抱歉,万分感激"。

相比空泛的"恩的力量",上述表恩的词语当然更加有力。人们将其挂在嘴边,心里却有一番两难的滋味。在公认的人际关系中,"恩的力量"常推动人尽力报恩。然而,欠恩使人难受,因而也容易产生反感。对于这种反感,日本著名的小说家夏目漱石在其名著《哥儿》(*Botchan*)中做了生动的描绘。主人公是东京人,到一个小镇上当教员,不久他就发现,自己瞧不起同事,与他们格格不入。不过,他对其中一位年轻教师颇有好感。一次结伴外出时,一个被他称为"豪猪"的新朋友请他喝了一杯冰水,为他破费了一钱五厘,约相当于零点二美分。

夏目漱石(1867—1916),本名夏目金之助,日本著名小说家、评论家,在日本近代文学史上享有很高的地位。代表作有《我是猫》《行人》《心》等。

不久,另一位老师告诉他,"豪猪"在背后对他不恭。哥儿相信那搬弄是非者的话,但马上想到"豪猪"那杯冰水的恩惠。

> 就为一杯清水,背负这种小人的恩情,实在有伤面子。一钱五厘的恩情,令我死难心安……我接受恩惠,不予辞谢,那是出于善意,表示我尊重他,把他当作正派人。本来可以自己付钱,我却接受了他的恩惠,同时也表达了我的谢意。这是金钱难买的报恩。我无权无势,却有独立人格。要我无缘无故受恩,那比百万元的回报更难以接受。我让"豪猪"破费一文钱,同时又表达了感激之情,这比百万元的回报值钱。

第二天,他把那一钱五厘丢到"豪猪"的办公桌上。这是因为偿还了那杯水的恩情以后,他们两人的纠纷才能了结,哥儿才能抹掉那背后坏话带来的羞辱。可能会有一番拳脚相向,但先要清算他背负的恩,因为两个人不再是朋友了。

诸如此类鸡毛蒜皮的小事竟然使人如此神经过敏,如此容易受到伤害;在美国,这种情况仅见于青少年团伙中,或精神病患者的病历中。在日本,这却被人视为美德。哥儿那种极端的举动,在日本也不多见。遇到这类事情,许多日本人也不会紧张。日本评论家在谈到哥儿时,说他"耿直、纯清、伸张正义"。作者本人说主人公是他,实际上批评家也说就是他。这是一个道德高尚的故事,因为哥儿视自己的感恩价值百万,他如此行事,方能摆脱负债的处境。他只能接受"正派人"的"恩情"。哥儿愤怒时,将"豪猪"的恩情和老奶妈的恩情进行比较。老奶妈对他一味偏爱,总觉得连家里人都不看重他,所以时常偷偷送给他糖果、彩色铅笔之类的小玩意儿。有一次还给了他三块钱。"她对我关怀备至,却使我脊背发凉。"不过,虽然觉得"受辱",他还是当作借款收下了,只是尚未归还而已。为什么没还呢?因为他将"豪猪"的恩惠与奶妈的恩惠进行比较,觉得"我把她看成是自己的一部分了"。这一线索有助于我们了解日本人对恩情的反应。也就是说,无论多么五味杂陈,只要"恩人"实际上是自己,只要他融入了"我的"等级结构中,只要他做的事是我心里能想到自己要做的事,我就可以心安理得地承受他的恩惠。比如,他替我捡起被风刮落的帽子,或者他本来就是钦佩我的人,我就可以心安理得地接受他的恩惠。一旦这样的认同崩解,"恩情"就使人如芒在背。无论"恩情债"多么鸡毛蒜皮,怨恨"欠债"才是美德。

每个日本人都知道,在任何情况下,过重的恩情都会带来麻烦。最近,有本杂志的"咨询栏"就有一个典型的例子。《东京精神分析杂志》(Tokyo Psychoanalytic Journal)的专栏,颇像美国杂志上的"失恋者信箱"。其专家咨询几无弗洛伊德思想可言,那是彻头彻尾的日本式咨询。一位老先生写信求助:

> 我有三个儿子和一个女儿。妻子已经去世 16 年。因为觉得孩子可怜,所以没有再婚,孩子们认为这是美德。如今他们都已成家。8 年前儿子结婚,我搬到附近居住。难以启齿的是,三年来,我暗中和一位夜度娘(曾在酒吧里卖身)交往。听了她的身世,我很难过,就花了一小笔钱,把她赎出来,带回家,教她礼仪,让她当保姆。她很认真,非常勤俭。然而,我的儿子、儿媳、女儿、女婿都瞧不起我,把我当作外人。我并不责怪他们。这是我的过错。

> 她的父母似乎不知道她的处境。因为她到了女大当婚的年纪,他们来信要她回家。我向他们请安,说明情况;他们很穷,却不贪财。他们同意女儿留下来,权当她已死亡。她也愿意守候在我身边,给我送终。但是,我俩年龄相差犹如父女,所以我有时也想送她回家。儿女们却认为,她要贪我的财产。

> 我疾病缠身,来日无多。如能指点迷津,定将感激不尽。最后我要说明的是,她曾经沦落风尘,但那是被生活所迫。她为人正派,父母也不贪利。

医生认为,这个案例很明显,老人把自己对子女的恩情看得太重了,所以他做了这样的解答:

你描绘了常见的一件事情……

我先说我的猜想，你想要从我这里得到你想要的答案，这使我产生反感。当然，我赞赏你长期独身不娶。但你想要子女因此而感恩戴德，想以此为自己目前的行为辩护。我不喜欢你这样做。我不是说你狡猾，但你性格懦弱。如果你向子女说明，你想有一位女伴，如果你不得不有女伴，而不是让他们因你的不娶而感恩戴德，事情会好得多。你非常看重你的恩情，子女当然就嫉恨。毕竟，并非人人都会失去性渴望，产生这样的欲望在所难免。但你要努力克服性的欲望。你的子女希望你战胜情欲，那是因为他们希望你符合他们心中理想的父亲形象。相反，你背弃了他们，没有达到那样的理想。我理解他们的感受，虽然这有点儿自私。他们已婚，在情欲上获得满足，但却不让父亲有这样的欲望，那是自私。你是这样想的，而你的子女却那样想，南辕北辙。你们的想法分道扬镳。

你说那姑娘及其父母都心地善良，那是因为你这样想。你知道，人的善恶取决于环境和形势。不能因为他们此刻没有图利，你就说他们"善良"。我看，他们想把女儿嫁给一个行将就木的老头，那太愚昧。如果他们想让女儿出嫁，当小妾，那一定是想赚点钱，得点好处，你以为不是这样，那完全是你的幻想。

我看，你的子女担心那姑娘的父母图你的财产，我不会感到奇怪。我认为,他们的确有这样的盘算。姑娘年轻,也许没有这种念头,但她的父母一定会有这样的念头。现在,你有两条路可以选择:

(1)做一个"完人"(非常完美,无所不能),一刀两断,好说好散。我看你做不到,你心地善良,人之常情不会答应。

(2)"回头做一个凡人"(抛弃一切装腔作势),粉碎你在子女心目中虚幻的理想形象。至于财产,你要立即立一份遗嘱,明确规定那姑娘的份额和子女的份额。

最后你要记住,你已有一把年纪。从你的笔迹可以看出,你又在回归童真。你感情用事,你的想法不理性。你说你想拯救她,实际上是想让她来代替母亲。如果母亲离开,婴儿就不能生存,所以我劝你选择第二条道路。

专家就"恩"的复信讲了几层意思。即使一个人曾经让子女背负感恩戴德的沉重包袱,他也可以改弦更张,不过,这肯定有他的风险。他应该明白,自己会因此而受苦。此外,不管他为儿女做出了多大牺牲,他也不该以此居功,如果用此借口"为自己目前的行为辩护",那就错了。子女对此反感是"很自然的",因为父亲起初的恩惠不能一以贯之,子女"被出卖"了。如果父亲想象,孩子年幼时父亲为孩子呕心沥血,成年后的子女就应该特别照顾父亲,那就是愚蠢的。子女不但不会那样想,反而只会觉得父亲的恩情不堪重负,他们"自然而然地感到嫉恨"。

美国人不会根据日本人的思路去判断父子关系。我们认为，为失去母亲的孩子做出奉献的父亲，晚年应享天伦之乐，子女应该心怀感激。我们不会认为，子女的反感是"很自然的"。然而，为了像日本人那样看问题，我们不妨将其视为金钱交往，因为在这方面，我们有类似的态度。如果在正式的金钱交往中，父亲要子女立字据，要求他们还本付息，那么，我们完全可以对那位父亲说："孩子们的反感是很自然的。"如此看来，我们就可以理解，为什么日本人接过别人递上的烟卷时，不是直截了当地说"谢谢"，而是说"不好意思"；我们就可以理解，为什么在谈到某人使别人背负恩情的包袱时，他们会感到讨厌；为什么哥儿把一杯冰水的恩惠看成难以承受的包袱。我们至少可以找到一条线索，多少能窥其奥秘了。然而，我们美国人不习惯用金钱交易来看待在冷饮店请客这种鸡毛蒜皮的事情；也不会将其当作衡量独自抚养幼年孩子而做出的牺牲；亦不会以此看待义犬"哈齐"的忠诚。相反，日本人就这样看待施恩和受恩的关系。我们重视关爱、和善、慷慨的价值，越是无条件越可贵；在日本，这些价值必然是有条件的。每接受一次这样的施恩，受恩者就欠下了人情。正如日谚所云："倘有慷慨施与的天赋（难以企及），那才敢于受人之恩。"

第六章　滴水之恩,难以回报

经典名句

◆ 对日本人而言,所谓"恩"是原生的、永存的,是一套概念;"报恩"是积极的、紧绷的责任,必须偿还,用另一套概念来表达。

◆ 日本人把报恩分为两类,各有其规则。一类是对无限量、无期限的恩情的回报;一类是等量的回报,特定时刻到期的回报。无限的回报称为义务,他们说:"滴水之恩,难以回报。"义务分两类。一类是对父母的回报,称为孝;一类是对天皇的回报,称为忠。这两类义务是强制性的,是每个人的命运。

《富岳三十六景·江户日本桥》

"恩"是债,而且必须偿还。但在日本,"报恩"被看作与"恩"全然不同的另一个范畴。我们的伦理道德,把这两个范畴混为一谈,我们用一些中性的词,比如"obligation"(义务)和"duty"(任务)。对此,日本人难以理解,犹如我们难以理解有些部落民混淆"债务人"(debtor)与"债权人"(creditor),不区分两种截然不同的金钱关系一样。对日本人而言,所谓"恩"是原生的、永存的,是一套概念;"报恩"是积极的、紧绷的责任,必须偿还,用另一套概念来表达。两者别若云泥。欠恩不是美德,报恩则是善行。为表示感谢而积极奉献,那就是美德启动之时。

　美国人若想理解日本人这方面的德行问题,不妨记住它与金钱交易的相似之处,不妨想想金钱交易违约时受到的制裁,这将有助于我们对它的了解。在这里,我们要求人们履行合同。谁要是侵占了不属于自己的东西,我们绝不考虑客观情况而予以宽容。是否偿还银行借贷,那不是心血来潮的问题。债务人不仅要还本,还必须付息。我们认为,金钱交易与爱国、爱家人是完全不同的观念。对我们而言,爱是由衷的感情,自然流露、不求回报才是最高尚的。我们心中的爱国主义是国家利益高于一切。在这个意义上,除非美国受到敌国的武装侵略,否则爱国主义就带有理想主义色彩,与孰能无过的人性并不是水火不相容的。我们美国人没有日本人那种滴水之恩涌泉相报的基本观念。他们认为，一个人呱呱坠地，就自然地背上了报国的责任。我们认为，一个人应该怜悯、援助有困难的双亲，不能殴打妻子，必须抚养子女。但是，这些事情并不像金钱债务那样可以量化，也不像生意成功那样能获得回报。在日本，这些事情宛若经济偿还能力，违约以后要被制裁，就像美国人因不能还债或不能连本带息偿还按揭要遭到制裁一样。这些责任并不是在国家宣战、父母病重那样的危急关头才要履行的责任。这些事情如影随形，压在心头，就像纽约州的农民担心不能按时偿还按揭一样，亦像华尔街的金融家卖空以后看着行情上涨，心里干着急一样。

日本人把报恩分为两类，各有其规则。一类是对无限量、无期限的恩情的回报；一类是等量的回报，特定时刻到期的回报。无限的回报称为义务，他们说："滴水之恩，难以回报。"义务分两类：一类是对父母的回报，称为孝；一类是对天皇的回报，称为忠。这两类义务是强制性的，是每个人的命运。日本人将小学教育称为"义务教育"，因为其他任何字眼都不足以表达"强制要求"的意思。人生的偶然事件可能改变义务的某些细节，但义务是自动加之于每个人身上的，不容推辞，不因任何偶然的环境因素而变化。

日本人的义务及回报一览表

一、恩：被动接受而产生的义务。"接受恩情""背负恩情"都是从被动观点看产生的义务。

(1) 皇恩——受自天皇之恩。
(2) 亲恩——受自父母之恩。
(3) 主恩——受自主人之恩。

(4)师恩——受自师长之恩。

(5)一生中与各种人接触时所接受的"恩"。

注:所有对自己施恩的人都是自己的"恩人"。

二、报恩:人人都要"偿还"这些债务,向恩人"回报"。换言之,这些回报是以主动偿还的观点来看而产生的。

(1)义务(gimu)。无论如何偿还都是无法全部还清的,而且在时间上也是无限的。

(A)忠——对天皇、法律、日本的义务。

(B)孝——对双亲及祖先(下对子孙)的义务。

(C)任务——对自己的工作的义务。

(2)情义(giri)。难以如数偿还、时间上无限的恩情债。

(A)对世人的情义。

——对主君的义务。

——对亲人的义务。

——对他人的义务。从非亲非故者那里得到的"恩",比如接受金钱、施惠、工作上的帮助(如劳动互助)等。

——对非近亲(如伯父、伯母、表兄妹、堂兄妹等)的义务。并非直接从他们那里得到的"恩",而是由于共同祖先而得到的"恩"。

(B)对自己名誉的情义。相当于德语的"名誉"(die Ehre)。

——受到侮辱、遭到失败时,人有"洗刷"污名的义务,即报复或复仇的义务。(注:这种反击、报复不被看作侵犯。)

——不承认(专业上)失败或无知的义务。

——遵守日本人的礼节的义务。遵守一切礼节,不越位、在不如意时克制感情的流露等。

上述两种"义务"都是无条件的。日本人使这些道德绝对化,如此,他们就远离了中国人精忠报国和孝敬父母的观念。7世纪以来,日本一再从中国引进伦理体系,"忠""孝"原本是汉字。但中国人并没有使"忠""孝"成为无条件的义务。在中国,忠、孝是有条件的,忠、孝之上还有更高的道德,那就是"仁",通常译作"benevolence"(慈善、博爱),但其含义几乎囊括了西方一切良好的人际关系。父母必须"仁"。统治者如果不"仁",人民可以揭竿而起。"仁"是忠的先决条件。天子的江山仰赖仁政。文武百官的宝座靠的也是仁政。中国的伦理学把"仁"作为检验一切人际关系的试金石。

中国伦理中"仁"的前提,日本人从未接受。伟大的日本学者朝河贯一曾论及中世纪日中两国对待"仁"的差异。他写道:"在日本,'仁'的观念显然与天皇制不相容,所以,即使作为学术理论,也从未被全盘接受过。"[1]事实上,"仁"被排斥在日本的伦理体系之外,丧失了它在中国伦理体系中所具有的崇高地位。日语中保留"仁"字,但读音是"jin"。即使对位高权重者,"行仁义"或"讲情义",也不是必备的道德了。如此,"仁"就被彻底排除在日本人的伦理体系之外,所以"仁"的含义是法外之事的善行。比如,署名为慈善事业捐款、对犯人施以赦免等就是值得称道的善举。但其突出含义是分外的善事,不是必须具备的美德。

朝河贯一(1873—1948),20世纪日本和平学的缔造者,呼吁日本政府和国民放弃霸权扩张的道路,著有《日俄冲突》《日本的极端》。

"行仁义",还有另外一种"法外"含义,这就是在帮派分子中通用的道德标准。德川时代,那些烧杀抢掠的流氓以

---

[1] *Documents of Iriki*, 1929, p.380, n.19.

此为荣,这就是他们所谓的"行仁义"。他们与武士不同,只佩单刀,而武士佩双刀。一个不法之徒向另一帮派的家伙寻求庇护时,虽然彼此是陌生人,但也不会被拒绝,因为后者怕其同伙报复。他就在"行仁义"。在现代用法中,"行仁义"更加堕落,常在谈到应受惩罚的不良行为时使用。报界可见这样的报道:"普通劳工仍在'行仁义',必须严惩。警察必须严加取缔,禁止那些人在黑暗角落里'行仁义'。这些鼠窃狗盗之辈太猖狂了。"毫无疑义,这里所指的"行仁义"就是那种不法之徒的"盗贼的荣誉"。尤其是现代日本的小包工头,他们就在"行仁义"。他们像上世纪之交时美国码头上的意大利籍包工头,与一些非熟练劳工订立非法契约,承包工程,借此发财。中文中"仁"的概念,在此已被贬低得无以复加。① 如此,日本人篡改和贬低了中国人最看重的美德"仁",又不给"义务"限定任何条件。结果,孝在日本就成了必需的义务,包括宽宥父母的恶行或无德。只有在对父母的孝与对天皇的忠发生冲突时,才可以不尽孝。无论父母是否值得尊敬,是否在破坏自己的幸福,尽孝是必须的义务。

一部现代日本电影表现了这样一个故事:母亲无意之间发现了儿子的一笔钱。儿子是乡村教师,已婚,募集了这笔钱,以解救一个将要被父母卖到妓院去的女生。那年农村饥荒,其父母出于无奈而卖女。老师的母亲顺手将那笔钱据为己有。她并不穷,开了一家餐馆,还挺体面。儿子知道钱是母亲偷的,却不得不代母亲受过。妻子发现真相,留下遗书,承担丢钱的全部责任,怀抱婴

---

① 日本人也用"知仁"一词,这与中文的原义多少相近。佛教劝人"知仁",意即慈悲。但正如日文辞典所说:"知仁,与其说是指行为,毋宁说是指理想的人。"

儿投河自尽。事情闹大以后,母亲在这一悲剧中的责任却无人过问。儿子尽了孝道,只身前往北海道,修身养性,增强意志,以经受类似的考验。他有美德,是英雄。我的看法是,整个悲剧显然要归咎于偷钱的母亲。但陪我看电影的日本朋友却不同意我这种美国式的判断。他说,孝道常常会与其他道德发生冲突。如果电影中的主人公聪明一点儿,也许能找到一条无损于自尊的调和办法。但是,他如果为此而抱怨母亲,哪怕只是在心里抱怨,他的自尊心也是不可能不受损害的。

青年人一结婚就背负了沉重的孝道义务,在小说和现实生活里,这样的例子俯拾即是。除了"摩登"圈子,一般体面家庭的婚姻都由父母安排,媒人牵线,父母挑选。挑选好媳妇的责任,不在儿子本人,而在他的家庭。其原因不仅在于金钱交往,还在于媳妇的名字将被载入家谱,传宗接代。一般的做法是,媒人安排见面,男女双方假装偶然邂逅,分别由父母陪同。两人并不交谈。有时,父母为儿子安排的婚姻有利可图,女方父母可得钱财,男方则可与名门望族攀亲。有时,男方父母看中的是姑娘的人品。孝敬的儿子要报答父母的养育之恩,不会怀疑父母的决定。结婚以后,他还要继续报恩尽孝。如果他是长子,则要继承家业,和父母一起生活。众所周知,婆婆总是不喜欢媳妇,老是挑刺。即使儿子和媳妇很和睦,很愿意与媳妇生活在一起,婆婆也可能赶走媳妇,逼子休妻。日本的小说和自传中有许多这样的故事,可能突出表现妻子的苦难和丈夫的痛苦。丈夫顺从父母的决定而解除婚约,当然是在尽孝。

有位"摩登"的日本妇女,旅居美国。她在东京时曾收留过一个被婆婆赶出门的年轻孕妇。儿媳被迫与悲痛的丈夫诀别。她身患疾病,遭此打击,非常悲痛,却并未责怪丈夫。以后,她逐渐把兴趣转向即将出生的婴儿。谁知孩子刚生下来,婆婆就带着俯首帖耳的儿子来夺走婴儿,声称婴儿当然属于婆家。但婴儿被带走后,婆婆随即将其送进孤儿院。

　　这一切都被纳入孝道,是对父母必须的报答。美国的情况刚好相反,以上事例都会被认为是外来的干涉,妨害了个人享受幸福的权利。日本人不会把这视为"外来的"干涉,因为他们把"报恩"视为人生应有之义。这些故事就像美国人描绘诚实人的故事一样。那些诚实人经历千辛万苦,偿还债务;他们是品德高尚的人,赢得了自尊,勇敢接受挫折,证明自己坚强。然而,虽然这种磨难很崇高,却自然会留下一丝值得注意的怨气。亚洲各地都有一些谚语,表现各种"人之所恨":在缅甸是"火灾、洪水、盗贼、官吏和坏人";在日本是"地震、雷霆和老头(家长、父亲)"。

　　中国人孝敬的对象包括千百年前的直系祖先,也包括大宗族的旁系祖先。相反,日本人只限于近几代祖先。祖坟墓碑上的文字,每年都要翻新。后人不再记得的祖先,其墓碑也就无人过问,家里的神龛就不再给他们设灵牌。日本人孝敬的对象,只限于记忆犹新的祖先;他们注重的是此时此地。许多论者认为,日本人缺乏无形象载体的思辨能力,也难以构想不在眼前的形象。与中国人相比,他们的孝道观恰好印证了这样的论断。然而,日本人的孝道观也有它最重要的现实意义:它把尽孝的对象限于在世的长者中。

　　这是因为不论在中国或日本,孝道不限于对双亲和祖先的崇敬与服从。西方人说,对子女的呵护是出自母亲的本能和父亲的责任感。相反,中国人或日本人则认为,那是出自对祖先的孝敬。

在这一点上，日本人说得很清楚：对祖先报恩的办法就是把自己受到的照顾转移给儿女。日语中没有语词特指"父亲对子女的义务"，所有这类义务全都隐含在对父母及祖父母的孝敬中。按照孝道的寓意，长者的诸多义务不言自明：抚养子女、让儿子或弟弟接受教育、管理家产、庇护穷亲戚等等难以计数的日常义务。日本家庭的人口非常有限，这就严格限制了任何人尽义务的对象。倘若儿子去世，父母要抚养儿子的遗孀和儿女。同样，万一女儿丧夫，父母也要照顾寡居的女儿及其子女。但是，对丧偶的外甥女、侄女施与帮助与否，就不在"义务"之列了。如果抚养，那也完全是履行另一种义务。抚养、教育自己的子女是"义务"，如果抚养、教育侄甥辈，惯例是将其合法过继为自己的养子。如他们仍然保持侄甥的身份，那么，让他们接受教育就不是叔伯辈的"义务"了。

至于对贫穷直系亲属的援助，孝道并不要求出于对长辈的敬意和对晚辈的慈爱。接到家里来抚养的年轻寡妇，被称为"冷饭亲属"，因为她们吃的只是冷饭剩菜，对家里人必须俯首听命；有关她们的一切决定，她们都只能唯命是从。她们是穷亲属，她们的子女也是一样。在特殊情况下，她们也会受到较好的待遇，但那不是家长的"义务"。兄弟之间也不必"热心地"履行义务。尽管公认兄弟势如水火，但只要哥哥履行了对弟弟的义务，他就会有很好的口碑。

婆媳的对抗最为激烈。媳妇走进这个家庭，她是外人，有义务熟悉婆婆做事情的方式，学会依葫芦画瓢。在许多情况下，婆婆会明确表示，儿媳配不上自己的儿子。有时我们可以推测，婆婆妒忌媳妇。但是，正如日本的民谚所云："可恨的媳妇生出可爱的孙子。"因此,婆媳之间是有孝道的。表面上看,媳妇总是百依百顺。然而,可爱的媳妇总要熬成婆;随着世代的变迁,她们也成了百般挑剔、吹毛求疵的婆婆,就像她们的婆婆一样。年轻的媳妇不能表现出咄咄逼人的样子,但并未因此而变成温顺的小绵羊。到了晚年,她们把憋了一辈子的怨气一股脑儿发泄到自己的儿媳身上。今天,日本的女孩子公开谈论,要嫁就嫁给一个不继承家业的男子,这样就不必与霸道的婆婆一起生活了。

"尽孝"未必能营造家庭慈爱的气氛。在有些文化中,这种慈爱是大家庭道德的关键所在,日本却不然。正如一位日本作家所言:"日本人非常重视家庭,正因为如此,他们不会非常重视家庭成员之间的个人纽带。"[①]当然,实际情况并非总是这样,但大致如此。他们强调义务和报恩,长者承担重大的责任,其中之一是确保年轻人做出必要的牺牲。即使怨恨,牺牲也是必须做出的,没有讨价还价的余地。他们必须服从长辈的决定,否则就是没有履行"义务"。

家庭成员之间的怨恨显而易见,这是日本孝道的典型特征。另一种重要的义务类似尽孝,其中却无怨恨可言。这就是对天皇的尽忠。日本的政治家做了巧妙的政治安排,他们把天皇奉若神灵,使之与人间喧扰的现实生活完全隔离。唯其如此,天皇才能团结国民,使之一心一意为国家效力。把天皇设计为"国父"是不够的,这是因为,尽管一家之长履行了各种义务,他却"可能是个不值得尊重的人"。相反,天皇必须是圣父,远离红尘。对天皇尽忠是一种最崇高的美德,必须是一种极乐的境界。天皇是想象中

---

① Nohara, K., *The True Face of Japan*, London, 1936, p. 45.

的"至善之父",远离凡尘。明治初期,一批政治家考察西方各国之后写道:那些国家的历史都是君民冲突的历史,这配不上日本的精神。回国后,他们在宪法中写道,天皇"神圣不可侵犯",不对国务大臣的任何行为承担责任。天皇是日本国民团结的最高象征,而不是负责的国家元首。既然700年来天皇从未执掌行政权,那么让他永远扮演后台主角就简单易行了。明治政治家只需给全体国民灌输"忠"的思想,将绝对效忠天皇作为无条件的最高美德。在封建时代,日本人的"忠"是对世俗首领即幕府将军的义务。这一漫长的历史给明治政治家以启示:在新体制下,要达到日本精神统一的目标,需要什么样的政治构架。在此前几个世纪中,将军兼任大元帅和最高行政长官,对他尽忠的思想固然存在,但推翻其统治乃至谋害他的阴谋也屡见不鲜。对将军的忠诚与对领主的忠诚也时常冲突,而且对领主的忠诚往往要比对将军的忠诚更带强制性。因为对领主的忠诚建立在面对面的主仆关系上,相形之下,对将军的忠诚就难免要冷淡些。在动乱时期,侍从武士作战的目的是推翻幕府将军,拥立自己的封建领主。明治维新的先驱及其领袖奋斗百年,以"忠于天皇"为号召,而天皇则隐身幕后,深居九重,人人都可以按自己的意愿来想象天皇的形象。明治维新正是尊王派的胜利,正是由于把"效忠"的对象从将军转移到象征性的"天皇"身上,1868年的事件才被称为"王政复古"。天皇继续隐居幕后。他赋予"阁揆"权力,并不亲政,也不帅军,亦不亲自决策。执掌政务的仍然是一些顾问,不过他们经过了更精心的挑选。真正的剧变是在精神领域,因为"忠"已变成每个日本人对神圣天皇的报恩,天皇是最高的主祭,是日本团结统一、千秋万代的象征。

效忠的对象转移到天皇相当顺利,这当然得益于古老的民间传说:皇室是天照大神的后裔。但这一传说赋予天皇的神性并不如西方人想象的那么重要。毫无疑问,即使完全否定这种神学观点的日本知识分子也从未怀疑过要对天皇效忠,甚至接受天皇神裔论的民众,也不会按照西方人对上帝的理解去效忠天皇。"Kami"可以译成英文的"god",但"Kami"的本义则是"首领",即等级制的顶峰。在人与神之间,日本人并不像西方人那样设置了一条巨大的鸿沟。每个日本人死后都变成神。在封建时代,"忠"被献给毫无神格的等级制首领。在把效忠对象转移至天皇的过程中,最为重要的因素就是日本史中只有一个皇室,万世一系,绵延不绝。西方人抱怨说,万世一系乃是欺人之谈,因为日本皇位的继承规则与英国、德国均不相同,但这种指责徒费口舌。日本的规则就是日本的规则,据其规则,皇统乃万世一系,从未中断。中国经历了36个朝代,有信史为证,日本却从没有改朝换代。虽然她饱经沧桑,但其社会组织从未被撕裂,其模式恒久不变。在明治维新以前的一百年间,反德川势力正是用"万世一系"作为依据,而不是以天皇神性为依据。他们主张,既然"忠"应当献给等级制的最高首领,那就只能献给天皇。他们把天皇供奉为国家的最高主祭,但这种角色并不必然具有神性。这比天照大神后裔论更加重要。

近代的日本人千方百计使"忠"人格化,使之指向天皇。明治维新后的第一代天皇杰出、威严,长期在位,自然成为臣民忠诚的国体象征。他不常露面;一旦现身公共场合,都极其隆重,尽享臣民对他的崇拜。万民鞠躬,鸦雀无声,无一人敢抬头正视。二楼以上的窗户全部关闭,任何人都不得从高处俯视天皇。他和策士的接触也分等级。日本人不说天皇召见执政官,而是说少数受宠的"阁揆""谒见天皇"。他从不就有争议的政治问题发布诏书,只就道德、节俭等问题发布敕令,或者发布圣旨宣告问题业已解决,以安抚民心。当他行将驾崩时,整个日本倏忽之间就成为一座宏大的寺院,忠心的万民为他虔诚祈祷。

如此,经过千方百计的努力,天皇就成了最高权威的象征,他超越国内的一切纷争。就像美国人对星条旗的忠诚超越政党政治一样,天皇是"神圣不可侵犯的"。我们为国旗设计了庄重的仪式,任何人都配不上享受这样的仪式。相反,日本人却最大限度地利用天皇这个人格化的最高象征。万民敬爱天皇,天皇也对臣民做出回应。听说天皇"眷顾万民"时,他们会欣喜若狂。"为了使陛下放心",他们可以献出自己的生命。日本文化完全建立在人际关系上,天皇作为忠诚的象征,其意义远远超过国旗。如果培训之中的教师说,人的最高义务就是爱国,他的考核就不合格。他必须说,报效天皇是最高的义务。

1943年在"武藏"号上的裕仁天皇(中)

"忠"提供天皇臣民关系的双重体系。一方面,臣民仰视天皇,没有中介,他们用自己的行动来使"陛下安心";另一方面,臣民不直接聆听天皇的敕令,经过层层传递,天皇的敕令才能到达臣民。"他传达天皇御旨",这一句话就可以唤起臣民的"忠心",其神圣性要超过任何现代国家的号召。罗里(H. Lory)曾描述过和平时期的一次军事演习,军官告诉士兵,没有他的命令不许喝水。日本军队训练时非常强调在极端困难的条件下进行,会连续行军五六十英里。那一天,由于饥渴疲惫,20个人倒在路边,其中5人倒毙。打开倒毙士兵的水壶检查时,发现他们滴水未沾。"军官下了命令,他代表的是天皇。"①

在民政管理中,"忠"使一切事务带有强制性,从丧葬到纳税,无一例外。税吏、警察、地方征兵官员都是臣民尽忠的中介。日本人认为,守法就是对至高无上的"皇恩"的回报。这一点与美国的风习别若云泥。对美国人而言,任何新法律都是对个人自由的干涉,都会在全国激起怨恨,从红绿灯到所得税法到新法无一例外。联邦法规更受到双重的怀疑,因为它还干扰各州的立法权。人们觉得,它是华盛顿官僚集团强加于民的。许多人认为,无论多么高声反对那些法律,国民的自尊心也难以得到满足。因此,日本人断言,美国人无法无天;我们则断言,他们是小绵羊,没有民主观念。也许,更加准确地说,两国国民的自尊心与各自不同的态度有联系。在美国,自尊心依托的是自己管理自己的事务;在日本,自尊心依托的则是对恩主的回报。这两种管理事务的方式各有各的难处。我们的难处在于,即使对全国人民有利的法

---

① Lory, Hillis, *Japan's Military Masters*, 1943, p.40.

规,也很难被接受。他们的难处在于,无论用什么语言表述,人的一生都处在背负恩情的阴影之中。也许,每个日本人都在人生的某一点上找到了调和的办法,让自己既不触犯法律,又能回避苛求的重压。他们还崇尚某种形式的暴力、直接的行动和私人的报复,美国人却持相反的态度。然而,尽管有以上种种限定性的例外和其他可能想到的例外,"忠"对日本人的支配力仍然是毋庸置疑的。

当1945年8月14日日本投降时,投降的实施过程使全世界难以置信。许多曾经旅居日本、对日本有所了解的西方人都认为,日本不可能投降。他们坚持认为,幻想分布在亚洲和太平洋诸岛上的日军和平地放下武器,那太天真幼稚。许多日军在自己的战区并未战败,而且确信自己这一方是正义的。日本列岛遍布誓死顽抗的日本人。占领军的先头部队必然是小股部队。登陆部队离开自己海军的射程以后,必然会惨遭屠杀。在战争中,日本人的残暴登峰造极,他们是好战的民族。抱有这种想法的美国分析家没有考虑到"忠"的作用。天皇一宣布投降,战争就结束了。在天皇尚未发表广播讲话前,反对投降的顽固派围住皇宫,试图阻止天皇发布停战诏书。然而,一旦诏书发布,日本人就服从了。无论满洲、爪哇等地的战区司令,还是本土的东条英机,都不再反对停战。美国军队在机场着陆时,还受到了他们

1945年裕仁天皇宣布无条件投降

彬彬有礼的欢迎。一位外国记者写道,他们早晨着陆时手指不离扳机,中午时就收起枪,傍晚便优哉游哉,上街采购小玩意了。彼时,日本人用遵守和平安排的行为方式使"陛下安心"了。而此前一个星期,他们还在发誓,即使不得不用竹枪,也要奋勇击败夷狄,以便使"陛下安心"。

如此的态度陡转并无神秘之处。只有一些西方人才觉得难以理解,他们不愿承认,影响行为的情绪是多种多样的。其中一些人宣称,除了灭绝日本人,其他选择都不实际;另一些人则主张,除非自由派夺权,推翻政府,否则日本就不能得救。如果这样评价一个全力以赴、全民支持交战的西方国家,这两种分析还是有道理的。然而这两种分析都错了,因为它们把西方人的行动方针套用到日本人头上了。即使在和平占领日本几个月之后,发表上述言论的一些西方人还坚持认为,一切机会均已失去,因为日本没有发生西方式的革命,因为"日本人不懂,他们已经战败"。这是地道的西方社会哲学,是以西方的是非标准为基础的学说。但日本不是西方国家,它没有诉诸西方国家动用的最后的力量——革命。它也没有用暗地破坏的办法来对抗占领军。它动用它那独特的力量:在战斗力未被完全摧毁以前,就要求自己把无条件投降这一惨重的代价作为对天皇的"尽忠"。在日本人眼里,这种巨大的代价使他们获得了最被珍视的价值:他们有权说,虽然是投降的命令,那也是天皇的命令。即使投降了,他们至高无上的法律仍然是"忠"。

第七章　情义的回报"最难承受"

经典名句

◆ 日本人常说,"情义最难承受"。人必须报答"情义",就像他必须报答"义务"一样。

◆ "情义"是日本人特有的道德范畴,不了解情义就不可能了解日本人的行为方式。日本人在谈及行为的动机、名誉或困境时,都不可能不说到"情义"。

◆ "情义"有界限分明的两类:一类我称之为"对社会的情义",按字面解释就是"报答性情义",亦即向伙伴报恩的义务;另一类我称之为"对名誉的情义",即保持名誉不受任何玷污的责任,大体上类似于德国人的"荣誉"。

《富岳三十六景·凯风快晴》

日本人常说,"情义最难承受"。人必须报答"情义",就像他必须报答"义务"一样。但是,"情义"所要求的报答和"义务"所要求的报答是不同的。英语中没有与日语中的"情义"(giri)相当的词。人类学家在世界各地的文化中看到过千奇百怪的道德义务,其中最奇特的就是"情义"。这是日本人所特有的义务。"忠"与"孝"是日本人和中国人共同的道德规范。日本人对这两个概念做了一些修改,但它们与其他东方国家所熟悉的道德观念仍有相同之处,似乎同宗。但日本人的"情义"并非来自中国儒教,亦非来自东方的佛教。"情义"是日本人特有的道德范畴,不了解情义就不可能了解日本人的行为方式。日本人在谈及行为的动机、名誉或困境时,都不可能不说到"情义"。

在西方人看来,日本人的"情义"观念包含一连串大杂烩似的义务(参阅本书第六章中的"日本人的义务及回报一览表"),从报答旧恩的感激直到复仇的义务。难怪日本人从未尝试过向西方人解释"情义"的含义,连他们自己的辞书也很难给这个词下定义。我们在这里试译一本日语辞典中的释义:"正道;人应遵循之道;为防止不得不向世人致歉而不太情愿做的事情。"这当然无法使西方人得其要领,但"不太情愿"一语道出了"情义"与"义务"的区别。无论"义务"对个人如何苛求,那至少是指对其近亲的义务,或者是对统治者的义务,而统治者是祖国、生活方式和爱国精神的象征。"义务"的牢固纽带是与生俱来的,尽在情理之中。尽管"义务"中的某些行为也会使人"不太情愿",但"义务"绝不可能用"不太情愿"来定义。相反,对"情义"的报答则引起内心的不快。在"情义的范围内",欠情者的为难是很难承受的。

"情义"有界限分明的两类:一类我称之为"对社会的情义",按字面解释就是"报答性情义",亦即向伙伴报恩的义务;另一类我称之为"对名誉的情义",即保持名誉不受任何玷污的责任,大体上类似于德国人的"荣誉"。"对社会的情义"大体上可以描述为履行契约关系,这类"情义"有别于"义务","义务"是履行与生俱来的亲属责任。因此,"情义"包括对姻亲的义务,而"义务"则包括对直系家属的义务。岳父、公公被称作"情义"上的父亲,岳母、婆婆被称作"情义"上的母亲。姻兄弟、姻姐妹也被称作"情义"上的兄弟、姐妹。这一套称谓既适用于配偶的亲属,也适用于同胞兄弟姊妹的配偶。当然,日本人的婚姻是家庭之间的契约关系。对配偶的家庭终身履行契约性义务,就是"履行情义"。对安排婚约的父母的情义当然是最为沉重的,儿媳对婆婆的"情义"尤其沉重。这是因为正如日本人所说,儿媳居住的家庭不是她出生的家庭。丈夫对岳父母的义务有所不同,但也很可怕。因为岳父母有困难时,女婿必须借钱,还要履行其他契约性义务。就像一位日本人所言:"成年儿子侍奉母亲是出于爱母,这不是情义。"凡是情动于中的行为都不是"情义"。然而,对姻亲的义务却必须小心谨慎,不论付出多大代价,都必须履行,以免遭受世人诟病:"不懂情义"。

日本人对姻亲义务的感觉在"婿养子"身上表现得最为明显。他像女人结婚那样入赘到妻家。一个家庭如果有女无儿,父母就要为一个女儿择婿入赘以延续"家名"。婿养子的名字从原户籍删除,改从岳父的姓氏。他进入妻子的家庭,按"情理"从属于岳父母,死后葬入岳父家的墓地。这些举措仿照妇女结婚,完全一样。择婿入赘也许不仅仅是因为自家没有儿子,常常也是出于双方得利的考虑。这就是所谓的"政治婚姻"。女家虽然贫穷,但"门第"高贵,男方送钱上门,换取地位的升迁。也可能是另一种情况:女方家庭富裕,有力量让女婿接受很好的教育;作为回报,女婿就正式签署文件,离开自己的家庭。还可能是这样的情况:女方的父亲招婿上门,以便让女婿参与公司的经营。无论是哪一种情况,"婿养子"所承受的"情义"都是特别沉重的,因为改换家姓、到另一个家庭入户是很重大的事情。在封建时代的日本,这就意味着,他必须证明自己是新家族的一员;在战争中他必须为养父而战,即令杀死生父也在所不辞。在近代日本,"婿养子"的"政治婚姻"产生强大的"情义"约束力,把"婿养子"与岳父家的企业或财富紧紧地联系在一起。尤其在明治时代,"政治婚姻"对双方都有利。但"婿养子"还是满腔怨恨。有句谚语云:"有米三合,决不入赘。"日本人说,这种怨恨也生于"情义"。如果美国也有类似的风俗,我们就会说:"这使他不能成就男子汉的事业!"但日本人却不会这样说。总之,履行"情义"难以承受,是"不太情

> 合(读音 gě),旧时计量单位,尤其用作买卖大米,有担、斗、升、合等单位。一担为10斗,一斗为10升,一升为10合。

愿"的。因此,对日本人而言,"因为情义"这句话足以表示那种难以承受的关系。

不仅对姻亲的义务是"情义",甚至对伯父母和甥侄的义务也是"情义"。对近亲的义务不列入孝的范畴,这是日本人和中国人家族关系方面的重大差异。在中国,很多姑舅表姨之类的亲属甚至远房亲属都要分享共同的资源。但在日本,这类亲属关系则是"情义"关系,亦即"契约"关系。日本人指出,帮助这类亲属绝不是因为他们对自己有何恩情,而是为了报答共同祖先的恩情。在抚养自己的孩子背后,当然也有报答祖先的约束力,但那是当然的"义务"。相反,虽然帮助远亲的背后也有报答祖先的约束力,但那种帮助却被列入了"情义"的范畴。不得不帮助远亲时,人们就像帮助姻亲时一样说:"我被'情义'纠缠。"

与对姻亲的情义相比,大多数日本人更重视重大的传统"情义",这就是侍从与主君和同侪的关系。这是忠义之士对上司和同侪的忠诚。很多传统文学作品颂扬这种"情义"性的义务,视其为武士的美德。在德川氏统一全国以前的日本,这种德行甚至比"忠"更重要,更值得珍视。这种传统的"情义"就是对幕府将军的义务。在 12 世纪,源氏将军要求一位大名引渡他所庇护的敌对领主,那位大名写的回信被保存至今。他对自己的"情义"受到非难表示强烈愤慨,坚决拒绝以忠的名义背叛情义。他写道:"对于公务,鄙人无驾驭之力,但武士重名节,情义乃永恒之真理。"[1]换言之,情义超越了将军的权威。他拒绝"背弃尊敬的朋友"。古代日本至上的武士德行,充斥于历史故事中,且流传至今,被改编为

---

[1] Quoted by Kanichi Asakawa, *Documents of Iriki*, 1929.

能乐、歌舞伎及神乐舞蹈。

最著名的是关于一位浪人（没有主君，依靠自己谋生的武士）的故事，他硕大无朋、力大无比。这位 12 世纪的豪杰名弁庆。他身无长物，却力大无朋，神奇无比。他寄身僧院，神力震慑众僧。他斩杀过往武士，收集刀剑，以筹措封建武士所需的装备。最后，他挑战一位年轻的领主，此人貌似黄毛小儿，纤弱无力。一番较量，双方却旗鼓相当。他发现，这位青年乃源氏后裔，正策谋为其家族恢复将军地位。原来这就是日本人极端崇拜的英雄源义经。弁庆向源义经表示热诚的"情义"，为其效力，身经百战，功勋卓著。但在最后一次交战中，由于敌众我寡，他们被迫逃亡。一群人装扮成云游僧，走遍全国，为修寺院而外出化缘。为了避人耳目，弁庆扮装成大和尚，义经则身着一般僧袍混在其中。遇到敌方的一处哨卡，弁庆就拿出编造的功德榜，假装念诵。他们几乎蒙混过关。但在最后时刻，乔装小和尚的义经未能掩饰其优雅的贵族做派，因而引起怀疑，身份差点暴露。敌方把这一行"僧人"叫回

源义经和武藏坊弁庆

源义经（1159？—1189），源赖朝的异母弟。自幼被流放，及长，与兄源赖朝举兵讨伐执政的平氏家族，战功卓著，但最终与源赖朝反目，被源赖朝通缉，后自杀。源义经是日本人爱戴的英雄，相传他幼年时降伏弁庆。

武藏坊弁庆（？—1189），一个富有传奇色彩的人物，少时落发为僧，后效力于源义经，忠贞不贰，是武士道精神的代表人物，常被写入日本神话、传奇、小说。

来。弁庆急中生智,消除了敌方的怀疑。他训斥义经,给了义经一记耳光。敌方因此信以为真,不再怀疑。因为倘若这位云游僧真是义经,侍从一定会出手救主。扇主子耳光全然是有悖"情义",难以想象。弁庆的不敬拯救了一行人的性命。一旦进入安全地界,弁庆立即匍匐在义经脚下,请义经赐死。义经优雅宽厚,不究其过。

歌川国芳所画之日本武士

这些古老的故事表现的"情义"发自内心,没有受到怨恨的玷污,是现代日本人向往"黄金时代"的白日梦。故事告诉人们,当时的"情义"没有"不太情愿"的色彩。即使"情义"与"忠"发生冲突,人们也堂堂正正地坚持"情义"。在封建外衣的包装下,"情义"是人人珍视的面对面关系。"知情义"的应有之义是,侍从对主君忠贞不渝,主君对侍从爱护有加。"报答情义"的应有之义是,主君恩重如山,侍从以死相报,在所不惜。

当然这是幻想。日本封建时代的历史充斥着背叛的故事:"忠诚"的武士在战斗中被敌方的大名收买。更为重要的是,主君对侍从的任何怠慢都会逼走侍从,我们将在下一章看到这样的后果。他们弃职而去,甚至卖主投敌,这似乎并无不妥,甚至成为传统。以死尽忠的主题、报复的主题,日本人都津津乐道。两者都是"情义"的主题,忠诚是对主君的"情义",因受辱而报复是对自己名誉的"情义"。在日本,这是同一块盾牌的两面。

尽管如此,古代的真诚故事对今天的日本人来说是愉快的白日梦。这是因为,今天所谓的"报答情义"不再是对主君的忠诚,而是指对各种人应尽的各种义务。今天说到"情义"时,人们常常充满怨恨,常常强调是在舆论压力下的回报,往往是不情愿的。他们说:"张罗这门亲事完全是出于'情义'";"我雇他完全是迫于'情义'";"我必须见他一次,纯粹是出于'情义'"。人们常说,"他让我'情义'缠身",这个短语在辞典中被译成"被迫如此"。他们说:"他用'情义'强迫我如此。""他用'情义'逼得我走投无路。"诸如此类的用语都表达了这样的意思:有人劝说当事人报答情义,提出他必须报恩的事情,迫使他做不想做的事情。在农村,在小商店的买卖中,在财阀的上层社会里,在日本人的内阁里,人们都会"迫于情义"或"被情义逼得走投无路"。求婚者可能会巧用情义夺取媳妇,用两家的老关系来迫使未来的岳父点头;有人会用同样的手段强购农民的土地。被"情义"逼得走投无路的人自己不得不答应。他会说:"如果我不帮助恩人,人家就会骂我不讲情义。"所有这些用法都含有"不太情愿"的意思,都暗示,那样的允诺"纯粹是为了体面"。日本的辞典里做了诸如此类的解释。

严格地说,"情义"的规则是必须报答的规则,不是"摩西十诫"那样的道德规则。为"情义"所迫时,人可能会将"情义"置于正义之上。日本人常说:"为了'情义'我顾不上正义。""情义"的规则与"爱邻居就像爱自己"没有关系,也不要求人发自内心的慷慨大方。他们说，人必须尽"情义"，因为"如果不尽情义，别人就会说他无情无义，而他就会在世人面前羞愧难当"。人言可畏，于是人不得不顺从"情义"。实际上，"对社会的'情义'"在英语中常常被译为"顺从舆论"。日语说"很无奈，因为这是对社会的'情义'"。英语辞典里的翻译是"人们不会接受任何其他做法"。

这个"情义圈子"的规矩与美国人借钱要还的约束力有相似之处。这有助于我们了解日本人对情义的态度。我们并不认为，如果收了一封信、接受了小礼品或听从了及时的忠告，我们就必须连本带息地"还债"回报。在这种金钱交往中，宣告破产是对欠债不还最严厉的惩罚。然而，日本人认为，如果不回报情义，那就会使人格破产；生活中的一切接触都使人欠下"情义"。这就是说，日本人必须牢牢记住那些日常的言行，美国人不太注意这些细枝末节，而日本人则要谨慎对待，因为任何琐细的言行都可能产生相应的义务。这就是说，日本人在一个复杂的世界里小心翼翼地行走。

日本人"对社会的情义"的观念和美国人欠债还钱的观念还有另一点相似之处，即偿还"情义"被认为是等额偿还。在这方面，"情义"完全不像"义务"，"义务"是毫无止境的，无论怎样都偿还不完。但是"情义"不是无限度的。在美国人眼中，日本人的回礼与当初得到的恩惠是不成比例的，而日本人却不这么看。我们觉得他们的赠礼也出奇地慷慨。他们每半年送一次礼，每家每户都把礼品精心包装起来，来回报6个月前收到的礼物；保姆的家人每年都给雇主送礼，以答谢其雇佣之恩。日本人忌讳回礼比收到的礼物贵重，那是有失体面的举止。最难听的非难是说，送礼的人"用小虾钓大鱼"。同理，"报答情义"的过分之举也会遭到刺耳的批评。

人们尽可能详细地记录互相馈赠的情况,包括换工和换物的情况。在农村,这些记录由村长保管,有的由互助组内的一人保管,有的由家庭或个人保管。参加葬礼的一种习惯是送"香火钱"。亲戚也可能送祭幛。邻居都来帮忙,女的帮厨,男的挖墓穴、做棺材。须惠村的村长有这样一个记事簿。死者的家庭珍藏这样的记录,事无巨细,记录在案,显示邻居送了什么礼,帮了什么忙。这一记录显示必须回礼的名单,以便邻居举丧时记住还礼。这些记录显示长期的互惠关系。葬礼期间还有一些短期的互惠关系。帮忙制作棺材的邻居由举丧的家庭款待饭菜,他们也送一些米,回报主人的款待。村长将客人送米的情况记录在册。在大多数宴席上,客人送来一些米酒,作为对宴席饮品的部分回报。无论红白喜事、插秧盖房,还是社交聚会,主人都详细记录来宾的"情义",以备将来回报。

日本人的另一种"情义"习俗与美国人的"欠债还钱"相似。如果逾期未还,回报就略重,颇像利息的相应增加。艾克斯坦(Eckstein)博士记叙了一段亲身经历,讲述与一个日本制造商交往的情况,此人赞助他去日本搜集资料,为撰写野口英世的传记做准备。艾克斯坦博士回到美国完成书稿,将其寄往日本。可是,他既没有收到回执,也没有收到回信。他自然担心,书稿的内容有可能冒犯了日本人。屡次发信,均无回音。几年过后,那位制造商突然来电,说他已到美国。很快,他就登门拜访,送来几十棵日本樱花树苗。这份大礼太慷慨。因为拖延太久,礼物相应贵重,方才得体。他对艾克斯坦博士说:"您一定不想让我马上致谢吧。"

"迫于情义"的人回报别人时，往往不得不偿还与日俱增的人情债。有个人想要请一位小商人提供帮助，因为他的叔叔曾经是这个小商人的老师。小商人在年轻时代无力报答老师的"情义"，所以"情义"连本带利与日俱增。面对老师的侄子，虽然他不太情愿，却也不得不出手相助，以防"将来不得不对世人致歉"。

第八章　维护名誉

经典名句

◆ 对名誉的情义是义务,是使自己的名誉不受玷污的义务。这包括一整套德行,其中一些在西方人看来似乎是互相矛盾的,但日本人却觉得它们是统一的,因为它们不是报恩的义务,而处在"恩的范围之外"。换言之,不涉及报恩的问题,而是维护自身名誉的行为。如此,这套德行就包括:遵守"各安其位"的种种礼仪要求,忍受痛苦,维护自己的专业名声或技能名声。

◆ 日本人的看法就是这样的。好人对恩情和侮辱的感受同样强烈,对恩情的回应和对侮辱的回应都是美德。

《富岳三十六景·上总海路》

对名誉的情义是义务,是使自己的名誉不受玷污的义务。这包括一整套德行,其中一些在西方人看来似乎是互相矛盾的,但日本人却觉得它们是统一的,因为它们不是报恩的义务,而处在"恩的范围之外"。换言之,不涉及报恩的问题,而是维护自身名誉的行为。如此,这套德行就包括:遵守"各安其位"的种种礼仪要求,忍受痛苦,维护自己的专业名声或技能名声。"对名誉的情义"对人有种种要求:去除污点,清除侮辱;污点毁坏名誉,必须清除。必要时要报复毁谤者,或者自杀。在报复和自杀这两个极端之间,可以有多种选择,但不能漠然置之,寻求妥协。

我所谓"对名誉的情义",日本人并没有专用的语词来表达。他们将其描绘为报恩范围以外的情义。这仅仅是情义分类的基础,并不是非此即彼的分类:"对社会的情义"就是对好心的回报,而"对名誉的情义"就包含报复。西方语言中将其分为感激与报复这两个互相对立的范畴,日本人并不接受这种极端的对立。为什么一种德行不能包括两种回应呢?对好心的回应、对恶意或轻蔑的回应不是同一种德行吗?

日本人的看法就是这样的。好人对恩情和侮辱的感受同样强烈,对恩情的回应和对侮辱的回应都是美德。他们不区别这两种回应;相反,我们把一种行为称为侵犯,把另一种称为非侵犯。

他们认为,"情义圈子"之外的行为才能称作侵犯。只要是遵守"情义",洗刷污名,就没有侵犯的罪过,那只不过是算清旧账。他们说,如果不雪耻去污,"世界就不平稳"。正派人必须努力使世界恢复平衡。这是人的美德,不是人性中的罪恶。在欧洲历史中的某些时代,"对名誉的情义"也曾经是一种西方道德,西方人也像日本人一样,把感激与忠诚并为一类,语词上也不区分。在文艺复兴时期,尤其在意大利,这样的观念曾盛极一时。日本人"对名誉的情义"与古典时期"西班牙的勇敢"和德意志的"名誉"颇有共通之处。它和一百多年前欧洲流行的决斗隐约也有相似之处。无论在日本还是在西欧,凡是雪耻观念上升的地方,其核心总是超越物质利益。越是为了"名誉"而牺牲财产、家庭直至生命,人的品德就越高尚。这成为道德定义的必要成分,成为这些国家提倡的"精神"价值的基础。它确实给这些国家造成重大的物质损失,很难用利害得失来衡量。正是在这一点上,这种名誉观与美国人生活中的激烈竞争和公开对抗形成鲜明的对比。在美国的政治经济交往中,也许并没有对夺取物质利益的限制,但那一定是激烈的战争,罕有例外。肯塔基山民的械斗算是一例,那样的械斗属于捍卫名誉的范畴。

任何文化里"对名誉的情义"都可能产生敌意和伺机报复,但这不是亚洲大陆道德的典型特征。它不是所谓的东方气质。中国人没有这种特点,暹罗人、印度人也没有。中国人认为,一听到侮辱和诽谤就神经过敏的人是"小人",即道德水平低下的人。他们和日本人不同,日本人把神经过敏看成是高贵者的理想。在中国的伦理观中,暴力是错误的;因受辱而报复、突然诉诸暴力并不能使人正确。如此神经过敏,中国人觉得可笑。为了证明诽谤是无根据的,他们也不会诉诸善良与伟大的行动来洗刷侮辱。暹罗人绝不给予这样的神经过敏一席之地。和中国人一样,他们看重的是让诽谤者处于尴尬地位,并不认为自己的名誉会遭到诽谤者的伤害。他们说:"辞让是使小人原形毕露的上策。"

如果不将其置入各种非侵犯性道德的语境去加以考虑,就不可能充分理解"对名誉的情义"的意蕴何在,因为这种情义里就包含许多非侵犯性的道德。复仇只是偶尔需要的德行之一。此外,沉静、克制的行为也属于"对名誉的情义"。自尊的日本人要坚忍和自我克制,这也是"对名誉的情义"。妇女分娩时不能大声喊叫,男人面对痛苦和危险要镇定自若。洪水在村子肆虐时,自尊的日本人收拾必需品,奔向高处,没有高叫,不会乱跑,不会惊慌。春分、秋分前后台风暴雨袭来时,也能看到同样的自我克制。这是每个日本人自尊心的表现,即使不能完全做到,他也努力为之。他们觉得,美国人的自尊不要求自我克制。这种自我克制含有位高者任重的意思。在封建时代,对武士的要求比对平民的要求高;虽然不带有强制性,但自我克制仍然是一切阶级的生活准则。如果说对武士的要求是能忍耐极端的肉体痛苦,那么对平民的要求就是能忍受武士对自己的侵犯。

有很多著名的故事表现武士的坚忍。他们必须能忍耐饥饿,饥饿是无足挂齿的小事。他们接受的训诫是,即使饥肠辘辘也要假装刚刚吃过饭:用牙签剔牙。常言道:"雏禽饥饿哀鸣,武士饥饿剔牙。"在过去的战争中,这句话成了士兵的座右铭。他们不能向痛苦屈服。这种态度恰似一个娃娃兵回答拿破仑的故事:"受伤了? 不,报告陛下,我被打死了!"武士不能露出痛苦的表情,直至倒毙。他要忍受痛苦,毫不畏缩。关于在1899年去世的胜

胜伯爵（胜海舟，1823—1899），幕府末年及明治初年著名政治家、军事家。历任幕府陆军总裁、明治政府外务大臣、兵部大臣、海军卿等。

伯爵，有这样一个故事。他生于武士家庭，但家徒四壁，近乎像乞丐一样穷。幼年时，他的睾丸被狗咬伤，当医生给他做手术时，父亲把刀戳在他鼻梁上说："不准哭，哭就叫你死，这样死，你不会感到羞愧。"

"对名誉的情义"还有一个要求：对生活的态度要与自己的地位相称。缺少这种"情义"，人就无权自尊。这自然意味着，在德川时代，人们就要遵守《取缔奢侈令》，这是他们自尊生活的必要部分。该法令对各类人的衣着、财产、用品作出了详细的规定，巨细不遗。这种按世袭阶级地位规定的法律，着实令美国人大吃一惊。在美国，自尊与改善自己的境遇有关。如果实施刚性的俭省法令，那就从根本上否定了我们这个社会的基础。德川时代的法律规定，一个等级的农民可以给他的孩子买一种布娃娃，另一个等级的农民则只能买另一种布娃娃。这类法律会使我们不寒而栗。在美国，我们用另一种约束来求得日本人那样的结果。我们接受继承的事实，不会提出批评：工厂主的孩子可以玩一套电动火车，佃农的孩子满足于用玉米棒子做的小人儿。我们承认收入差异，认为其合理。争取较高的薪金是我们的自尊体系的一部分。如果玩具由收入来调控，那并不违背我们的道德观念。富人就可以给孩子买高级玩具。日本的情况相反：发财令人疑惑，安于自己的地位不令人生疑。即使在今天，富人和穷人一样，都以遵守等级制的习惯来维持自尊。这一道德观念与美国人的观念是格格不入的。在19世纪30年代以前,法国人亚历西斯·托克维尔就指出了这一特征。他生于18世纪的法国,虽然对美国的平等制度给予好评,但他本人熟悉并钟情于贵族生活。他认为美国有平等的美德,但缺少真正的尊严。他说:"真正的尊严在于各安其位,不高不低,自王子以至农夫,皆可安分守己。"他定能理解日本人的态度,那就是:阶级差别本身并不使人失去尊严。

如今,人们对各民族的文化进行客观的研究,并且认为"真正的尊严"可以由不同民族作出不同的定义,正如他们对屈辱作出不同的界定一样。有些美国人惊呼,除非我们强制推行平等原则,否则本人终究不能获得自尊;这是犯了民族自我中心主义的错误。如果这些美国人真的希望有一个自尊的日本,他们就必须承认日本人自尊的基础。正如托克维尔那样,我们可以承认,这种贵族制度的"真正的尊严"正在淡出近代世界。我们相信,另一种更优异的尊严正在取而代之。这样的变化无疑将在日本发生。此间,日本只能在它自身的基础上重建其自尊,而不是根据我们的标准来重建。而且,它只能用它自己的方式来实现这样的净化。

除了"各安其位"之外,"对名誉的情义",还包括其他多种义务。借贷者可能会把"对名誉的情义"抵押给债主。一代人以前,借款者一般都要向债主表示:"如果不能还债,我愿受众人耻笑。"实际上,即使还不起债,他也不会真的沦为公众的笑柄,因为在日本没有游街示众之类的惩罚。但是,到新年之际,债务必须偿还之时,无力还债的人会用自杀来"洗刷污名"。至今,在除夕之夜自杀案件仍会激增,欠债人用自杀的方式来挽回名誉。

业务工作里的责任也关乎个人的名誉。在特殊情况下,一个人会成为众矢之的,备受责难,环境对当事人的要求常常是不可思议的。比如,有许多校长会因学校遭受火灾而引咎自尽。其实他们并不对火灾负责,但火灾可能会烧掉学校里的天皇御像。有些教师还冲进火海去抢救天皇肖像,因而被活活烧死。他们用死亡证明,他们把"名誉的情义"看得很重,非常重视对天皇的"忠心"。还有一些著名的故事讲到有人因口误而自杀。在庄重的仪典上捧读天皇颁布的教育敕谕、军人敕谕时,如果发生口误,他们就以自杀来雪耻。在裕仁天皇治下,有人不慎给孩子起名"裕仁",便自认有罪而自杀,同时还杀死了自己的儿子,因为天皇的御名必须避讳,绝不能挂在百姓嘴上。

日本的专业工作者在义务上对自己名誉的要求十分严格,却不一定用美国人理解的高标准来维护。日本老师会说:"教师名誉的情义,不允许我说不知道。"意思是,即使他不知道青蛙的种属,也必须装作知道。即使只靠学了几年英语的基础就在学校里教英语,他也不会承认,有谁能给他纠错。他所谓"教师名誉的情义"所指的正是这种自我防御机制。企业家也是这样。"企业家名誉的情义"决定,他不能向任何人透露,他的资产快要耗尽,他的计划已经失败。由于情义上的责任,外交家也不能承认外交方针的失败。这一切有关"情义"的积习都是走了极端,把人与其工作画等号。对一个人行为或能力的任何批评,自然就变成对他本人的批评了。

日本人对失败和无能责任的追究,在美国也反复出现。我们都知道,有人因遭到诽谤而精神失常。但是,像日本人那样的自我防御的现象,在美国却十分罕见。如果一位教师不知道青蛙的种属,即使他会掩饰自己的无知,但他还是认为,老实承认无知总比强装知道好。企业家不满自己推行的方针时,会提出一种新的方针,下达新的指示。他并不认为,他维护自尊的先决条件是维护一贯正确的形象;他也不会认为,如果承认错误,他就必须辞职或退休。然而在日本,这种防御思想根深蒂固,成了做人的智谋,就像无处不在的礼仪——你不能当面说别人专业上的错误。

这种自我防卫的敏感性在竞争落败时尤为显著。例子有:应聘时别人被录用,或本人在竞争性强的考试中不及格。此时,当事人就会因失败而"蒙羞"。有时,羞耻感会激励人更加努力,更多的时候,失利则变成危险的沮丧。他或者丧失自信心,忧郁不振,或者心生怒气,或者兼而有之。如此,他的努力遭受挫折。尤为重要的是,我们美国人要明白,竞争机制在日本并不会产生像我们那样的可取的社会效果。我们倚重竞争,将其视为好事。心理测验显示,竞争刺激我们取得最佳的效果。在竞争的刺激下,我们表现出色。相反,我们单干时的表现就不如有竞争者在场时的表现。然而,在日本测验的结果正好相反,童年结束后的表现尤为明显,因为儿童的竞争中游戏的色彩更多,他们并不担心。在青壮年中,工作表现因竞争而退化。受试者单干时,进步较快,错误减少,速率较高;一旦有人竞争,他们就出错误,速率也迅速下降。用自己的记录来衡量自己的进步时,他们干得最好;但如果与别人对照,情况就刚好相反。主持测试的日本人对竞争状态下成绩不佳的原因做了正确的分析。他们的解释是,当有人竞争时,受试者主要考虑危险,担心失败,因此他们的表现就差。他们对竞争异常敏感,觉得对手咄咄逼人,注意力转向与侵犯者的关系,而不是专心致志于手头的工作。①

接受上述测试的学生受到的最大影响往往是:害怕因可能的失利而蒙羞。教师、企业家期望维护专业上的名誉;同理,学生也怕伤害自己"名誉的情义"。在竞技性运动中,失败的学生团队情不自禁,因羞耻而做出非常之举。赛艇运动员放下船桨,扑倒在船上,号啕不止;战败的垒球队员抱成一团,失声痛哭。在美国,我们会说这些人输不起。我们的得体之举是,战败者应该说对方优秀,因而获胜。战败者应该与获胜者握手,这才是得体之举。无论我们多么讨厌战败,我们总是瞧不起因战败而情绪失控的人。

日本人总是发明一些巧妙的办法来避免直接的竞争。日本小学里的竞争少之又少,到了美国人难以想象的地步。日本的教师们奉命,教育的目的是让每一个儿童提高自己的成绩,不能提供机会让儿童互相攀比。日本小学里没有留级的制度,同时入学的儿童,一起学习全部课程,一起毕业。他们的成绩单上记载的是操行品质,而不是学业成绩。每当竞争无法避免,比如参加升中学的入学考试时,气氛之紧张就可想而知了。每一位老师都知道一些孩子因升学考试不及格而自杀的故事。

把直接竞争降到最低限度的机制贯穿日本人的全部生活。以"恩"为基础的伦理难有竞争的容身之地。相反,美国人的伦理准则是同侪竞争,力争优异。日本人的等级制规则繁复,把同一等级的直接竞争控制在最低限度。家庭制度也将直接竞争降低

---

① 据《日本人的性格与士气》(*The Japanese: Character and Morale*)中的测试报告,主持人 Ladislas Farago。

到最低限度。从制度上看,日本人的父子关系不像美国人的父子关系,没有竞争。他们可能会互相排斥,但不会竞争。看到美国父子争夺汽车的使用权,争夺妻子或母亲的照顾时,日本人感到十分吃惊。

中介人无处不在,在诸多制度安排中,这一习俗比较令人注目,有助于避免两个竞争者的直接对峙。凡是一方可能因失利而感到羞耻时,中介自然就势在必需。许多事情都需要中介,提亲、求职、离职等无数的日常事务,都需要中介。中介人为当事者双方传达对方的意见。在诸如结婚之类的重要事务中,双方各自都请中介人,中介人先做细致交涉,然后再分别向委托人汇报。用这种方式间接交往,当事者就不至于听到对方的要求和抱怨;直接协商时,就难免会造成情面上的怨恨。中介人以中介的身份获得威望,以其成功的斡旋而赢得社会的尊敬。因为中介人也投入这样的协商,所以息事宁人、协商成功的可能性就增多了。同理,中介人为求职者探听雇主的意向,或将雇员的辞职意图转告给雇主。

日本人采用各种各样的礼仪来避免使人受辱的情况,避免对名誉情义的怀疑。使人受辱的情况被降低到最低限度,这样的礼仪远不止是避免直接的竞争。他们认为,主人应该以恰当的礼仪和最佳的衣着来欢迎客人。因此,农夫身穿工作装而客人登门时,客人可能得稍等片刻。主人穿上适当的衣服、准备好适当的礼仪时,方才开门迎客。即使客人已经进屋,主人不得不当着客人的面换衣服,他也要让客人稍等,假装客人不在场。主人没有换装之前,客人仿佛就不在场。同理,姑娘的家人已经入睡,姑娘也已就寝,小伙子也能登门拜访。对他的示爱,姑娘既可能接受,也可能拒绝。无论被接受与否，小伙子都要蒙上面巾，以防被拒后的第二天觉得羞愧。乔装的目的不是防止姑娘认出他，那纯粹是鸵鸟式的自欺，为的是避免不得不承认，自己曾被羞辱。礼仪还要求，成功在握之前，尽可能不要承认正在进行的事项。媒人的责任之一是，在谈婚论嫁前，要安排男女双方会晤。他要千方百计使会晤以偶然的方式进行；这是因为如果在这个阶段公开宣示会晤的目的，一旦不成功，当事的一方或双方会觉得不光彩。年轻人会面要由父母陪伴，中介人必须做东，最恰当的安排是"偶然相遇"，比如去观赏菊花、樱花，去著名的公园或游乐园。

以上述方式和许多其他方式，日本人避免因失败而感到羞愧的场面。他们非常看重雪耻的责任，不过实际情况是，事情的安排已尽可能避免造成羞辱。这和许多太平洋海岛上的部落民的情况形成鲜明的反差，在那里，维护名誉的清白也同样重要。

在新几内亚及美拉尼西亚，从事园艺的原始民族受到羞辱时一定会怒火中烧，这成为他们的部落或个人行为的动力。每当举行部落宴饮时，他们总要先说：邻村太穷，连10个客人也请不起，是吝啬鬼，他们把芋头和椰子藏起来了；邻村的酋长是蠢货，连宴席都不会张罗。接着，遭到挑战的村子就要洗刷污名，他们极尽奢侈铺张，以豪饮美食款待来客，以使之惊异。婚嫁和经济交易也同样张扬。战场对垒时亦是如此。弯弓搭箭之前，双方必然互相叫骂。即使因小事而发生争斗时，他们也得叫阵，仿佛必须决一死战。这样的挑战和叫阵是刺激人的重大动力，赋予他们很大的活力。谁也不曾说这些部落讲究礼节。

原始部落的夸富宴

　　与此相反,日本人却是尚礼的模范。礼仪优先的传统成为一个标尺,足以说明他们为何千方百计加以限制,使人不必为洗刷污名而挑起事端。他们把因羞辱引起的愤怒作为有所成就的鞭策,同时又限制挑起羞辱的事端。只有在特定场合下,只有在消弭事端的传统手段不堪重压时,争斗才会发生。毫无疑问,这样的鞭策对日本在远东夺取主导地位起到了推波助澜的作用,也推动了它十年来对英美的战争政策。许多西方人议论日本人对羞辱神经过敏,认为他们热衷于复仇;这样的观点不太符合日本的情况,更加符合新几内亚部落人的情况,他们才以羞辱为动力。许多西方人预测日本人战败后会如何行动;他们的言论失之毫厘,谬以千里。那是因为他们没有认识到,日本人"对名誉的情义"是被加上了种种限制的。

　　日本人固然尚礼,但美国人不该因此而低估他们对羞辱的敏感。美国人说话比较随意,将其视为语词的游戏。我们很难意识到,日本人对随意的言辞也极其认真。在美国出版的英文自传

第八章　维护名誉　｜　147

里,日本画家牧野义雄生动地描绘了他所理解的日本人对"嘲笑"的反应。写自传时,他已在美国和欧洲度过了大半生,但他仍然强烈地感觉,他仍然生活在爱知县的农村。他出生于地主家,是幼子;其家庭颇有地位,且很温馨,所以深受溺爱。但他年幼时母亲去世,父亲旋即破产,变卖家产抵债。因家道中落,牧野身无分文,无法实现自己的抱负,其中之一就是学习英语。于是,他来到附近的教会学校当门房,半工半读,学习英语。18岁前,除了方圆几个乡镇以外,他从未出过远门,但他决心到美国去。

> 我去看一位我最信赖的传教士,向他表明自己想去美国,指望他给我提供一些有用的信息。可是我非常失望,他竟然惊叫:"什么?你也想去美国?"他的夫人也在场,他们俩都嘲笑我。那一刻,我觉得从头冷到脚。我钉在那里几秒钟,说不出话。我转过身,不说"再见",奔回自己的房间,心里说:"一切都完了!"
>
> 第二天一早我就离开了。现在我要说一说原因。我始终认为,世界上最大的罪恶就是不诚恳,嘲笑人是最不诚恳的。
>
> 我总是原谅生气的人,因为发脾气是人性使然。我总是原谅说谎的人,因为人性很脆弱,面对困难时,人常常不够坚强,不敢讲真话。对无根据的流言蜚语、背后谈论,我也能原谅,因为有人搬弄是非时,你难免受人诱惑。
>
> 甚至对杀人犯,我也可以酌情原谅。但对嘲笑,则不能原谅,因为只有内心不诚恳的人才会嘲笑无辜者。
>
> 请允许我为两个词下定义。杀人犯——杀身的人;

嘲笑者——戮心的人。

心灵远比肉体宝贵，因此，嘲笑是最严重的罪行。那一对传教士夫妇要诛杀我的心灵，我痛彻心扉，我的心在呼痛："你们这是为什么？"①

第二天一早，他把全部家当装进行囊，不辞而别。

他感到"被杀害了"。那位传教士不相信，一个身无分文的乡村少年竟想去美国学画。他的名誉被玷污了，一定要雪耻，不达目的决不罢休。遭到传教士的嘲笑以后，他别无选择，只能离开家乡，到美国去证明自己的能力。他用英语的"insincerity"（不真诚）指责传教士，有一丝奇怪的味道，因为按照我们的理解，那位美国人的惊奇正好是"sincere"（真诚）的。但牧野先生是按日语的含义来使用这个词的。他们总是认为，凡是不想挑起事端却又蔑视他人者，必定是不诚恳的。这类嘲笑是放肆的，因而是对人不诚恳的。

"甚至对杀人犯，我也可以酌情原谅。但对嘲笑，则不能原谅。"因为"原谅"是不妥当的，所以对侮辱可能的反应就是报复。牧野来到美国，也就洗刷了污名。在遭到侮辱或失败的情况下，"报仇"是一件"好事"，在日本传统中占有很高的位置。有时，为西方人写书的日本人使用生动的比喻来描写日本人对待复仇的态度。新渡户稻造是最富于博爱思想的日本人。在 1900 年的书里，他写道："复仇的感觉满足人的正义感，我们的复仇观念像我们的数学能力一样精确。除非方程式两端的子项相等，否则我们

---

① Markino, Yoshio, *When I Was a Child*, 1912, pp.159-160.

总感到心事未了。"① 在《日本人的生活与思想》(*The Life and Thought of Japan*)一书中,冈仓由三郎描绘了一种类似的习俗:

> 究其原因,日本人的心理特征源于对纯洁的喜爱,也源于对污蔑的仇恨。这种喜爱和仇恨构成互补的关系。试问,除此之外还要其他的解释吗?我们接受的训练使我们形成这样的观念:对家庭名誉或国家荣誉的轻慢如同污垢或伤口,除非经过彻底的洗刷,否则我们就不能恢复清洁或健康。日本人公私生活中常见的仇杀,你不妨视之为一个洁净成癖的民族所进行的晨浴。②

他接着说,"日本人过着清净无尘的生活,犹如盛开的樱花,宁静而美丽。"换言之,"晨浴"就是洗净别人投向你的污泥,一尘尚在,你就不是尚德之人。日本人没有这样的伦理观念:除非自己感到受辱,否则就不算受辱。同理,我们认为:"人自感受辱"才是受辱,别人针对他的言行并不是侮辱。

复仇仿佛是理想的"晨浴",经久不衰的传统向公众灌输这一理想。无数事件和英雄传奇家喻户晓,最脍炙人口的就是《四十七士物语》(*Tale of the Forty-seven Ronin*)。这些故事被纳入教科书,在剧场上演,拍成电影,写成通俗读物。它们已成为日本现今鲜活文化的一部分。

许多传奇故事说的是对偶然受挫的敏感。比如,一位大名召唤三位侍从,命其说出制作一把名刀的匠师。三人的回答不一。于是,大名召唤专家鉴别,最后断定,只有名古屋武士的山三说对

---

① Nitobe, Inazo, *Bushido, The Soul of Japan*, 1900, p.83.
② Okakura, Yoshisaburo, *The Life and Thought of Japan*, London, 1913, p.17.

了,这把刀是村正锻造的。其余两位武士说错了,他们自视受辱,决定伺机谋害山三。其中一人发现山三熟睡,便随手用山三自己的刀杀他。但山三幸免一死。谋害他的武士矢志复仇,终于杀死了山三,保全了他自己所谓的"情义"。

另一些传奇故事讲的是报复自己的主君。按照日本人的伦理,"情义"有忠诚的意思。一方面,侍从忠于主君,死而无憾。另一方面,如果感到受辱,翻脸复仇也是正确的。德川第一位将军家康的故事中就有这样的好例子。一位侍从听说,德川曾在背后说他是个"会被鱼刺卡死的家伙",这样的屈辱惨死绝对不能容忍。于是,这位侍从发誓,至死不忘此辱。彼时,德川刚刚定都江户,正着手统一全国,敌对势力仍在,大局尚未平稳。这位侍从勾结敌方诸侯,献计献策,准备内应,纵火烧毁江户。如此,他满足了自己名誉的"情义",报了德川侮辱之仇。西方人对日本人的忠诚的议论,大多不符合实际情况,其原因就在于他们不了解,"情义"不仅是忠诚,在特定条件下也要求背信弃义,那也是忠诚。正如他们所言:"挨打的人会成为叛徒。"同理,受了侮辱的人也会背叛。

日本历史故事中有关复仇的两个主题是:有错误者向正确者进行报复;受辱者必复仇,即使对方是自己的主君。在最著名的日本文学作品中,这两个主题都司空见惯,表现方式也多种多样。然而,如果考察当代日本人的传记、小说及事件,今非昔比的情况已很清楚:尽管文学作品欣赏古代传统里的复仇,但现实生活里的复仇却像在西方国家一样,非常罕见,甚至更少。这并不意味着,日本人对名誉的执着日趋弱化,而是意味着,他们对失败和侮辱的反应越来越带有自卫性,而不是进攻性。他们仍然把羞辱看得很重，但更倾向于在忍受中耗尽精力，而不是挑起争斗。明治维新以前，法制不健全，直接攻击的复仇发生的可能性较大。到了近代，法律、秩序比较健全，维持相互依存的经济难度更大，复仇就比较隐秘，或深藏心底。复仇的方式可能是玩弄计谋，悄悄报复，使对方无法察觉。这似乎效仿了一个古老的故事：主人在美味佳肴里掺进粪便，款待仇敌，然而后者大快朵颐，难以察觉。只要确保客人吞下大便，他就感到满足了。然而今天，即使这种隐秘的报复也十分罕见，更多的攻击是指向自己。指向自己的"报复"有两种选择：一种将其视为鞭策，驱使自己去完成"不可能"的事情；另一种将其深藏心底，任其啃蚀自己的心灵。

日本人面对失败、诽谤或排斥都很脆弱，他们容易将恼恨转向自己而不是去报复别人。几十年来，日本小说一再描写有教养的日本人陷入死胡同的困境，或郁郁寡欢，或怒发冲冠。主人公厌世，厌倦生活，厌倦家庭，厌倦城市，厌倦乡村。他们并不是因为上天摘星的理想而感到厌倦，而是因为与他们想象的伟大目标相比，一切努力都显得那么渺小。之所以厌倦，并不是因为现实与理想有反差。一旦放眼伟大的使命，他们的厌倦就烟消云散；无论这个目标多么遥远，其厌倦情绪也会消失得彻彻底底、干干净净。他们特有的厌倦情绪是脆弱者的疾病。他们害怕被拒绝，并将其引向内心，束缚了自己的手脚。日本小说中描写的厌倦与我们熟悉的俄国小说不同。在俄国小说中，现实世界与理想世界的反差是主人公一切郁闷的基础。乔治·桑塞姆爵士（Sir George Sansom）说，日本人缺乏这种现实与理想反差的感觉。他并不是要说明日本人产生厌倦情绪的原因，而是要说明日本人如何构建自己的哲学和人生态度。无疑，与西方基本观念的反差，已经远远不止于哲理探讨的厌倦情绪,但这一情绪与日本人抑郁缠身的心理特征的确有特殊关系。日本和俄国一样,其小说都喜欢描写厌倦,这和美国形成鲜明的对照。美国小说不大写这种题材。美国小说把人物的不幸归咎于性格缺陷,或残酷社会的打击,很少描写单纯的厌倦。人物与环境格格不入必有一个原因,一个逐渐积累的过程,总是引起读者的责备,或责备主人公的道德缺陷,或责备社会秩序里的弊端。日本也有无产者小说,或谴责城市里可悲的经济状况,或表现商业捕鱼船上的可怕事件。然而,正如一位作家所言,日本"人物"小说揭示的,是情绪的突然爆发,宛若有毒氯气的漂荡。主人公或作者都认为不必为廓清迷雾而分析环境或主人公的经历。有毒的"氯气"说来就来,说去就去,人们都很脆弱。古代英雄攻击敌人,现在的日本人却把这种攻击的矛头转向自己;他们的忧郁似乎没有一望而知的原因。固然,他们也可能把一些事件当作忧郁的原因,但这些事件留下一些莫名其妙的印象,至多不过是一种象征而已。

现代日本人最极端的自我攻击就是自杀。根据其信条,稳妥的自杀可以洗刷污名留下身后清名。美国人谴责自杀,认为它是屈服于绝望的自我毁灭。日本人则尊重自杀,将其视为光荣而有意义的行为。在某些情况下,从"对名誉的情义"来说,自杀是最体面的办法。到了年关而不能还债的人、因不幸事故而引咎自杀的官员、双双殉情的恋人、以死抗议政府迟迟不对中国发动战争的爱国者等,最终把暴力的矛头对准自己,就像升学考试不及格的小学生、不愿当俘虏的士兵一样。一些日本官方人士说,这种自杀倾向在日本是新现象。是否真是这样,殊难断定,但统计数字表明,观察者近年常过高估计自杀率。就比例而言,在 19 世纪的丹麦和纳粹上台前的德国,自杀人数比日本的任何时代都要多。但有一点可以肯定:日本人喜欢自杀这一主题,就像美国人大肆渲染罪案一样,日本人和美国人都喜欢通过书中人物去间接体会自杀和罪案。日本人详细描绘自杀,而不是他杀。日本人大肆渲染自杀,借用培根的话说,他们是把自杀当成最喜欢的"重案"。描绘自杀可以得到一些特殊的满足,描写其他行为不可能得到这样的满足。

培根(Francis Bacon, 1561—1626),英国散文作家、哲学家、政治家,古典经验论始祖,近代实验科学方法鼻祖,著有《论科学的价值和发展》《新工具》《学问的进步》,他的大量散文作品在一般读者中产生了经久不息的影响。

与封建时代历史故事里的自杀相比,近代日本的自杀更富有自虐性。在历史故事中,武士为了免受令其深感耻辱的死刑,按照朝廷的命令而自杀。这与西方的故事大同小异:士兵宁愿被敌方枪杀而不愿被绞死,不愿被俘遭受酷刑。武士获准切腹自杀,这与受辱的普鲁士军官获准自杀一样。当他得知除死之外无法挽救名誉时,上司就在他房间里的桌子上放一瓶威士忌和一把手枪,让其自尽。日本武士也是一样,自杀只不过是选择死的方法而已,因为他必死无疑。在现代社会,自杀是死亡方式的选择之一。人们往往把暴力转向自己,而不是去杀害别人。在封建时代,自杀行为是勇气和决断的终极表白,到了现代则成了自毁的选择。在过去的四五十年间,每当日本人感到"世界失衡"、"方程式的两边"不相等、需要"晨浴"以洗净污秽的时候,他们就倾向于毁灭自己,而不是毁灭别人。

虽然封建时代和现代都有自杀,但被当作已方获胜终极宣示的自杀在现代是越来越多了。德川时代有一个著名的故事,说的是幕府有一位资深的太保,在将军的策士中身居高位。一天,在诸多谋士和摄政官面前,他袒腹抽刀,准备切腹。他的死谏奏效,他举荐的人继承了将军职位。他达到了目的,也没有自杀。用西方语言来说,这位太保是在用"切腹"威胁反对派。然而到了现代,这种表示抗议的自杀已不再是谈判的手段而是为主义而牺牲了。这样的殉难意在名留史册。在劝谏未成,或反对的协定(如《伦敦海军裁军条约》)已经签字时,多半会发生这样的殉难。此时,唯有自杀才能影响舆论,这不是摆摆架势进行威胁就能够奏效的。

在名誉遭受威胁时,把攻击矛头指向自己的倾向与日俱增,但未必走向自杀的极端。有时,自我攻击可能会产生抑郁、倦怠和厌倦,厌倦是日本知识界盛行的情绪。厌倦在日本知识界蔓延,有充分的社会原因。这是因为知识分子的生存空间拥挤不堪,他们在等级制中的地位很不稳定,只有极少数人能够实现自己的抱负。在20世纪30年代,知识分子特别脆弱,因为当局害怕他们有"危险思想",对他们持怀疑态度。日本知识分子抱怨自己的挫折,常常将其归咎于西化引起的混乱,但这样的解释并不充分。日本人的情绪常剧烈摇摆,典型的特质是从强烈的献身精神陡转为极端的厌倦。许多知识分子的心理创伤是传统方式那样的创伤。到20世纪30年代中期,许多知识分子以传统的方式自救:拥抱民族主义目标,把攻击矛头从内心转向国外。在极权主义资本的对外侵略中,他们重新"发现了自己"。他们摆脱了恶劣的心境,感觉心里生成了一种新的力量。他们不能在人际关系上完成这一转向,但是相信,作为一个征服他国的民族,他们能完成从自戕到害人的转向。

战争结局业已证明,他们的信心是错误的。既然如此,倦怠又成了日本人的心理威胁。无论其意向如何,他们都难以对付这样的威胁,因为它深深扎根。东京的一个日本人说:"不再有空袭,轻松的感觉真美好。我们不再作战,再也没有生活目的。人人都很茫然,不在乎自己做什么;我是这样,我妻子也是这样,医院里的医护人员也是这样的。人人做事都慢腾腾的,茫然若失。人们抱怨,政府清理废墟动作太慢,提供救济太慢,但我相信,所有的政府官员和我们的感觉都是一样的迷惘。"这种无精打采的精神状态是日本的危险,也曾经是法国解放后的危险。在德国投降后的头6个月到8个月里,这种精神状态却不是德国的问题。日本的情况就与之相反。美国人似乎充分理解日本人的反应。然而,他们对征服者如此友好的态度实在是令人难以理解。日本人以极端的善意解释日本的投降及其后果;刚一投降,这种态度就显而易见了。他们欢迎美国人,点头哈腰,笑容满面,热情握手,欢呼致意。他们既不郁闷,也不生气。用天皇在投降诏书里的话说,他们"接受难以接受的投降"。既然如此,他们为什么不立即着手重建家园呢?在占领军规定的条文中,他们被赋予了重建的机会,盟军没有进行逐村占领,行政事务还是委托他们自己掌管。全国人民似乎都在微笑,而不是在掌管自己的事务。然而,就是这个民族在明治维新的初期就创造了复兴的奇迹,这个奇迹为20世纪30年代的军事征服准备了极大的活力,日本士兵以忘我的狂热作战,打遍太平洋,夺取一个又一个海岛。

他们就是这样一个民族,始终未变。他们的反应是秉性使然。他们有时极其奋发,有时慵懒倦怠、消磨时光,这两种情绪的摇摆自然而然。当前,日本人关注的主要是战败后维护自己的荣誉;他们的感觉是,用友好的姿态能达此目的。一个相关的感觉是,依附的态度是最安全的,能维护自己的荣誉。由此再进一步,他们就容易认为,奋发努力会引起猜忌,消磨时光才是良策。于是,消极倦怠就蔓延开来。

但是,日本人并不喜欢倦怠。"从消沉中站起来","把人从消沉中唤醒",诸如此类的呼唤常常是改善生活的口号,也是战争期间广播人挂在嘴边的宣传。他们以自己的方式与消极无为作斗争。1946年春季,报界连篇累牍地抨击玷污日本的现象:"全世界的目光正在注视着我们";轰炸废墟的瓦砾尚未清理,公用事业尚未恢复。他们还埋怨无家可归者意志消沉,夜宿车站,让美国人看到他们的可怜相。日本人理解维护名誉的呼吁。他们还希望竭尽全力,将来能在联合国谋求一个受人尊敬的地位。那同样是为了荣誉,但方向则全然一新了。如果将来大国之间实现了和平,日本是能够走上这条自尊道路的。

这是因为日本人不变的目标是荣誉,他们一定要受人尊敬。为此目的而采用的一切手段只不过是工具而已,可用可弃,完全由环境决定。情况一变,日本人即可改变方向。对他们而言,这似乎不是道德问题。相反,我们追求"主义",热衷于意识形态问题。即使失败,我们的意识形态也不变。战败的欧洲人到处都在结伴从事地下抵抗运动。日本人与之相反,除少数顽固分子,他们不需要抵制美国人,不需要组织地下反对美国占领军的运动。他们觉得没有必要在道义上死守旧的路线。在占领后的最初几个月里,即使乘坐拥挤不堪的火车前往日本的穷乡僻壤,美国人也安全无恙,昔日叫嚣民族主义的官员对他们彬彬有礼。没有报复行为。我们的吉普车穿过村子时,儿童夹道高喊"Hello"和"Goodbye",婴儿不会招手,母亲就握着他的小手向美国士兵打招呼。

战败后日本人的态度来了个180度的急转弯,美国人很难理解。我们不可能这样急转弯。这比日本俘虏的态度变化更难以理解。日本俘虏自认为,对日本而言,他们业已死亡。我们就断定不可能知道,"死人"能做什么。即使了解日本的西方人也难以预料,日本战俘表面上的变化也可能见于战败后的日本。他们多半相信:日本"只知道战胜或战败",日本人眼里的战败就是羞辱,必须用继续不断的暴力来拼命报复。有些人相信:日本人的民族性使他们不可能接受任何议和的条款。这些学者不懂得日本人的"情义"。在日本人维护名誉的各种选择中,他们只挑出一种引人注目的传统,那就是复仇和攻击。他们没有考虑到日本人的另一种习惯,另一条路子。他们把日本人攻击性的伦理与欧洲人的公式混为一谈。在欧洲人的伦理中,任何战斗的个人或民族,首先必须确信,他们的事业永远是正义的,他们从心中的仇恨和义愤中汲取力量。

相比而言,日本人从另一条路径中去汲取他们攻击的力量。他们迫切需要在世界上受人尊敬。他们看到,军事强权使大国受人尊敬,于是踏上力争与这些大国并驾齐驱的道路。由于资源匮乏,技术落后,他们不得不比希律王更希律王。他们拼命一搏,却失败

> 希律王(Herod),以残暴著称的犹太国王,见《马太福音》第二章。

了;这意味着,侵略毕竟不是赢得荣誉的正道。而"情义"则常有双重的含义,一是诉诸侵略,二是互相尊敬,两种手段同等重要。战败之际,日本人从前者转向后者,显然不觉得有何心理压力。战败后的目标仍然是维护名誉。

日本人在历史上曾有过类似的举动,西方人始终对此大惑不解。1862年,长期的锁国帷幕刚刚拉开,一个名叫理查森(Richardson)的英国人被萨摩藩兵杀害。萨摩藩是攘夷运动的温床,萨摩武士的傲慢、好战在日本闻名。英国派出远征军进行惩罚,炮轰萨摩藩的重要港口鹿儿岛。在整个德川时代,日本人都在制造武器,但都是仿造旧式的葡萄牙枪炮。鹿儿岛当然不是英国军舰的对手。然而,这次炮击却产生了令人吃惊的后果——萨摩藩并没有誓死报复,反而向英国寻求友谊。他们目睹敌人的强大,就谋求向敌人学习。他们与英国建立了通商关系,并于次年在萨摩兴办了一所大学。据当时的一个日本人描述,这所学校"教授西方的科学和学术奥义……因生麦事件而产生的友好关系日益发展"①。这一事件就是英国对萨摩的惩罚和对鹿儿岛港的炮轰。

生麦事件

---

① Norman, E. H., *op. cit*, pp. 44-45, and n. 85.

这并不是一个孤立的事例。与萨摩藩媲美、同样以好战和激烈仇外著称的另一个藩是长州藩。这两个藩都率先酝酿"王政复古"。在官方意义上无权的朝廷曾发布敕令,限以1863年5月11日为期,命令幕府将军把一切夷狄赶出日本国土。幕府没有理睬这道命令,而长州藩则反其道而行之。其要塞向通过下关海峡的西方商船开炮。日本的火炮和弹药太原始,外国商船安然无恙。但为了惩罚长州藩,西方各国联合舰队迅速击毁了长州藩要塞。与萨摩藩的战事一样,这次炮击也产生了奇妙的后果。西方列强索取300万美元的战争赔款。诺尔曼论述萨摩事件和长州事件时写道:"这些仇外的急先锋态度陡转。无论其背后的动机多么复杂,这样的转向却证明了他们的现实主义和冷静态度,你不能不表示敬意。"①

马关(下关)战争图(局部)

注:马关战争即为长州事件。

这种审时度势的现实主义是日本人"对名誉的情义"的光明面。像月亮一样,"情义"有其光明面和阴暗面。由于其阴暗面,日本人认为,美国的《限制移民法》和《伦敦海军裁军条约》是日本

---

① *Op. cit.*, p.45.

民族的奇耻大辱。这个阴暗面驱使日本发动了这场灾难性的战争。其光明面使日本能够以善意的态度接受1945年的投降及其后果。日本人的行为举止显然具有典型的两面性。

近代日本的作家和宣传者精心挑选"情义"所蕴含的一些义务,将其向西方读者介绍,这就是所谓的"武士道"崇拜。从几个方面看,这种介绍有误导作用。武士道是近代的官方用语,不像"迫于情义""纯粹出于情义""为情义而竭尽全力"等表述那样有深厚的民族感情背景。"武士道"也不能包罗"情义"的复杂而矛盾的内涵。它是宣传者灵机一动的发明。而且,"武士道"成了民族主义者和军国主义者的口号,随着这些领导人的信誉扫地,"武士道"的概念也信誉扫地了。但这绝不意味着,日本人今后不再"懂情义"。对西方人而言,理解"情义"在日本的含义比过去更加重要了。把武士道和武士画等号是另一个误解之源。"情义"是各阶级共同的道德。与其他一切义务及纪律一样,身份越高,"情义"的责任"就越重";但所有阶层都要讲"情义"。至少在日本人看来,"情义"对武士的要求更高。外国观察者却容易觉得,"情义"对普通人的要求最高,因为他们所得的回报较少。日本人觉得,只要在自己的圈子里受到尊敬,那就是充分的报偿;相反,"不懂情义者"仍然是"可怜虫";"可怜虫"受到周围人的蔑视和排斥。

第九章　情感的世界

经典名句

◆ 日本人培养感官的享乐,同时却规定,这些享乐必须控制,不能放纵,不能被视为严肃的生活方式。

◆ 西方哲学认为,两种力量分割,肉体与精神对垒,互相争夺人生的支配地位。相反,日本哲学认为,肉体不是邪恶,享受肉体快乐不是罪恶。精神与肉体不是宇宙里两种对立的力量。日本人根据这一信条推导出一个合乎逻辑的结论:世界不是善恶对垒的战场。

《富岳三十六景·深川万年桥下》

日本的伦理准则要求极端的回报义务和自我约束。本来，这样的准则可能会将个人的欲念视为罪恶，必欲连根铲除而后快；古典佛教的教义就是这样的。因此，当我们发现，日本的道德准则竟欣然接受感官的享乐时，禁不住感到双倍的惊讶。日本是世界上的佛教大国之一，然而此刻，其道德伦理显然与佛祖和佛典的教导形成强烈的反差。日本人并不谴责自我的满足。他们不是清教徒。他们认为肉体的愉悦是好事，是值得培养的。他们追求享乐，看重享乐，但是，享乐必须控制在恰当的位置，不能入侵人生的重大事务。

这种伦理准则使生活经常处于高度紧张的状态。对于日本人接受感官愉悦的后果，印度人比美国人更能理解。美国人不认为感官的愉悦必须学习，他们认为，拒绝沉溺于感官的愉悦就是克制已知的诱惑。但实际上，享乐像义务一样，并不是无师自通的。许多文化不传授享乐，因而其人民特别容易献身于自我牺牲的义务；连男女肉体的欢愉也受到最大限度的制约，以便不威胁家庭生活的顺利进行。在这些国家里，家庭生活的基础是另一套全然不同的考虑。日本人培养感官的享乐，同时却规定，这些享乐必须控制，不能放纵，不能被视为严肃的生活方式。如此，日本人自讨苦吃，陷入了艰难生活的困境。他们培养肉体的享乐，亦如艺术享受；接着,当他们充分品尝到感官的愉悦后,又牺牲这样的享乐,转而献身于义务。

日本人最喜欢的身体享受是洗热水澡。傍晚在热水中浸泡是每天的生活常规之一,最富有的贵族是这样,最贫穷的农民和最卑贱的仆人也是如此。最常见的浴缸是木桶,下面烧炭火,水温可达110华氏度以上。入浴前洗净身体,然后全身浸入热水中,尽情享受温暖和放松的感觉。他们在桶中抱膝而坐,状如胎儿,水浸至下颌。日本人每天洗浴,其重视清洁的程度与美国无异,所不同者是他们给洗浴加上一种艺术价值,即身体消极接受美好感觉的雅趣。这是世界各国的沐浴都难以复制的习惯。他们说,年纪越大,情味越浓。

降低成本、减少麻烦的办法多种多样,但沐浴本身则必不可少。城镇有公共澡堂,大如泳池。人们入池浸泡,与陌生人攀谈。在农村,几家主妇可能会轮流在庭院里准备热水,供几家人轮流入浴,被人看见也不忌讳。即使是上流家庭,入浴的顺序也必须严格遵守。首先是客人,然后依次是祖父、父亲、长子,最后是家里最下等的佣人。出浴时全身通红,状如龙虾。沐浴完毕,全家在一起享受最放松惬意的时刻,然后才吃晚饭。

日本人非常喜欢热水浴,视之为享受。同理,他们也喜欢"磨炼自己",传统的磨炼包括最极端的冷水浴。这种习惯往往被称作"寒稽古"(冬炼)或"水垢离"(冷水浴),至今盛行,但已不是传统的形式。从前,锻炼者不待黎明就要起身,到冰凉的山间瀑布下坐浴。在没有暖气的家里,冬夜用冷水浇头,那可是非同小可的苦行。洛厄尔(Lowell)记述了19世纪90年代盛行的习惯。有人立志在苦行中修炼,以求获得治病或未卜先知的特殊才能,但并不成为神职人员。他们练"水垢离",就寝前练,子时再练,"众神入浴"的黎明前又练。早晨起床、中午时分及黄昏时分再各练一次。① 在特别喜欢在黎明前苦行的人里,有认真学习乐器的或准备其他谋生手段的人。为了锻炼身体,有人在寒冬裸露身体。有人认为,在寒冬锻炼对练习书法的儿童特别有效,哪怕把手指冻僵、长冻疮也在所不惜。现代的小学里没有取暖设备,据说这对锻炼儿童大有好处,能使他们做好准备,去迎战人生的艰难困苦。日本孩子经常感冒,鼻涕长流,这给西方人留下很深的印象。他们的习惯是听之任之,不去防止。

睡眠是日本人爱好的另一种享受,也是日本人修炼得最好的功夫之一。他们睡眠时完全放松,无论什么姿势,无论什么环境,都能入睡,哪怕在我们认为根本不能入睡的情况下,他们也睡得舒舒服服。许多研究日本的西方学者大惑不解。美国人几乎把失眠当成精神紧张的同义词。用我们的标准来衡量,日本人的性格是高度紧张的,但他们像小孩子一样睡得很香。他们晚上睡觉很早。东方各国罕有这样的习惯。夜幕刚降临,村民已酣然入睡。我们的信条是为明天积蓄精力而睡;他们早睡却没有这样的盘算。一位日本通的西方人写道:"到了日本,你就要放弃原来的想法,今晚睡眠与休息不是为了明天的工作;你要把睡眠与解除疲劳、休息、调养等问题分开来考虑。"好比一项工作方案,睡眠也"自成其事,与任何事情无关,哪怕生死"②。美国人惯于认为睡眠是为了维持体力。早晨一觉醒来,多半的美国人想到的第一件事

---

① Lowell, Percival, *Occult Japan*, 1895, pp. 106-121.
② Watson, W. Petrie, *The Future of Japan*, 1907.

就是计算昨晚睡了几小时。睡眠的长短告诉我们,白天可以有多少精力工作,工作效率会如何。日本人睡觉却有其他的理由。他们就是喜欢睡觉,只要没人妨碍,他们就能高高兴兴地入睡。

同理,他们也能无情地牺牲睡眠。准备应考的学生夜以继日地用功,睡眠会使人能更好地应考的观点,根本不在他们考虑之列。在军队训练中,为了服从纪律,睡眠是可以牺牲的。杜德(Harold Doud)大尉1934年至1935年曾在日本陆军工作,他向我讲述了与手岛上尉的一次谈话。他说,演习的时候,"部队连续三天两夜行军,只在十分钟的小憩和短暂的停留时打个盹,完全不睡。有时,士兵一边行军一边打瞌睡。有一个少尉睡得很熟,撞到路旁的木堆上,引起大笑"。好不容易安营扎寨,但谁也不能睡觉,人人都有任务,或站岗,或巡逻。我问:"为什么不让一些人去睡觉呢?"上尉回答说:"不用了,他们都知道怎样睡觉,他们需要训练的是如何不睡觉。"[①]这段话简明扼要地表述了日本人的观点。

如同热水浴、睡眠一样,吃饭既是尽情享受的乐趣,又是强制以求的训练。作为闲暇的仪式,日本人吃饭时喜欢一道又一道上不完的菜肴,每道菜都只有一羹匙,色味却很讲究。然而在其他情况下,他们却强调严格的训练。埃克斯坦引用日本一位农民的话说,"快吃快拉是日本人的最高德行之一"。[②]"吃饭不被认为是大事……只是维持生命的需要,因此,应当尽快地吃完。父母总

[①] *How the Jap Army Fights*, articles from the *Infantry Journal* published as Penguin Books, 1942, pp. 54-55.

[②] Eckstein, G., *In Peace Japan Breeds War*, 1943, p. 153.

是催促孩子快吃,男孩子尤其要快吃,不像欧洲人那样慢慢吃。"①佛寺里的僧人遵守戒律,他们在饭前念经,要自己牢记,饭菜是治病良药,意思是说,正在修行的人不应该把吃饭看成是享乐,吃饭仅仅是必需而已。

日本人认为,强行禁食是对人的意志的考验,对检验人是否"坚强"尤其有效。正如受冻和不睡一样,绝食可以验证,人是否能"挺得住",就像武士饥饿时"口含牙签"一样。如果能经受住禁食的考验,体力就会因精神胜利而增强,而不会因卡路里、维生素的不足而下降。美国人认为,营养与体力是一对一的对应关系,日本人则不予承认。因此,东京广播电台对在防空洞内避难的人们宣传,体操可以使饥饿者身体强壮,精力充沛。

浪漫的爱情是日本人培养的另一种"情感"。这在日本已成为习惯,虽然它和日本人的婚姻形式、家庭义务背道而驰,然而这一主题已司空见惯。日本小说中充满了这类题材。和法国文学一样,主人公都已结婚。双双殉情是日本人喜欢阅读和闲聊的话题。10 世纪的《源氏物语》(*Tale of Genji*)是一部描写浪漫爱情的杰作,极尽渲染,笔法细腻,堪比世界上任何国家任何时代的伟大小说。封建时代贵族和武士的爱情故事具有同样的浪漫色彩。浪漫的爱情至今是小说的主要题材。这与中国文学形成鲜明的对照。中国人低调处理浪漫的爱情和性的享乐,省却了大量的麻烦,其家庭生活具有非常平和的色调。

---

① Nohara, K., *The True Face of Japan*, London, 1936, p. 140.

《源氏物语画帖》之"若紫"　　　　《源氏物语画帖》之"朝颜"

当然,在这一点上,美国人对日本人的了解胜过对中国人的了解,但我们对日本人也只是略知皮毛而已。我们许多性快乐方面的禁忌是日本人所没有的。在性享乐方面,他们不太讲伦理,我们是要讲道德的。他们认为,就像其他"情感"一样,只要将其放在较低的生活位置上,性快乐就是很好的。"情感"无罪恶可言,因而性快乐就无所谓伦理道德。英美人认为,日本人珍藏的一些画册是淫秽的,认为艺伎与妓女集中的红灯区非常悲惨。日本人对这种看法议论纷纷。刚开始与西方人接触的时候,日本人对这种批评就非常敏感。他们制定法律,以便使这样的习俗更符合西方标准。但是,任何法律也不能消除文化上的差异。

有文化的日本人非常清楚,他们并不认为成问题的习俗,英美人却认为是堕落、淫秽的。但是他们并没有充分意识到,在我们的常规态度与他们的信条之间有一条巨大的鸿沟,他们相信,"情感"不能侵入庄重的事务。然而,这一点正是我们难以理解日本人的主要原因,我们不理解他们对爱情和性快乐的态度。他们筑起一道篱笆,把属于妻子的区域和属于性快乐的区域分隔开来,但两个区域都公开、光明正大。在美国人的生活中,两者却是壁垒森严的,一个可以公之于世,另一个却必须避人耳目。对日本人而言,这两个区域是有区别的,因为一个是重大的义务,另一个是消遣时的放松。这样的划分使两者"各得其所",界限分明,既适合理想的丈夫,也适合社交的情人。在婚姻爱情问题上,他们与美国人不同,并不树立理想的目标;相反,我们把爱情婚姻看作一回事,认为两者必须同一。我们赞许的爱情是以选择配偶为基础的爱情,"相爱"就是我们最赞许的结婚理由。我们认为,结婚以后,如果丈夫与其他女人有肌肤之亲,那就是侮辱妻子,因为他把理应属于妻子的东西给了别人。日本人则不这样看。在选择配偶时,他听命家长,盲目结婚。他与妻子的关系必须遵守清规戒律。即使在家庭生活的交往中,孩子们也看不到父母之间的爱欲。当代日本一个在杂志社工作的人撰文说:"在我们国家里,结婚的真正目的是生儿育女、传宗接代、延续香火,其他任何目的都只能颠倒结婚的真实含义。"

然而,这并不意味着,日本男人只能囿于生儿育女的生活中,做一个品德高尚的好男人。如果有钱,他就会找情妇。与中国的重大差别是,他不把自己迷恋的女人娶进家门,作为小妾。这使他们与中国人形成强烈的对照。如果纳妾,他就会把两种应当分开的生活区域混

歌舞伎

为一谈了。他的情妇可能是艺伎,精通音乐、舞蹈、按摩等技艺,也可能是妓女。不管是哪一种人,他都要与那位女子的雇主签订契约,以防止那个女人被遗弃,契约保证女方得到金钱上的报酬。他将把她安置在另一个地方。只有在极端特殊的情况下,当情人生了孩子,他又想把这个非婚生子与自家的孩子一起抚养时,他才可以把情人接进门。进门以后,这个情人不是妾,而是佣人。非婚生子称原配夫人为"母亲",他与生母的关系得不到承认。纯东方式的一夫多妻制是中国的传统模式,在那里得到彰显,在日本却很不地道。即使在空间关系上,日本人也把对家庭的义务与"情感"区别开来。

只有上流阶级才有钱包养情妇,但多数男子不时与艺伎或妓女玩乐。这样的玩乐绝不是偷偷摸摸的。妻子为出去夜游的丈夫梳洗打扮,妓院可以给他的妻子送账单,妻子照单付款,视为理所当然。她也许会郁郁不乐,但那是她自寻烦恼。找艺伎玩乐比到妓院寻乐花钱要多;尽管破费不少,他却无权将艺伎作为性伙伴。他享受的乐趣是得到训练有素、衣着入时、举止得体的美女的款待。如果得到艺伎的性款待,男人就必须成为这位艺伎的赞助人,签订特别契约,如此才能得到这位情妇;另一种情况是男人的魅力掳获了她的芳心,使之自愿献身。与艺伎共度良宵未必有性交易,但艺伎翩翩的舞姿、优雅的谈吐、悦耳的歌声、婀娜的体态传统上都是挑逗性的、精心设计的,即使上流社会的夫人也难以企及。艺伎属于"情感的圈子",把人从"孝的圈子"里解放出来。男人没有理由不纵情享乐,但这两个圈子却必须泾渭分明。

妓女都住在注册的妓院里。欣赏艺伎以后,余兴未尽者还可能去逛妓院。嫖娼费用低,囊中羞涩者不得不满足于这种玩乐,而放弃艺伎。窑子外面都挂着妓女的照片,游客通常并不避讳,他们长时间驻足橱窗前,打量这些照片,从中挑选。妓女的身份低贱,不像艺伎那样高高在上。她们多半家境贫寒,父母窘困,被迫将女儿卖给妓院。她们没有接受过艺伎那样的艺术训练。过去,旧习未除之时,妓女坐在人前,面无表情任由嫖客挑选。注意到西方人的非议以后,妓院用橱窗展示妓女,取代真人供嫖客挑选了。

一个男人可能会选中一个妓女,与妓院签订契约,将其包养,使之成为情妇。这种妇女受契约的保护。另一种情况是,男人纳女佣或女店员为情妇,不订契约,这种"自愿情妇"最无保障。很可能,她们与包养者曾陷入情网,由于没有合同保障,她们被排除在公认的义务圈子之外。我们的故事和诗歌也常描写年轻的怨妇,她们被负心汉抛弃。日本人读到"宝宝端坐我膝头"这种哀婉的词句时,自然会把这些私生子的母亲与日本的"自愿情妇"视为等同。

同性恋也是传统"情感"的一部分。在古代日本,同性恋是武士、僧侣等上层人物认可的一种享乐。明治时期,日本为了赢得西洋人的赞许,宣布许多旧习为非法,同性恋也在惩处之列。然而至今,它仍被纳入"人情"之列,古板的道德说教对它是不合适的。只是它必须被限制在一定范围内,不能妨碍家庭关系的维持。因此,男人或女人"变成"同性恋将带来危险的想法,是难以想象的,连男人也可以选择当职业男妓;那种危险是西方人的说法。美国成年男子中消极同性恋的存在,使日本人大吃一惊。在日本,成年男子只会选择少年为同性恋对象。日本人认为,成年男子扮演被动同性恋角色有失尊严。对于日本男人能在维持这

第九章 情感的世界

种性取向的同时又能维持自尊，他们给自己划定了界线，但这些界线不同于我们的界线。

日本人对自慰也不搞道德说教。没有一个民族曾有过如此之多的自淫工具。在这个领域，日本人也取缔了一些太露骨的淫器，借以防止外国人的非难。但他们本人并不觉得，这些淫器是罪恶的工具。西方人反对手淫，欧洲人尤甚，这样的态度在成年前就在我们的意识里打上了深深的烙印。儿童听到同伴悄悄说，手淫之人会疯狂或秃顶。在他的婴幼儿阶段，母亲就很警惕，甚至会大加训斥，施以体罚。也许，她会把孩子的手捆起来，也许，她告诉孩子上帝会惩罚他。日本的婴儿和少儿没有这样的经验，所以他们不可能复制我们的态度。自慰是乐趣，他们不感到羞愧。他们认为，自慰受到足够的控制，因为它在正派的生活中处在次要的位置。

酗酒也是被允许的"人情"之一。日本人认为，美国人发誓禁酒是西方人稀奇古怪的念头之一。我们在地方上鼓动投票决定是否禁酒，他们也觉得稀奇古怪。饮酒是一种乐趣，任何正常的人都不会不喝酒，但喝酒仅仅是小小的消遣，正常人也不会痴迷于狂饮。按照他们的思路，人不必担心"成为"醉鬼，正如不必担心"成为"同性恋一样。难以自制的酒鬼在日本没有成为社会问题，这是事实。喝酒是一种愉快的消遣，因此，家人甚至社会都不认为，醉酒者就是酒鬼。他不会凶暴，谁也不认为他会打自己的孩子。放声大哭很常见，严格的约束清除了，手舞足蹈是普遍的现象。都市人饮酒时，男人喜欢坐在酒伴的膝头上。

传统的日本人严格区别饮酒和吃饭。乡邻聚餐有酒招待时，谁要是吃了米饭，那就意味着他不会再喝酒。他已进入了另一个

"世界",他们严格区分吃饭与饮酒这两个"世界"。在自己家里,饭后小饮的情况也是有的,但他绝不会一边饮酒一边吃饭。他总是先享受一种快乐,再转向另一种快乐。

这样的"情感"观念产生了几种后果。这从根本上铲除了西方哲理中两军对垒的基础;西方哲学认为,两种力量分割,肉体与精神对垒,互相争夺人生的支配地位。相反,日本哲学认为,肉体不是邪恶,享受肉体快乐不是罪恶。精神与肉体不是宇宙里两种对立的力量。日本人根据这一信条推导出一个合乎逻辑的结论:世界不是善恶对垒的战场。桑塞姆爵士说:"从古至今,日本人都难以分辨邪恶,或者说不愿意抓住邪恶这个问题。"[①]实际上,他们经常批判这样的人生观。他们相信,人有两个灵魂,但它们并非善恶冲动对垒的灵魂,而是"温和"与"粗暴"的两个灵魂。在个人和国家的生活中,都有"温和"和"粗暴"的时候。一个灵魂并非注定要下地狱,另一个灵魂并非注定要上天堂。

连他们的神也表现出明显的善恶两性。日本最著名的神素盏鸣尊是天照大神之弟,他是"迅猛而威风的神"。他对姐姐天照大神极为粗暴。在西方神话中,他会被定为魔鬼。天照大神怀疑弟弟到她居所的动机不良,想把他赶出去。他放肆地胡闹,把大便拉在姐姐的饭厅里;而那时天照大神与随从正准备举行水果尝新仪式。还有,他毁坏田埂,这是可怕的罪过。最严重的罪行,也是西方人最不可理解的是,他竟然在姐姐卧室的上端挖了个窟窿,把"倒剥皮"的斑驹,即男根扔进去。由于这些暴行,他受到诸神的审判,被处以重刑,赶出天国,放逐到"黑暗之国"。可是,他

---

① Sansom, *op. cit.*, 1931, p.51.

仍然是日本众神中一位招人喜爱的大神，并受到应有的尊敬。这样的神在世界神话中相当常见，但在高级形式的伦理性宗教中，这类神则是被排除在外的，因为宇宙善恶冲突哲学适合把超自然的神灵划分成两大集团，善恶对垒，黑白分明。

日本人始终极其直白地否认，德行包含同邪恶进行斗争。几百年来，他们的哲学家和宗教人士经常说，与邪恶斗争的伦理准则与日本人是格格不入的。他们高调宣示，这证明日本人道德的优越。他们说，中国人不得不树立一种道德标准，把"仁"，即公正、善行上升为一种绝对的标准；以仁来审视，一切人和一切行为都有其不足。18世纪的伟大神道家本居宣长写道："这种道德准则对中国人是好的，因为中国人的劣根性需要这种人为的约束手段。"近代日本佛学大师和民族主义者也就这个课题著书立说。他们说，日本人天生性善，可资信赖，没有必要与自己性恶的一半进行斗争，只需要洗净心灵的窗口，使自己的举止适合各种场合。

本居宣长（1730—1801），日本江户时代思想家，日本国学的集大成者，著有《源氏物语玉小栉》《古事记传》等。

即使心灵蒙了灰尘，灰尘也容易清除干净，人心向善的本质会再度生辉。日本佛学认为，人人皆可成佛，道德律不在佛典中，而在顿悟和纯真的心灵的开启之中；在这一点上，日本佛学比其他任何国家都走得远。既然如此，你何苦要怀疑自己的心灵发现呢？恶不是人与生俱来的。他们没有与《圣经·诗篇》唱和的那种神学："我是在罪孽里生的，在我母亲怀胎的时候就有了罪。"他们没有关于人的堕落的说教。"情感"是天赐幸福，不应谴责。上至哲学家下至农民都不谴责人的情感。

对美国人而言,日本人这样的说教似乎要导致一种自我放纵的哲学。但是如上文所见,日本人把履行义务界定为人生的最高任务。他们完全接受已然的事实:报恩就意味着牺牲个人的欲望和享乐。对他们而言,追求幸福是人生严肃目标的思想是令人吃惊的、不道德的说教。人能享受幸福,那只是一种消遣,但赋予享乐庄严的色彩,将其作为评判国家和家庭的标准,那就不可思议了。履行"忠""孝"和"情义"的义务,常常会历尽磨难,但这在他们的意料之中。这样的人生很苦,但他们早有准备。他们经常放弃享乐,而享乐又不是坏事。这就需要坚强的意志,这种意志力正是日本人最景仰的美德。

与这种义务观一致,日本人的小说和戏剧罕有"幸福"的结局。美国读者和观众都渴望美好的结局。他们希望人们从此开始幸福的生活。他们想看到,美德会得到回报。如果他们在故事末尾禁不住掉泪,那必定是因为主人公的性格有缺陷,或者是因为他成了不良社会秩序的牺牲品。他们更喜欢看到的是主人公万事如意的圆满结局。日本观众则是另一番景象。将近剧终时命运陡转,主人公结局悲惨,女主人公被杀,观众泪流满面。这样的剧情是晚间娱乐的高潮。他们上剧院的目的就是去看这样的结局。他们的现代电影也是以男女主角的苦难为主题。两人陷入情网,放弃自己原来的情人,幸福地结合,然而其中一人却为履行义务而突然自杀。为挽救丈夫的事业,妻子忘我献身,鼓励他磨砺才艺,以成为伟大的演员。但就在他成名的前夕,妻子隐身在大城市的人海中,以便让丈夫放手享受新的生活。就在丈夫大获成功的那一天,她却在贫困中死去,且无怨无悔。这样的故事不需要欢乐的结局,对男女主人公的怜悯和同情畅行无阻。他们的苦难不是上帝的审判。故事表明,他们不惜一切代价履行了自己的义务,任何代价都不能使他们偏离正确的道路,遗弃、疾病或死亡都不能使他们动摇。

日本的现代战争电影也遵循这样的传统,看过这些电影的美国人经常说,这些片子是他们看过的最好的和平宣传。这是典型的美国式反应,因为这些电影从头至尾表现牺牲与苦难,不渲染阅兵式、军乐队、舰队演习和炮击等洋洋自得的场面。不论是描写日俄战争还是描写中国事变,都是僵化不变、千篇一律的调子:无边的泥泞,不停的行军,低落的士气,无穷的苦难,没完没了的战役。没有胜利的镜头,甚至没有高喊"万岁"的冲锋。镜头表现的是在泥泞中跋涉,夜宿中国无名小镇;或一家三代三次战争后的幸存者,残废、瘸子、盲人;或阵亡士兵的家属,哀悼丈夫、父亲、家里的顶梁柱,然后鼓起勇气活下去。英美骑兵那种激动人心的冲锋场景是看不到的。伤残军人康复的主题也很少搬上银幕,甚至战争的目的也不会提及。银幕上的人物竭尽一切所能报恩,这就足够满足日本观众的需求。因此,这些电影乃是日本军国主义者的宣传工具。制片者知道,这些电影不会激起日本观众的反战情绪。

第十章　道德的两难困境

经典名句

◆ 日本人的人生观是由他们所谓的忠、孝、情义、仁、情感等道德准则构成的。在他们眼里,"人的总体义务"就像一幅地图,划分为若干区域。用他们自己的话说,人生是由"忠的圈子""孝的圈子""情义的圈子""仁的圈子""情感的圈子"等范畴构建的。

◆ 日本人把生活划分成若干"圈子",其中并不包括"恶的圈子"。这并不是说日本人不承认有邪恶的行为,而是说他们并不把人生看成是善恶力量争斗的舞台。他们把人生看作是一出戏;在这出戏里,一个"圈子"与另一个"圈子"、一种行为方式与另一种行为方式之间要小心翼翼地平衡,每个圈子、每一种行为方式都是善良的。

《富岳三十六景·神奈川冲浪里》

日本人的人生观是由他们所谓的忠、孝、情义、仁、情感等道德准则构成的。在他们眼里,"人的总体义务"就像一幅地图,划分为若干区域。用他们自己的话说,人生是由"忠的圈子""孝的圈子""情义的圈子""仁的圈子""情感的圈子"等范畴构建的。每个圈子里都自有其详细的准则,他们不会用整合的人格去评判别人,说他们"不懂孝"或"不懂情义"。他们不会像美国人那样责备某人"不公正",而是具体指出他哪方面的行为不达标。他们不指责某人"自私""刻薄",而是具体指出他违背了哪方面的准则。他们不诉诸绝对命令、金箴等西方人的准则。得到肯定的行为总是与其特定的圈子联系。西方人可能会做出这样的评判:日本人"为孝"的行为是一种准则,他"为情义"的行为以及他"在仁的圈子"里的行为是另一种准则。其实,日本人的道德准则或道德"圈子"总是随着情况的变化而变化,情况一变,截然不同的行为变化就必然发生。侍从受辱之前,他对主君竭尽忠诚,此为"情义";若被主君侮辱,怎么背叛都不为过,此亦为"情义"。在1945年8月以前,"忠"的准则要求,国民战至最后一人。一旦天皇宣告投降,"忠"的要求随即改变,日本人就争先恐后地对外来者示好,表示愿意合作了。

富兰克林·罗斯福（Franklin D. Roosevelt, 1882—1945），20世纪40年代初（1933—1940），为挽救崩溃的美国经济，罗斯福总统实行大刀阔斧的改革，是为"新政"（New Deal）；主要内容为"三R"，即复兴（Recovery）、救济（Relief）、改革（Reform）；新政以凯恩斯理论为指导，调动看得见的手，实行政府干预。

这使西方人困惑不解。根据我们的经验，人"依其本性"而行事。我们按照老实或不老实、合作或固执来区分绵羊与山羊。我们给人贴标签，指望他们的行动始终如一。人或慷慨大方，或吝啬小气；或善于合作，或顽固僵硬；或为保守人士，或为自由主义者。两者必居其一。我们期望每个人心怀特定的政治思想，并始终如一地与对立的意识形态斗争。根据我们在欧洲战场的经验，那里有通敌派，也有抵抗派。欧战胜利后，我们对通敌分子的改弦更张持怀疑态度，我们的怀疑是正确的。在美国国内的政治争论中，我们分辨罗斯福的新政派与反新政派。我们断定，在新形势下，这两大阵营仍然会"依其本性"行事。如果个人改变立场，从一个阵营转向另一个阵营，比如从非教徒变成天主教徒，从"赤色分子"变成保守主义者等，我们就要给这样的改变贴上新的标签，赋予它相应的新的人格。

西方人相信行为的整合性，当然这并非总有道理，但绝对不是幻觉。在大多数文化中，无论在原始的或已开化的文化里，

> 典出《圣经·马太福音》第25章第32节："万民都要聚集在他面前。他要把他们分辨出来，好像牧羊人分辨绵羊、山羊一般。"这里所谓绵羊、山羊指的是好人和坏人。

人们都把自己描绘为特定类型的人。如果有志于权力,他们就会用别人是否服从自己的意志为尺度,借以衡量自己的成败。如果对受人爱戴感兴趣,他们就会在冷漠的人际关系中遭受挫折。他们想象自己刚正不阿,具有"艺术家气质",或是顾家爱家的人。一般地说,他们用心理学家所谓的完形(Gestalt)来构建自己的性格特征。这样的构想使人的生活秩序井然。

从一种行为转向另一种行为时,日本人不会感到心理上的苦痛,这种能力是西方人难以相信的。我们从来没有体验过如此走极端的可能性。然而在我们看来,日本人生活中的矛盾似乎已深深扎根于他们的人生观里,正如同一性扎根于我们的人生观一样。尤为重要者,西方人应该认识到,日本人把生活划分成若干"圈子",其中并不包括"恶的圈子"。这并不是说日本人不承认有邪恶的行为,而是说他们并不把人生看成是善恶力量争斗的舞台。他们把人生看作是一出戏;在这出戏里,一个"圈子"与另一个"圈子"、一种行为方式与另一种行为方式之间要小心翼翼地平衡,每个圈子、每一种行为方式都是善良的。如果人人都以本真的直觉行事,那么人人都是善良的。如上所述,他们甚至认为,中国人的道德准则恰好证明,中国人需要那样的道德,这恰好证明了中国人的劣根性。日本人说,自己完全不需要那种包罗万象的伦理戒律。再用桑塞姆爵士的话来说,日本人"不愿意抓住邪恶这个问题"。按照他们的观点,不用包罗万象的准则,他们也能充分对坏的行为做出解释。虽然每个人的心灵本来都闪耀着道德的光辉,犹如一把新刀,但是如果不勤于磨砺,好刀也会生锈。用他们的话说,"人身上的锈"宛若刀身上的锈,不是好东西。因此,人必须像爱惜宝刀那样地磨砺自己的人格。但即使生了锈,锈斑之下的心灵仍在闪光,只需予以研磨,心灵就会再次生辉。

西方人总觉得,日本人的人生观使其民间故事、小说和戏剧没有个结果。除非像我们常做的那样加以改写,使其情节符合人物性格的一致性,符合善恶相斗的要求,否则我们就难以理解民间故事、小说和戏剧。但日本人并不这样看。他们常说的是,主人公陷入"情义与情感""忠与孝""情义与义务"的矛盾。主人公之所以失败,那是因为他让情感遮蔽了"情义"的义务,或者是因为忠孝不能两全。他迫于"情义"而不能匡扶正义,迫于"情义"而牺牲家庭。如此描绘的冲突依然是义务之间的冲突,两种义务都具有约束力,两种义务都是"善行"。在两者之间的选择犹如债务累累者不得不进行的选择。他必须先偿还一些最紧迫的债务,其余的暂时放一放。但还清了一笔债并不意味着他可以不偿还其他的债务。

日本人对故事主人公的这种观点与西方人形成强烈的反差。我们认为,主人公之所以是好人,正因为他"选择了好的一方",并且与恶的一方进行斗争。我们说,"有德者胜",结局必须圆满,善者应有善报。然而,日本人却酷爱主角"有悖伦常的惊人之举",他既拖欠社会恩情,又不能悖于名誉,无法调和,只好一死了之。在许多文化里,这类故事是教导人们顺从苦命。日本文化正好相反,这类故事表现的是主动精神和坚忍的意志;主人公在竭尽全力履行一些义务,忽视其他的义务。然而,最后的结局是,主人公又回头清算他曾经忽视的义务。

《四十七士物语》是日本地道的民族史诗。它在世界文学中的地位不高,在日本人心目中的地位却无与伦比。每个日本儿童都知道这个故事,不仅知其梗概,而且熟悉其细节。这些故事在不断被讲述、不断翻印、不断改编成电影的过程中广泛流传。世世代代以来,这四十七位浪人的墓地一直是人们朝觐的圣地。成千上万的人前往凭吊致祭,朝觐者留下的名片使墓地周围成为一片白色的海洋。

《四十七士物语》的主题以对主君的"情义"为核心。在日本人心目中,它描写的是"情义"与"忠"、"情义"与"正义"的冲突,"单纯情义"与无限"情义"之间的冲突。当然,在这类冲突中,往往是"情义"以"正义"的姿态胜出。这个历史故事发生在1703年,那时正值封建制度的鼎盛时期。按照近代日本人的想象,那时的男儿都是大丈夫,履行"情义"时没有半点"不情愿"。四十七位英雄为"情义"而牺牲一切,包括名誉、父亲、妻子、妹妹、正义,他们最后以自杀殉"忠"。

彼时,各地大名定期觐见幕府将军。幕府任命两位大名主持仪式,浅野侯是其中之一。这两位司仪官都是地方大名,由于不熟悉仪式,他们不得不向幕府重臣吉良侯请教仪式的有关事宜。如果浅野侯家最有才智的侍从大石(故事的主人公)在身边,他是会帮助主君周密安排的,但恰巧他回老家去了;浅野却不谙世故,他没有向吉良侯献礼讨教。相反,另一位大名的侍从却通晓世故,在向吉良请教时,他不惜重金赠礼。于是,吉良侯就不屑于指教浅野,故意让他在举行仪式时穿上完全违反仪式的服装。举行仪式时,浅野侯按照吉良指示的服装出席。当他发现自己受到侮辱,就拔刀而起,砍伤了吉良的前额,后被众人拉开。从"对名誉的情义"来说,他因受辱而向吉良复仇是一种德行;但在将军殿上拔刀动武则是不"忠"。浅野侯正当地履行了"对名誉的情义",但他必须按照规定"切腹"自杀,否则就不能说是"忠"。他回到宅邸,

大石像

换上衣服,做好切腹准备,等待那最有才智、最忠诚的侍从大石回来。两人见面,久久对视,默默告别,浅野侯如是端坐,以刀刺腹,自戕而亡。他死后,没有一位亲属愿意继承其家业,因为他未能尽忠,引起幕府不悦。于是,他的封地被没收,其侍从就成了无主的浪人。

根据"情义"的义务,浅野家的侍从有义务尾随主君切腹。主君切腹是为了"名誉的情义"。如果他们也履行对主君的"情义",切腹自杀,那自然是对吉良的抗议。但是,大石暗暗决定,切腹不足以表现他们对浅野的情义,他们应当完成主君未竟之志。主君因为被其他侍从拉开,未能复仇,他们就应当杀死吉良,为主君浅野复仇。但这样做就是对幕府不忠。吉良是幕府的近臣,幕府绝不可能批准浪人报仇的行动。按一般惯例,策划复仇的人必须事先向幕府呈报计划,确定行动日期,在期限以前若不能完成复仇,就必须放弃原有计划。这项制度曾使若干幸运者能够调和"忠"与"情义"的矛盾。大石明白,这条道路对他和他的同盟是行不通的。于是,他把浅野所有的侍从召集一堂,却不向这些浪人透露刺杀吉良的计划。这些浪人多达三百余人。根据1940年日本教材里的故事版本,他们一致同意切腹。但大石明白,这些人并不是全都应该承担无限的"情义",无限的"情义"就是"情义加诚信"。因此,在报复吉良的危险之举中,他们并非全都是值得信赖的人。为了用"单纯情义"和"信义加诚信"的标准区别两类人,他要进行测试,于是就问应该如何分配主君的财产。在日本人看来,这一测试等于是说,他们并非全都同意自杀;他们的家人都将分享主君的财产。接着,围绕财产分配的标准,浪人中爆发了争吵。大管家俸禄最高,以他为首的一派主张按原来的俸禄高低分配;大石一派则主张平均分配。借此,大石得以迅速查清,哪些人只有"单纯情义"。然而,大石旋即转而赞成大管家的分配方案,让那些获胜的浪人离开。于是,大管家离场,他因此而被冠以"武士败类""不懂情义的人""无赖"等恶名。如此,大石判断,只有四十七人情义坚定,足以共谋报仇计划。这四十七人与大石宣誓结盟,立志复仇,任何信义、情感、义务都不能阻挡他们复仇。"情义"是他们的最高准则。于是,四十七位武士刺破手指,歃血为盟。

他们的第一项任务是要麻痹吉良。他们各奔东西,佯装丧尽追求名誉之心。大石经常光顾低级酒店,酩酊大醉,颜面扫地。在放荡生活的掩盖下,他与妻子离婚。对打算干违法勾当的日本人而言,这是惯用的且合理的步骤,以免妻儿受到最后行动的牵连。大石的妻子十分悲痛,只好与他分手,他的儿子则加入了浪人的队伍。

东京(时称"江户")城里的人都在猜测,他们要复仇。凡是尊敬他们的人无不深信,他们必将策划杀害吉良。可是,这四十七人都矢口否认有这样的企图。他们佯装成"不懂情义"的人。目睹其可耻行为,他们的岳丈都很气愤,将他们扫地出门,解除了婚约。朋友们对他们嗤之以鼻。一天,一位密友发现,大石酩酊大醉,正与女人调笑。然而,即使对这位密友,他也矢口否认对主君的"情义"。他说:"报仇?愚蠢。及时行乐,一醉方休,游戏人生;人生之乐,莫过于此。"朋友不信他的话,猛然抽出大石的刀来察看,原以为刀闪寒光,足以证明大石在说谎。可是,那把刀已锈迹斑斑。如此,朋友不得不相信,大石酒后吐真言。一气之下,朋友把大石拽到街上,拳脚相向,啐了他一脸。

有位浪人为了筹集参加复仇的资金,竟把自己的妻子卖到妓院。其妻子的兄长也是浪人之一。得知复仇的秘密已被妹妹知道,这位浪人竟准备亲手杀死妹妹,以证明自己的忠诚,以便能参加复仇。另一位浪人杀死了岳父。还有一个浪人把自己的妹妹送进吉良侯家当女仆兼侍妾,以便从宫内探知复仇的时机。这项行动使她事后不得不自杀,这是因为她表面上站在吉良侯一边,她必须以死来洗刷自己的污点。

12月24日,风雪之夜,吉良盛宴酬宾,警卫喝得酩酊大醉。四十七浪人一行发动突袭,攻进坚固的吉良府第,杀死警卫,直奔吉良侯的卧室。吉良不在,被褥却有余温。浪人们判断他就藏在府内。最后,他们发现一个人蜷缩在宫外的小屋里,里面存放着木炭。一个浪人隔着墙壁刺进长矛,随即拔出,矛尖上却没有血迹。长矛确实刺中了吉良,但在长矛拔出时,他用衣袖拭去了污血。但他的花招于事无补。浪人们把他拽了出来。他说他不是吉良,自称大管家。这时,一个武士想起,他们的主君浅野侯曾在殿堂上砍伤吉良,肯定给他留下了伤疤。根据这个伤疤,浪人们认定他就是吉良,并要他当场切腹。

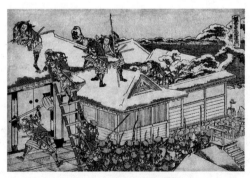

四十七士夜讨吉良侯

他拒绝服从,这恰好证明,他是个怕死鬼。于是,浪人们用主君切腹时用的那把刀,砍下了吉良的首级。他们随即举行隆重的仪式,将头洗净,实现了夙愿。他们带着主君那柄两度染血的佩刀,提着吉良侯的首级,列队走向浅野的墓地。

这帮浪人的行动震撼了东京,全城欢腾,赞赏其义举。曾经怀疑他们的家属和岳父大人争先恐后地拥抱他们,表示敬意。贵族大人们沿途款待他们。他们来到墓地,不仅把首级和佩刀供在墓前,而且还宣读奉告亡君的悼词。悼词至今保存完好,祷文如下:

> 臣等谨拜于主君灵前……主君之仇未报之前,实无颜前来谒见。待机之时,度日如年……今将吉良首级供上。此刀乃主君珍用,嘱臣等珍藏,如今吾辈奉上。愿主君执此刀再击怨敌首级,永雪遗恨。四十七士谨祷。

如此,他们履行了"情义"的义务。但他们还需要尽"忠",只有一死才能两全。他们违犯了未预先呈报就进行复仇的国法,不过他们并没有背叛"忠"。凡是以"忠"的名义要求的义务,他们都必须履行。幕府命令四十七士切腹。小学五年级的国语读本是这样写的:

大石内藏助义雄切腹之图

> 他们为主君报仇,情义坚定,实为永世楷模……故幕府议定,令其切腹,以此忠义两全。

换句话说,浪人们切腹自尽,以最大的代价履行了"情义"和"义务"的责任。

这首民族史诗版本不同,文字、情节略有差异。在现代电影中,故事开始时的贿赂被改为情色。吉良追逐浅野的妻子,由于心怀不轨,他故意误导浅野,使其因出错而受辱。贿赂的情节剔除了,有关"情义"的渲染更加详尽,更加令人毛骨悚然。"为了情义,他们抛妻、弃子、弑父。"

"义务"和"情义"发生冲突的题材也是其他许多故事和电影的基础。最为优秀的一部历史电影取材于德川幕府第三代将军时期。这位将军继位时,年纪尚轻,没有施政经验。彼时,对于将军的继位人选,臣僚分为两派。一派想拥立与另一位年纪相仿的近亲。在受挫的臣僚中,有位大名因受"辱"而耿耿于怀,虽然继位的第三代将军很有政治才干。这位大名却等待时机,以求雪耻。终于有一日,他得到通知,将军准备携随从巡视几个藩国。这位大名有责任迎候将军一行。于是,他乘机报仇雪恨,履行"对名誉的情义"。他的官邸本来就是一个堡垒,他又乘机加固堡垒,封锁一切出口,以防走漏风声。他还策划制造墙倒屋塌,把将军及其随从压死。他的阴谋是在盛情款待的伪装下进行的。轻歌曼舞、美味佳肴都精心安排,极其丰盛。他还命一位武士舞刀为将军助兴,令其在最高潮时刺杀将军。由于对大名的"情义",武士决不能抗命。然而,"忠"的原则又禁止他刺杀将军。银幕之上,武士舞刀的姿势充分表现了他内心的矛盾冲突:他必须下手,又不能下手；即将行刺之时，又不忍心下手。尽管受"情义"驱使，但"忠"的威力毕竟太强。他的舞姿渐渐凌乱，让将军生疑。正当绝望的大名下令毁殿下手时，将军一行突然离席。刚躲过舞剑者的剑，将军又面临墙倒屋塌的危险。值此千钧一发之际，舞刀者迎上前去，带领将军一行通过地道，安然脱险。"忠心"战胜了"情义"。将军的代言人向舞刀者表示谢意，再三劝他载誉同行，前往东京。那位武士回眸即将倒塌的殿堂说，"不行，我要留在这里。这是我的义务，我的情义"。他与将军一行道别，转过身去，纵身跳进废墟，了却一生。"在死亡中，他满足了忠心和情义，使两者合二为一。"

　　日本的古代故事并未把义务与"情感"的冲突作为中心，近代的故事却将其作为一个重要的主题。近代小说描写爱情和善良时，往往将其作为必须抛弃的对象，因为要成全"义务"或"情义"。这一主题不但没有被冲淡，反而被大肆渲染。他们的战争影片给西方人的感觉是绝妙的反战宣传，同样，他们的小说往往使我们觉得，他们的诉求是按照自己的意志生活的自由。这些小说的确证明了这样的冲动。然而，日本人连篇累牍地议论这些小说或电影的情节时，却看到和我们的看法截然不同的意义。我们同情主人公，那是因为他陷入情网，或胸怀壮志；相反，他们将其斥为懦夫，因为他儿女情长，妨碍自己履行"义务"或"情义"。西方人可能觉得，这是强者的标志，因为他反对陈规旧习，克服障碍去争取幸福。而日本人断言，所谓强者恰恰是抛弃个人幸福而履行义务的人。他们认为，性格的坚强不是表现为反抗，而是表现为顺应。因此，同样的日本小说和电影的情节，西方人所见的是一种意义，日本人所见的意义则截然不同。

在评价自己或周围熟人的生活时，日本人也使用与此类似的标准。他们认为，个人的欲望与义务冲突时，如果注重个人的欲望，那就是弱者。他们对一切情景的判断都用这样的标准。与西方最对立的情景莫过于日本丈夫对妻子的态度。在"孝的圈子"中，妻子只处于边缘，父母才是中心。因此，他的义务很清楚：坚强的人必须守"孝"道，如果母亲决定要他离婚，他就得与妻子离婚。即使他爱妻子，即使他已经养了孩子，他也得离婚，因为这使他"更坚强"。俗话说："孝道可能会使你把妻子儿女划进陌生人的范畴。"在这种情况下，他对妻子的态度至多不过属于"仁的圈子"。最坏的情况则是，妻子儿女不能提出任何要求。即使婚姻生活很幸福，妻子在义务的圈子里也不能处于中心的地位。因此，他不能拔高他和妻子的关系，使之仿佛达到他对父母和祖国的感情那样的高度。20世纪30年代，有一位著名的自由派人士竟然公开说，回到日本非常高兴，理由之一就是与妻子重逢。这成了轰动一时的丑闻。他应该说父母，说富士山，说他为民族的使命而献身。妻子不属于这个生活层次。

到了近代，日本人自己也表现出一种倾向：如果过分强调不同层次的道德准则界限分明，不同"圈子"的义务迥然有别，那就不再令人满意了。很大一部分道德灌输致力于把"忠"变成至高无上的准则。在政治领域，日本政治家把天皇置于顶点，清除幕府和藩王，简化等级制；在道德领域，他们简化义务的结构，把一切较低层次的尽义务的德行全部置于"忠"的范畴之内。借此，他们谋求将全国统一于"崇拜天皇"之下，而且削弱日本伦理道德那种原子态的松散状态。他们力求教导国民，一旦尽忠，就履行了其他一切义务。在他们的努力之下，对天皇的"忠"就不再是地图上的一个圆圈,而是道德拱桥上的拱顶石了。

这一规划的最权威宣示就是明治天皇于1882年颁布的《军人敕谕》。这份敕谕连同《教育敕谕》正是日本的"圣经"。日本的任何宗教都没有圣典。神道没有经典,日本的佛教宗派或以不立文字为教义,或以反复念诵"南无阿弥陀佛""南无妙法莲华经"来代替诵经。而明治天皇的敕谕则是真正的圣典。宣读之时,神圣庄严,听者鞠躬伫立,鸦雀无声,犹如基督徒对《圣经》律法书之崇敬。捧读时从神龛取下来,捧读完毕,要等听众散去后,方能恭恭敬敬放回神龛。捧读者即使略有差错,也必定引咎自杀。《军人敕谕》主要是颁赐给现役军人的。军人要逐字背诵,每天早晨默念10分钟。每当重要国假日、新兵入伍、老兵复员和其他类似场合,军人都要整队聆听天皇圣谕。中学生和补习班的学生也要学习《军人敕谕》。

《军人敕谕》只有几页,纲目分明,简洁明了,文字谨严。然而,西方人却觉得这一敕谕奇异如谜,且互相矛盾。善与德被崇奉为真正的目标,其描述方式,西方人也能理解。敕谕告诫听众,不要重蹈古代英雄覆辙,他们死于羞耻,因为他们"罔顾公义之真,恪守私情之义"。这是日本官方的正式译文,虽非逐字翻译,却很能表达原意。《军人敕谕》接着说:"此类事例,尔等宜深戒之。"

如果不熟悉日本人的义务"图谱",《军人敕谕》所指的"戒之"就难以读懂。整个敕谕表明,官方尽量贬低"情义",提高"忠"的地位。日本人通常意义上的"情义",《军人敕谕》通篇不着一字。敕谕不提"情义",只强调"大节""小节"之分:所谓"大节",就是"忠";所谓"小节",就是"恪守私情之义"。敕谕极力证明,"大节"

足以成为一切道德的准绳。敕谕所谓"义",就是履行"义务"。尽"忠"的军人必然有"真正的大勇"。所谓"真正的大勇"就是"日常待人必以温和为先,旨在赢得他人敬爱"。敕谕暗示:遵奉这些敕令足矣,不必求助"情义"。"义务"以外的诺言是"小节",必须慎重考虑才能承担义务。《军人敕谕》曰:

> 如要……信守诺言(在私人关系中)而(又)要尽义务……则自始即应慎思是否可行。如果被不智之义务束缚,定然会进退维谷。若明知守信与持义("义"即"履行义务")不可两全,则应立即放弃(私人的)诺言。古来英雄豪杰,惨遭不幸,或竟身败名裂,污名传世,皆因信守小节,而不辨大义,此类例子比比皆是。究其原因,乃罔顾公义之真,而恪守私情之义。

"忠"为大义,高于一切,言之谆谆。如上文所述,通观《军人敕谕》,"情义"不着一字。但是日本人都知道:"为了情义,我不能行义。"敕谕换用一种说法:"若明知守信与持义不可两全……"《军人敕谕》以天皇的权威教导:此情此景下就应当抛弃"情义"。要记住:情义是小节,只要遵循《军人敕谕》,抛弃"情义",维护"大节",就能成为有德之人。

这份颂扬"忠"的圣典是日本的基本文献之一。然而,《军人敕谕》对"情义"的委婉贬抑是否削弱了"情义"的深刻影响呢?这还很难说。为了解释自己或他人的行为,或为之辩护,日本人常常引用《军人敕谕》的其他段落,如:"义"即"履行义务","心诚则万事皆成"。这些引语固然妥当,但反对信守私人诺言的告诫却很少有人提及。"情义"至今仍是一种很有权威的道德。在日本,说"此人不懂情义"仍是最严厉的批评之一。

单靠引进一个"大节"的概念去简化日本的伦理体系,那是难以奏效的。日本人常常自夸,他们没有涵盖一切范畴的道德作为检验善行的试金石。在大多数文化中,一个人的自尊与其道德水准成比例,与其善良、节俭及成就等美德成比例。他们总要提出具体的人生目标,比如幸福、权力、自由、社会地位的上升等。日本人遵循的准则更为特殊。无论是在封建时代还是在《军人敕谕》中,他们所谓的"大节"是:对上的义务更重要,对下的义务居其次。他们仍然倾向于具体事情具体对待。和西方人相比,他们所谓"大节"不是对忠诚的忠诚,而是对特定的人或特定目标的忠诚。

近代日本人试图确立某种统御一切领域的道德标准,他们常常选择"诚"。大隈伯爵在论及日本的伦理时说,"诚""是一切德行中最重要的德行。一切道德教谕的基础寓于'诚'。除了'诚'字,古日语没有表达伦理概念的其他词"①。20世纪初,日本小说家曾讴歌西方个人主义新思潮,后来对西方信条感到不满,转而赞美诚(诚心),将其视为唯一真正的"信条"。

对"诚"的强调得到《军人敕谕》的支持,见于敕谕的历史性前言。这一前言相当于美国历

1938年裕仁天皇阅兵

---

① Count Shinenobu Okuma, *Fifty Years of New Japan*. English version edited by Marcus B. Huish, London, 1909, II:37.

史文献的前言,美国文献总要提及华盛顿、杰斐逊等"建国之父"。《军人敕谕》的前言涉及道德标准,高潮的一段阐述"恩"和"忠":

> 朕赖汝等为股肱,汝等仰朕为首脑。朕能否护我国家,报我祖恩,全仗汝等恪尽职守。

接着又阐述了五条训诫。(1)最高的德就是履行"忠"的义务。如果军人不是很"忠",无论多么有才,他也只是傀儡。欠缺"忠"的军队,若遇紧急情况,则成乌合之众。"故不可为舆论所惑,不可染手政治,专注保持忠节,牢记义重于大山,死轻于鸿毛。"(2)遵守风纪。"下级服从上级,使其命令如朕意,上级体恤下级。"(3)要武勇。真正的武勇与"野气之刚"迥异,应该"小敌不蔑视,强敌不畏惧"。"故尚武者,与人交往应以温和为先,以赢得他人敬爱。"(4)告诫人们勿"恪守私情之义"。(5)劝导节俭。"大凡不以质朴为旨者,必流于文弱,趋于轻薄,喜好奢侈,终致卑鄙自私,堕落至极。虽有节操、武勇,亦难免受世人鄙弃……朕忧此恶,唯恐其爆发,故谆谆告诫之。"

《军人敕谕》的最后一段把以上五条训诫称作"天地之公道,人伦之纲常",乃"我军人之精神"。而且,这五条训诫的"灵魂"就是"诚"。"心不诚则嘉言善行徒为文饰,徒劳无用;心诚则万事可成。"如此,五条训诫就"易守易行"。这是典型的日本伦理。《军人敕谕》详述一切德行和义务之后,最后才阐述"诚"。中国人把一切道德归之于仁爱之心。日本人则不是这样,他们先确立义务准则,最后才要求人们全心全意、竭尽全力履行义务。

在佛教主要宗派禅宗的教义里,诚也具有同等的意义。铃木大拙论禅的专著中有一段禅宗师徒问答:

僧问：吾视猛狮袭敌，不问其为兔为象，皆全力以赴，请问此力何物？

师答：至诚之力是也（字面意义是"不欺之力"）。至诚即不欺，亦即"献出一切"。禅语谓之"全力以赴"……不留一物，毫无矫饰，绝不虚费。如此生活者可称作金毛狮，乃刚勇、至诚、至纯之象征，神之人也。

关于"诚"的特殊含义上文业已提及。日语的"诚"与英语的"sincerity"的含义并不相同。相比而言，日语的"诚"的含义既宽又窄。西方人很快就察觉到，其内涵比西方语言窄得多；他们常说，日本人说的某人不诚实，其实只

> 铃木大拙（1870—1966），日本佛学家，原名贞太郎，世界级禅学思想家，将禅学向西方介绍的第一人，著作宏富，如《大乘起信论》《大乘佛教纲要》《中国佛教印象记》《禅为日本文化》《禅的研究》《禅的诸问题》《禅思想史研究》《中国古代哲学史》《佛教与基督教》《华严的研究》等。另有《铃木大拙全集》。

是指那个人与他的意见相左。这种说法有一定的正确性。这是因为他说某人不"诚实"时，未必是说，此人"真诚地"根据自己的爱憎、决断或震惊而说出心里话。美国人在表示赞许时常说"He was sincerely glad to see me"（他见到我由衷地感到高兴）或"He was sincerely pleased"（他由衷地感到高兴），日本人则没有这种说法。他们有各种讥讽"坦诚"的惯用语。他们嘲笑说，"看那只青蛙，口一张开就把肚子里的货色都亮出来了"，"就像个石榴，口一张开就知道他心里想什么"。"暴露感情"是一种羞耻，因为这样会"暴露"自己。与"sincerity"一词有关的这一系列含义，在美

第十章　道德的两难困境

国意义重大,在日本则毫无地位。在前文讲述的故事里,那位日本少年批评美国传教士不真诚。他没有想到,那位美国人听到这个穷孩子要去美国的宏愿时,是否真的感到惊愕。近十年来,日本政界人士经常批评美英两国没有诚意;其实他们并不曾想,西方各国是否真的表里不一。他们并不指责美英两国伪善,因为伪善对他们而言是轻微的责难。与此相似,《军人敕谕》云:"诚乃诸项训诫之灵魂。"这句话的意思也不是说,使其他一切德行都行之有效的"至德"是内心的真诚;亦不是说,"至德"使人的言行与内心一致。那并不意味着,无论自己的信念与别人有何不同,人都必须要真诚。

然而,"诚"在日本也有积极的含义。由于日本人非常重视这一概念的伦理作用,西方人就急需把握他们使用这个词时想要表达的意义。《四十七士物语》充分显示了"诚"的基本含义。在这个故事中,"诚"是附加在"情义"之上的一个积极的符号。"真诚的情义"与"单纯的情义"有所区别,前者是"足以永恒垂范的情义"。日本人至今仍然说:"诚是使它维持下去的因素。"根据语境来看,这句话里的"它"可以指"日本精神"里的任何道德或态度。

在战争期间日本人的"再安置"营里,"诚"的用法与《四十七士物语》里的用法完全一致。这清楚表明,"诚"的逻辑可以延伸到什么程度,其含义又如何与美国的用法相反。亲日的"一世"(第一代移民)指责亲

> "再安置"营,即集中营。珍珠港事变后,总统罗斯福签署第9066号命令,把所有在美国的日本侨民和日裔美国人迁入集中营。1988年,美国政府向这些遭受不公正待遇的人道歉,进行了赔偿。

美的"二世"(生在美国的第二代移民),说"二世"缺乏"诚"。"一世"的意思是,"二世"没有构成"日本精神"的心理素质。战争期间,日本官方曾经为"日本精神"下定义。第一代移民的指责绝不是说,其孩子的亲美态度是伪善的。第二代移民志愿加入美国军队,以真诚的热情支持其第二个祖国;此时,第一代移民却更加振振有词地指责第二代移民"不真诚"。

　　日本人使用"诚"的基本含义是指一种热诚:沿着日本道德准则和"日本精神"所指示的人生道路前进的热诚。"诚"有许多意义,在不同的语境中略有不同,但无论什么特殊含义都可以解读为某种值得颂扬的品质:或者是"日本精神"里公认的品质,或者是日本道德"地图"上的路标。一旦我们承认,"诚"不具有美国人那样的含义,它就成了我们解读一切日本文献很有用的词了。大体上,它准确无误地指明了日本人强调的正面的德行。"诚"这个词经常用来赞扬不追逐私利的人。这反映了日本人的伦理道德中厌恶谋利的心理。如果利润不是等级制的自然结果,它就被断定是剥削的结果。从中渔利的中介人是会被人憎恨的高利贷者。他们常被斥为"缺乏诚实"的人。"诚"还经常被用来赞扬不感情用事的人。这是日本人自我修养观念的反映。另一个意思是,如果一个人无意刺激别人,他就不会冒险去侮辱人,他就是值得称道的"诚实"人。这个意思反映了日本人这样一个信条:人不仅要对行为本身负责,而且还要对行为的边际后果负责。最后一个意思是,只有"诚实"的人才能"领导他的人民",才能有效地发挥他的才干,才能摆脱心理冲突。这三点含义和其他许多含义表明,日本人的伦理具有同质性。他们还反映了这样一个事实:只有践行了道德准则,人的工作才能有效,人的心理才能摆脱冲突。

虽然《军人敕谕》和大隈伯爵极力推崇，但由于"诚"有许多意义，"诚"的美德并不能简化日本人的道德体系。它既不是构成日本伦理的"基础"，也不能赋予伦理以"精神"。它好像是一个指数，加在任何数字之后，都可以提升该数字的幂阶。比如 A 的二次幂（A^2）可以是 9 的二次幂，也可以是 159 或 b 或 x 的二次幂。同理，"诚"可以提高任何一种道德律标准。看来，它不像独立的道德，而是狂热者对其教义的狂热。

无论日本人怎样予以修正，其道德准则仍然是原子似的积木块。美德的原则仍然是一种善行和另一种善行的平衡，各种行为本身都是善的。他们设置的伦理体系宛如桥牌。优秀的选手遵守规则，并在规则范围内获胜。他们之所以胜过蹩脚的选手，那是由于他训练有素，精于计算，能紧追其他选手出牌，根据规则判断其意图，并据此打出自己的牌。用我们的话来说，他是按霍伊尔[①]规则比赛。每出一张牌都必须考虑到无数细节。比赛规则考虑了一切可能的偶然性，记分办法是预先规定的。美国意义上的良好意向和比赛了无关系。

无论在哪种语言中，人们用来表达失去或赢得自尊的语境都有助于我们观照其人生观。在日本，"尊重自己"常常是说，本人是一个审慎的选手。这一点和英语不同。英语"自重"的意思是，有意识地服从为人处世的标准，不屈从，不撒谎，不作伪证等。日本人"自尊"的字面意思是"自重"，与其相反的意思是"自轻和自漂"。一个人说"你要自尊"时，其意思是："你应该仔细考虑一切

---

① 霍伊尔（Edmond Hoyle, 1672—1769），因将惠斯特（一种扑克游戏）规则系统化而闻名。

因素,不要做招惹批评的事情,也不要做减损你成功机会的事情。"日本人所谓"尊重自己",往往与美国人所指的行为截然相反。雇员说"我必须自重",其意思不是坚守自己的权利,而是不要对雇主讲话,以免自找麻烦。在政治用语中,"你应该自重"也是这样的意思;也就是说"有分量的人"必须谨慎,不能轻率地谈论"危险思想",那样就不"自重"了。它没有美国人说这句话的含义。美国人所谓"自重"的意思是:即使思想危险,他仍然要按照自己的观点和良心来思考问题。

"你必须自重",这是父母训诫青春期子女时挂在嘴边的一句话。其意思是,要讲礼貌,不要辜负别人的希望。如此,女孩子坐时不能乱动,双腿位置要妥当。男孩子要锻炼身体,要学会察言观色,"因为今天是决定你未来的重要时刻"。父亲对孩子说:"你的举动不像一个自重的人。"这是责备孩子不庄重,而不是责备他缺乏勇气,不能捍卫自己的权利。

无力还债的农民对债主说"我本来应该自重",这不是责备他自己懒惰,也不是在责备自己卑躬屈膝。其意思是,他本来应该未雨绸缪,考虑得更加周详。有身份的人说:"我的自尊心要求我这样做。"这并不意味着,他必须按照诚实、正直等原则办事,而是说,他办事必须充分考虑自家的门第,掂量自己的分量。

企业家谈到自己的公司时说"我们必须自重",意思是说必须加倍慎重,加倍小心。复仇者觉得必须复仇时,说的是"自重地复仇",其意思不是要"把炭火堆在仇敌的头上",也不是有意遵守什么道德原则。这相当于说"一定要完全彻底复仇"。换言之,其计划必须周密,要考虑一切因素。日语中的"加倍慎重"是最强烈的语气,意思是万分小心,无限谨慎,绝不匆忙下结论。它还意味着,必须权衡各种方法和手段,用力不多不少,恰好达到目的。

这一切"自重"的含义都符合日本人的人生观。他们认为,人生应该小心谨慎,要"按照'霍伊尔'的游戏规则行动"。经过如此界定以后,"自重"不允许失败者找借口,说自己用心良苦。任何举动都产生后果,不预估后果就不能行动。慷慨助人非常妥当,无可挑剔,但你必须预估到受助者是否会感到"背上了恩情债"。你必须要谨慎。批评人是允许的,但你必须准备承担因此而产生的怨恨。那位画家抱怨他曾经遭到美国传教士的嘲笑,其实传教士无意嘲笑,因为他的意图是好的,但他没有考虑那步棋的全部意义。那位日本少年认为,传教士的惊讶说明,他完全没有修养。

由此可见,把谨慎与自重完全等同,那就意味着,要细心观察他人行为里的一切暗示,还要有一种强烈的意识,知道他人要对自己进行评论。日本人说:"人要自重,因为有社会";"倘若没有社会,人何需自重"。这些极端的说法表明,自重出于外部的束缚,并没有考虑妥当行为的内在约束。像许多国家的俗话一样,这些说法未免夸张;有时,日本人觉得自己积累了罪孽,他们对愧疚的感觉和清教徒一样强烈。尽管如此,上述极端的说法仍然正确指明,日本人把重心放在哪里:他们强调的是羞耻,而不是罪孽。

人类学对各种文化进行研究,对不同的特点进行区分,强调羞耻的特点和强调罪孽的特点是一个重要的区分。如果灌输绝对的道德标准,倚重良心的培育,这种社会就可以定义为"罪感文化"(guilt culture)。不过,以美国为例,这种社会中的人也可能受羞耻感的困扰,一些不得体的、本无罪孽可言的言行也可能使他们责备自己。比如,衣着欠妥、口误都使人非常懊恼。与之相比,在以羞耻为主要约束力的文化中,人们因欠妥的行为感到羞愧。相反,在我们的文化里,我们因欠妥的行为而感到有罪。羞愧的感觉可能会非常强烈,以至使人不能解脱;它不像负罪感,负罪感是可以靠忏悔、赎罪解脱的。罪人可以靠坦白而减轻负罪感。坦白这种手段已用于世俗心理疗法,亦用于许多宗教,虽然这些宗教在其他方面很少有共同之处。我们知道,坦白可以使人解脱。但在以羞耻感为主要约束力的文化中,即使已当众认错,甚至已向神父忏悔,有错误的人也不会得到解脱。所以,只要不良行为没有暴露在社会上,他就不必于心不安,坦白忏悔反而是自找麻烦。因此,"耻感文化"(shame culture)不提供坦白忏悔的机会,连向上帝忏悔的机会也不给。故此,这些文化有祈福仪式,却没有赎罪仪式。

真正的耻感文化倚重外部的约束力来行善。相反,地道的罪感文化则倚重内化的罪感。羞耻是对别人批评的反应。人感到羞耻,那是因为他被公开讥笑、遭到排斥,或者他自己感觉被讥笑。不管是哪一种原因引起的,羞耻感都是一种强大的约束力。但是,羞耻感要求有外人在关注,至少要感觉到有外人在关注。罪恶感则不是这样。在"罪感文化"里,荣誉的含义就是达到为自己构想的目标;在这里,即使不当之举未被人察觉,他自己也会感到有罪,而坦白罪恶是可以得到解脱的。

早期移居美国的清教徒试图把一切道德置于罪感的基础上。所有精神病学者都知道,现代美国人也有良心的烦恼。然而在美国,羞耻感日益成为重负,而罪恶感已不像以前那样极端沉重了。美国人把这种现象说成是道德的松懈。这种解释虽然也很有道理,但这是因为我们不希望羞耻感承载道德的重担。我们也不用羞耻感伴生的恼恨去捆绑我们基本的道德体系。

相反,日本人用羞耻感捆绑了自己的道德体系。若不能遵循一望而知的善行标志,不能平衡各种义务,不能预见偶然的事态,那都是耻辱。他们说,知耻为德行之本。对羞耻敏感的人能践行一切美德的准则。"知耻之人"这句话有时译成"有德之人"(virtuous man),有时译成"重名誉之人"(man of honour)。羞耻在日本伦理中的权威地位与西方伦理中的"清白良心""笃信上帝""避免罪恶"的地位相等。其逻辑结论是,如此之人死后不会受惩罚。除了熟悉印度经典的僧侣,日本人不了解因果轮回报的再生观念。除了少数皈依基督教的信徒外,他们不承认死后的赏罚之分,或天堂地狱之说。

羞耻感在日本人的生活中很重要,正如一切看重羞耻的部落或民族一样,其意义在于,任何人都十分注意公众对自己的评价。只需想到别人的评价,他就能根据别人的评判来调整行动。人人遵守相同的游戏规则并相互帮助时,日本人就愉快而轻松地参与游戏。当他们感到自己在履行日本"使命"时,他们就会狂热地履行使命。当他们试图把自己的道德向外输出,由于其善行标准行不通,他们就特别脆弱。他们"亲善"的"大东亚"使命失败了。许多日本人因此而感到怨恨,他们不理解中国人和菲律宾人的态度,他们的怨恨是真实的。

有些到美国求学或经商的日本人,并不受民族主义驱使,他们试图在这个清规戒律不那么严格划定的社会里生活,常痛感过去接受的精心安排的教育"失败"了。他们觉得日本的美德无法顺利输出,他们想表达的意思并不是普世的规律,因为任何人面对跨文化的变化时都很困难。他们想说的远不止于此。与自己认识的中国人和暹罗人相比,日本人觉得自己适应美国生活比他们要困难得多。日本人认为,自己的特殊问题在于信赖成长过程中的安全感;他们相信,只要按规矩行事,别人就会看懂自己微妙细腻的行为举止。看到外国人不注意细微的礼节时,他们不知如何是好。他们寻找西方人生活中类似日本人的细微礼节,却往往找不到。为此,有人感到生气,有人感到害怕。

在其自传《我的狭岛祖国》①里,三岛女士非常出色地描写了这样的体验,因为美国文化的清规戒律少。她渴望到美国留学,并且说服了保守的家人,摒弃了"不愿受恩"的观念,接受了美国人的奖学金,进入了著名的卫斯理学院。她说,老师同学对她都特别亲近,但这使她更难适应。"我以完美的礼节自豪,这是日本人的共同特点,但我的自豪却受到了严重的伤害。我生闷气,不知道如何是好,周围的环境似乎在嘲笑我以往的训练。除了隐隐约约、深埋心底的闷气之外,心中别无其他感受。"她觉得,自己"似乎是外星掉下来的生物,原有的感觉和情绪在这里全都用不上。日本式的训练要求一切动作优雅,一切言辞合礼,这就使我在新环境中极为敏感,极为害羞,在社会交往中,我茫然不知所措"。过了两三年的时间,她才开始放松,接受别人的好意。她断定,美国人生活在她所谓的"精致的亲密感"中。但是,"我三岁的时候,亲密感就被当作不礼貌而扼杀了"。

三岛女士把她在美国结识的日本女孩子和中国女孩子做了比较。她的评述说明,美国的生活对两国姑娘的影响截然不同。中国姑娘"具有那种沉稳的风度和社交的能力,大多数日本姑娘

---

① Mishima, Sumie Seo, *My Narrow Isle*, 1941, p. 107.

罕有这样的品格。这些上流的中国姑娘似乎是世上最优雅的尤物,人人都具有皇家的威仪,仿佛她们就是这个世界的主人。她们无所畏惧,极度沉稳自信。在这个机械与速度的伟大文明中,她们没有丝毫不安,与日本女孩子形成强烈的对比。日本姑娘羞怯、过分敏感。这样的反差显示了她们社会背景的根本差异"。

和许多日本人一样,三岛女士感到,她犹如网球高手误入槌球锦标赛,她的专长毫无用武之地。她觉得,自己过去学到的东西不能迁移到新环境中。她过去的训练没有用处。美国人用不着那些东西。

一旦日本人接受了美国人不太烦琐的行为准则,即使濡染不深,他们也无法想象,自己还能回头去过那种条条框框众多的生活。有时,他们把过去的生活说成是"失去的乐园""挽具"或"牢笼",有时又说成是"盆栽的小树"。小松树的根囿于花盆时,它就是一件艺术品,为庭院增色;一旦被拔出来移植到地上,它就不可能再回到花盆了。日本人觉得,他们再也不能适应日本的庭院,点缀美景了,再也不能满足往昔的生活要求。他们最痛切地体会到日本人道德的两难困境。

第十一章　自我修养

经典名句

◆ 日本人自我修养的观念大致分为两类,一类培养能力,另一类则不仅培养能力,而且要求更高。这第二类修养,我称之为"圆熟"。

◆ 在任何文化里,道德规范的代代相传,不仅要靠语言,而且要靠长者对儿童的态度来完成。如果不研究其育儿方式,局外人就很难理解该文化生活中的重大问题。

《富岳三十六景・武州千住》

表面上看，一种文化的自我修养似乎对异域观察者无关紧要。修养方法本身一目了然，外来的观察者为何要自找麻烦去进行研究呢？然而请问，为什么有人愿意把自己吊在钩子上或气运丹田呢？为什么有人俭省到一文不花呢？为什么有人练一项苦行同时对其他的冲动不予控制呢？须知，局外人会认为，这些冲动至关重要，是需要克制的。如果观察者的同胞从未学过这样的修养方法，而他又突然置身非常重视这些修养的国度，产生误解的可能性就是很大的。

在美国，自我修炼的方法和传统不太发达。美国人认为，如果估计自己能达到预定的目标，他就会在必要时进行锻炼。是否锻炼则取决于他的理想或良心，或取决于维布伦所谓的"精益求精的本能"。为了踢好足球，他可以接受严酷的训练；为了成为音乐家或为取得事业上的成功，他可以放弃一切娱乐；由于良心向善，他可以弃绝邪恶和轻率。然而在美国，自我修养是一种技能训练，不像学算术，技能训练不能不考虑具体的应

索斯坦因·维布伦（Thorstein B. Veblen, 1857—1929），又译凡勃伦，美国经济学家和社会学家，制度学派创始人，著有《有闲阶级论》《企业论》等。

> 圣特丽萨（Saint Theresa, 1515—1582）或圣胡安（Saint John, 1542—1591），西班牙卡尔梅修道院的神秘主义者。

用。即使美国有人教这样的修炼，那也是某些欧洲宗教领袖或印度教牧师传授的修炼方法。基督教的圣特丽萨或圣胡安所传授及践行的冥想和祈祷式的那种修行，在美国已近乎绝迹了。

然而日本人却认为，无论是参加中学考试的少年，还是参加剑术比赛的人，或者仅仅是过贵族生活的人，除了学习应试或生活所需的特定技能之外，都需要自我修养。无论考试成绩多么好，剑术多么高超，无论其贵族礼仪如何周到，他都必须搁置书本、佩剑，尽量少露面，并进行特殊的训练。当然，并非所有的日本人都接受神秘的修炼。但即使不接受神秘修炼的日本人也承认，自我修养的主张和实践在生活中有一席之地。各阶级的日本人评判自己和他人时，都以一套自我修养的观念为标准，这些观念的根据是公认的自控能力和自治能力。

日本人自我修养的观念大致分为两类，一类培养能力，另一类则不仅培养能力，而且要求更高。这第二类修养，我称之为"圆熟"。日本人区别这两种修养，其目标不同，心理效果不同，原理也不同，靠不同的外部标志来识别。第一类修养即培养能力的自我修养，本书已有描述。比如，那位军官说，士兵一次演习长达60个小时，中间只有10分钟的小憩，"他们都知道怎样睡觉，他们需要训练的是如何不睡觉"。在我们看来，这种要求未免太极端，目的仅在于培养一种能力。他讲的是日本人普遍接受的精神驾驭术。换言之，意志驾驭肉体，肉体接受训练的潜力几乎无穷无尽，肉体健康本身无规律可循；为求精神训练，日本人可以忽视健康。日本人所谓的"情感"理论全都建立在这个设想之上。一遇人生大事，肉体的需要都必须服从；即使是身体健康之必需，即使是公认的、经过培养的身体需要，也都必须让位。总之，无论自律要付出多大的代价，一个人都应当发扬日本精神。

不过，如此表述日本人的立场或许对他们的假设有一点损害。因为，在美国日常用语中，"无论自律要付出多大的代价"意思往往是"不惜任何自我牺牲"。而且，它还有一层意思："不惜任何个人的挫折"。美国人关于纪律的理论是，自童年时代起，人人都要靠纪律来完成社会化，无论这纪律是外部强加的还是内在的良心稽查力投射的，无论是自己主动接受的还是权威强加的；纪律是社会化的需要。这是一种挫折。个人因其意愿受限而心怀嫉恨。他不得不做出牺牲，这难免会激起他内在的反抗情绪。这是许多美国心理学家的观点，也是世世代代的父母抚育孩子的理论依据。因此，心理学家的分析应用于我们的社会时，是很有道理的。孩子们到时候"必须"睡觉，他从双亲的态度看到，按时上床睡觉是一种自我压抑。在无数的家庭里，孩子每晚都要吵闹一番，表示不满。经过灌输，他小小年纪就知道人"必须"睡觉，无可奈何，却仍要反抗。母亲规定，一些东西是"必须"吃的，比如燕麦粥、菠菜、面包、橘子汁等，但孩子还是要反抗他"必须"吃的东西；他认定，凡是"对身体好"的东西都是不好吃的。这样的习惯不见于日本，也不见于一些欧洲国家，比如希腊。在美国，长大成人就意味着饮食习惯方面的解放，童年时代吃东西时遇到的挫折就不复存在了。成人就可以吃可口的食物，而不仅限于对身体有益的食物了。

然而,与西方人整个自我牺牲的观念相比,上述有关睡眠和食物的观念都微不足道。标准的西方信条是:父母为孩子付出很大的牺牲,妻子要为丈夫而牺牲自己的前程,丈夫为一家的生计而牺牲自己的自由。我们难以想象,一些社会竟然认为,自我牺牲是不必要的。然而,这样的社会的确是存在的。在这样的社会里,人们常说,父母天然会疼爱孩子,妇女们自然喜欢婚姻生活而不是其他生活,父亲为一家生计从事他喜爱的工作,比如狩猎或园艺。为什么要说自我牺牲呢?社会看重这样的解释,容许人们按这样的解释生活,于是,自我牺牲的概念就难以得到承认了。

这些被美国人当作为别人"牺牲"的事情,在有些文化里被视为互惠。它们可能是投入,将来有回报;也可能是对施惠者的回报。在这样的国家里,连父子关系也是互惠的。儿子年幼时,父亲百般呵护;父亲在晚年与身后得到儿子的回报。每一个商务关系都是民间契约,确保对等的关系,宛若商品对双方有束缚力一样。一方保护商品,另一方提供服务。这样的关系对双方都有利,谁也不把义务看成是"牺牲"。

在日本,推动为他人服务的力量当然也是相互的,性质对等,双方承担的责任也在相应的层次上互补。可见与美国相比,自我牺牲在日本的道德地位是迥然不同的。日本人对基督教传教士有关自我牺牲的说教总是特别反感。他们主张,有道德的人不应该认为,为别人服务对自己有什么妨碍。有个日本人对我说:"当我们做了你们所谓自我牺牲的事情时,我们觉得是自愿给予的,或者认为给予是对的。我们绝不会感到遗憾。不管我们实际上为别人而舍弃了多少东西,我们不认为这会提高我们的精神境界,也不觉得自己应该得到回报。"日本人以繁复细腻的相互义务来组织生活,自然不会觉得其中有什么"自我牺牲"。他们尽力履行极端的义务,由于传统的相互关系的约束力,他们不可能觉得顾影自怜或自以为是;相反,在个人主义比较强、竞争比较激烈的国家里,顾影自怜或自以为是的感觉是很容易产生的。

可见,如果美国人要想理解日本人自我修养的习俗,他们就必须对自己"自我训练"的概念施行一番外科手术,把围绕这个概念的"自我牺牲"和"压抑"等赘生物割掉。日本人靠自我修养而成为出色的运动员,其态度是,和桥牌训练一样,他不觉得有什么"牺牲"。当然,训练是严格的,但这是事物固有的本质。婴儿生而快乐,但不能"品味人生"。只有经过精神训练("自我修养")才能使生活充裕,获得"品味人生"的能力,"只有这样才能享受人生的乐趣"。自我修养使人气聚丹田(自制力之所在),使人生更加开阔。

日本人培养"能力"的自我修养就以此为理据,自我修养能改善人驾驭生活的能力。他们说,训练的初期,人难免急躁,但这种感觉不久就会消失,因为他终究会享受到其中的乐趣——除非他放弃训练。学徒专心致志学习手艺,少年练习"柔道",媳妇学习适应婆婆的要求。在训练的初期,由于不习惯新的要求,人想逃避训练,这是可以理解的。这时,父亲就可能说:"你希望得到什么?若要品味人生,你就必须训练;如果放弃训练,将来就不会快乐,这是自然而然的后果。如果这样的后果发生,人家难免议论纷纷,我也不会袒护你。"借用他们的说法,修养就是磨掉"身上的锈"。它会使人像利刃一样明亮。这当然是他们的希望所在。

日本人非常强调自我修养于己有利,但这并不意味着,他们的道德所要求的极端行为就不会使人沮丧;并不意味着,这样的挫折不导致攻击的冲动。在游戏和体育活动中，美国人理解这样的利弊之分。桥牌冠军绝不会抱怨为打好牌而作出的自我牺牲，绝不会把为此而花费的时间和精力说成是"失望"。尽管如此，医生们说，为大笔赌金或冠军而赛的选手必须全神贯注，这样的付出和他们的胃溃疡以及过度紧张并不是没有关联的。同样的症状也出现在日本人身上。不过，由于相互义务观念的约束力，由于他们相信修养于己有利，他们就容易接受许多在美国人看来难以支持的行为。与美国人相比，他们更加注意尽力而为，较少找借口为自己开脱，不会经常为生活中产生的不满去寻找替罪羊。没有达到美国人所谓的平均幸福指数时，他们不会经常顾影自怜。通过自我修养，他们比美国人更加注意防止"身上的锈"。

"圆熟"是比"能力"更高的自我修养境界。日本人论述过这类修养的技巧，西方人不容易读懂这些著作；另一方面，研究这个专题的西方学者又往往漫不经心，有时竟称之为"怪癖"。一位法国学者甚至称其为"有悖常识"。他认为，最讲究修行的教派禅宗是"全盘庄重的谬论"。然而，日本人这种修行的宗旨并不是深不可测。对这个问题的探讨有助于阐明日本人的精神驾驭术。

日语中有一系列词汇表达自我修养达到"圆熟"的精神境界。这些词汇有些用于演员、教徒，有些则用于习剑者、讲演人，亦有些用于艺术家、茶道师。它们一般都有同样的含义。我仅举其中的一个词："无我"。这是禅宗用语，在上流阶层中很流行。其状态是，意志与行动之间"毫无断裂，间不容发"，世俗经验、宗教体验，均是如此，犹如电流从阳极直达阴极。在未进入这一状态的人身上，意志与行动之间仿佛有一块绝缘板。日本人把这个障碍称作"旁观的自我""搅扰的自我"。特别训练能消除这一障碍，如此,"我正在做什么"的感觉就不复存在,宛若电流,无拘无束。这是无须费力的境界,融入"专一"(one-pointedness),行为完美地再现了心中描绘的形象。

在日本,极普通的人也努力达到这种"圆熟"的境界。英国的佛学权威查尔斯·艾略特(Charles Eliot)爵士谈及一位女学生时说:

> 她造访东京一位著名的传教士,说她想改宗基督教。问她有何理由时,其回答是,想乘飞机。让她解释飞机与基督教有何联系时,她回答道,听说坐飞机要非常镇静,心绪井然,唯有宗教训练才能使人达到这一境界。她认为,基督教大概是最好的宗教,因此就前来求教。①

日本人不仅把基督教和乘飞机联系起来,而且还把"镇静、井然的心绪"与应考、讲演、政治生涯联系起来。在他们看来,培养专心致志、融入"专一"的精神境界于己有利,几乎适用于任何事情,而且是毫无疑问的。

许多不同的文明都练就了这种修养技巧,但日本人训练的目标与技巧显然具有显著的特点。由于日本的很多修养术来自印度瑜伽,其特点就更加饶有趣味。至今,日本的自我催眠、全神贯注及感官控制技巧仍然显示出与印度修行术的亲缘关系。日本人同样重视"空灵""体静",重视无数次诵念同一句话,强调全神贯注于选定的符号。在此,连印度人的术语也有迹可循。不过,除了这些信仰"骨架"的相似之外,日本版的修养术与印度几乎没

---

① Eliot, Sir Charles, *Japanese Buddhism*, p. 286.

有共同之处。

印度的瑜伽派是一个强调极端苦行的教派,是免于轮回、获得解脱之道。除了这种解脱("涅槃"),别无解救之道。解救的障碍是人欲。灭除人欲只有靠饥饿、受辱和苦行。借此,人可以超凡入圣,获得灵性,神人合一。瑜伽修行是一种弃绝肉欲世界、脱离无边苦海之道,又是掌握灵性能力之道。越是修炼极端的苦行,就越能迅速抵达修行的目标。

瑜伽哲学在日本是另类。尽管日本是佛教大国,但转世和涅槃的思想从未成为日本人佛教信仰的一部分。有些僧人接受了这些教义,但它们未能对民间的思想和习俗产生影响。不准杀生因为鸟兽鱼虫被看作是人的转世的思想,不见于日本;这里的生死仪式也不受转世思想的影响。转世不是日本的思想模式,涅槃的思想也不是,一般民众没有这种思想;经过僧人的加工,涅槃的思想也荡然无存了。修佛的学者断言,顿"悟"之人即已涅槃;涅槃就在此时此地,松树和野鸟中都能"见涅槃"。日本人对死后世界的空想从来不感兴趣。他们的神话有神灵的故事,但没有身后的故事。连身后受因果报应的思想,他们也拒不接受。无论何人,连最卑微的农民,死后都能成佛。家里神龛中的祖宗灵牌都称为"佛"。如此"滥用""佛"字的国家仅此一个。一般死者都可以称为"佛",既然如此大胆,那就可以理解,他们不会去构想涅槃之类的艰难目标。既然人人都能成佛,那就无须终生苦行以达到绝对寂灭的涅槃之境了。

同样,灵肉不相容的说教在日本也是另类。瑜伽修行是灭除欲望的方法,而欲望又寓于肉体之中。日本人没有灵肉不相容的教义。他们认为,情感并非恶魔,感官享受是生活智慧的一部分,唯一条件是：感官享受为人生重大的义务做出牺牲。在对待瑜伽修行方面，日本人把这一信条推上逻辑的极端：他们不仅灭除一切自虐性苦行，而且日本的瑜伽连禁欲的教派也够不上。其"悟者"表面上隐居山林，实则娶妻生子，生活安逸。娶妻育子与超凡入圣没有一丝矛盾。在最流行的佛教宗派里，僧人完全可以娶妻生子。自古以来，日本人就难以接受灵肉不相容的说教。顿"悟"入圣的境界就寓于自我修行的冥想和生活的质朴中，修行者不必身着破衣烂衫，自然美景可以欣赏，弦歌之妙可以享受。日本的圣徒可以赋诗、品茗、赏明月、观樱花，打发时光。禅宗甚至指示信徒避免"三不足"：衣不足、食不足和睡不足。

瑜伽哲学的神秘主义信条与日本人的观念也格格不入。瑜伽传授神秘主义的修行，认为可以把修行者导入天人合一的极乐境界。世上的神秘主义修行种类不少；原始民族、伊斯兰教苦修者、印度瑜伽师、中世纪的基督徒都有神秘主义修行，其信仰各异、教义不同，然而他们都一致认为，修行者可以"超凡入圣"，都可以体验到"人世所无"的极乐。日本有神秘主义的修行法，却不搞神秘主义。这并不是说，他们无法入定，不能达到入定之境，但他们把这种境界视为训练"专一"的方法，而不将其描绘为"极乐"之境。其他国家的神秘主义者称，入定时五官停止活动。日本的禅宗师徒却不赞同这一宣示；他们说，入定会使"六官"进入异常敏锐的状态。第六感官寓于头脑中，训练可以使第六感官支配平常的五种感官。不过，味觉、触觉、视觉、嗅觉和听觉在入定时要接受特殊的训练。群修禅宗（group zen）的一项练习是要感知无声的足音，旨在准确地跟踪无声的足迹，或能在入定中辨识诱人的美味。嗅、视、听、触、味的功能都是"辅助第六感官"，人要在入定中学会使"诸官皆敏"。

在任何超感官体验的宗教中,这种"六官皆修"都是非同寻常的训练。即使在入定状态,修禅者也不想超脱于自身以外,而是像尼采对古代希腊人的描述,"保留原样,保留原名"。日本诸多大法师对这种见解做了大量生动的阐述,尤为精彩者是高僧道元。他于13世纪开创的曹洞宗,至今仍然是禅宗规模最大、影响最盛的教派。他谈到自己顿悟时说:"我只知道眼睛横在鼻梁之上……(在禅的体验中)并无神秘。犹如时间自然流逝,日出于东,月沉于西。"①禅学著作也不承认,除了培养自我修习的能力以外,"入定"还赋予人其他的能力。一位日本佛学家写道:"瑜伽派声称,通过冥想可以获得超自然力,禅宗不主张这种荒谬的说法。"②

道元(1200—1253),日本高僧,留学中国,将曹洞宗传入日本。曹洞宗,禅宗五家之一,中国唐朝时由良介及其弟子在江西洞山和曹山创立,13世纪由僧人道元传入日本,成为日本禅宗最大支派。

如此,日本人完全抹杀以印度瑜伽为基础的各种观点。日本人酷爱对事物进行限定,使人联想到古希腊人。日本人把瑜伽修行理解为自我修养以求自我完善的方法,旨在达到"圆熟"的境界,使人与其行为之间"毫无断裂,间不容发"。这是讲求效率的训练,是自立自足的训练。其回报就在此时此地,它使人能有效地应付任何环境,用力不多不少,恰到好处;它能使人控制游走不

---

① Nukariya, Kaiten, *The Religion of the Samurai*, London, 1913, p. 197.
② *Ibid.*, p. 194.

羁的自我,外来的危险或内心的激情都不会使他自乱阵脚。

当然,这种训练对僧人有用,对武士亦有用。实际上,武士把禅宗当作自己的信仰。日本人用神秘主义的修行法来训练武士徒手搏击,而不是靠它来求得神秘的体验,在其他任何地方都很难发现这样的现象。在日本,自禅宗产生影响之日起,情况一直如此。12世纪,日本禅宗的开山祖荣西的巨著就取名《兴禅护国论》。再者,禅宗还训练武士、政治家、剑术家和大学生,使之达到相当世俗的目标。正如查尔斯·艾略特爵士所言,在中国的禅宗史上,没有丝毫迹象表明,有朝一日,禅宗竟然会成为日本人军事训练的手段。他说:"与茶道和能乐一样,禅宗完全日本化了。或许,人们可能想到,在12世纪、13世纪的动乱年代里,这种主张从内心直接体验,而不是从佛典中寻求真理的冥想和神秘的教义,能在逃避尘世风暴的僧院中流行。他们怎么也不会想到,它竟成了武士阶级欣然接受的生活准则。然而,实际情况就是这样。"①

荣西禅师

荣西(1141—1215),日本临济宗创始人,1168年和1187年两度到中国求法,得《天台章疏》等赴京回国,后在日本建圣福寺,为日本禅寺之始;融天台、真言、禅三宗,形成日本临济宗,著有《兴禅护国论》《契茶养生记》《出家大纲》等。

日本的许多教派,包括佛教和道教都特别强调冥想、自我催眠和入定的神秘修行方法。其中有些教派把这种训练的成果看成是上帝的恩宠,其哲学基础是"他

---

① Eliot, Sir Charles, *Japanese Buddhism*, p.186.

助",即依靠仁慈的神祇。相反,有些教派则主张依靠"自助",如此主张,以禅宗为最。其教义是,潜力只存在于自己内部,只有靠自己的努力才能增强。日本武士发现这种教义符合自己的性格。无论侍佛、从政、施教,武士都以修禅来加强素朴的个人主义。禅宗的教义极为明确:"禅所求者,唯在己身可发现之光明,不容许任何阻碍。除尔途中一切孽障……遇佛杀佛,逢祖灭祖,遇圣剿圣。唯此一途,可以得救。"①

《七十一番职人歌合》(局部) 日本茶道

求真的修禅者不能接受任何第二手的东西,佛陀教导、经典、神学均不能接受。"'三乘十二因缘经'均为废纸。"研究经典虽不能说毫无益处,却无法使自心灵光一闪,而唯有这灵光一闪才能使人顿悟。在一本禅语

> 三乘十二因缘经,佛教修持及三世轮回的基本理论。"三乘",即三种修持途径,含大乘(菩萨乘)、中乘(缘觉乘)、小乘(声闻乘)。十二因缘,又称十二缘起,含无明、行、识、名色、六入、触、受、爱、取、有、生、老死等十二个前后相续、周流不停的部分。

---

① Quoted by E. Steinilber-Oberlin, *The Buddhist Sects of Japan*, London, 1938, p. 143.

对答的书中记载,弟子求禅师讲《法华经》。禅师讲得很好,弟子却失望地说:"原来如此,原以为禅师蔑视经典、理论和逻辑体系。"禅师回答说:"禅非一无所知,只是相信真知在一切经典、文献之外。汝非来求知,仅来问经耳。"[1]

禅师所教授的传统训练,意在使弟子知道如何求"知"。训练既有肉体的,也有精神的,但无论哪一种,最后都必须在内心意识中得到验证。剑术家的修禅即为范例。当然,他必须经常练习基本的技击,但这只属于"能力"范围,他还必须学会"无我"。最初,他站在平地,全神贯注于脚下那方寸之地。这块方寸之地逐渐升高,直到他站在4英尺高的柱上时,却宛若置身宽广的庭院。他站在桩上,十分安稳,得了"真知"。他再不会心猿意马,不再眩晕,不再害怕摔到地下了。

日本人的站桩源自西欧中世纪圣西蒙派的高柱修士,经过了一番改造,其目的是自我训练,却不再是苦行。无论是禅师的修行或乡下人的自我训练,各种身体锻炼都经过了这样的改造。在世界上许多地方,潜入冰水、站在瀑布下都是标准的苦行。有的是为锻炼身体,有的是为求神怜悯,有的是求入定。日本人喜好的耐寒训练,是在黎明前站在或坐在冰凉刺骨的瀑布之中,或者在冬夜用冷水淋身三次,其目的是锻炼自己,直到不觉痛苦。训练的目的是不受干扰,坚持冥想。冷水引起的应激反应不再难受,寒夜中发抖的身体不再是苦行,这些不再稽留在他的意识中。如此,他就达到"圆熟"的境界。除此之外,别无回报。

同样,精神训练也必须自我超越。弟子可以请教师傅,但师

---

[1] *Ibid.*, p. 175.

傅不会给弟子西方意义上的"教导",因为弟子从身外学到的任何东西都不可能有重要意义。师傅可以和弟子讨论,却不会以温和的方式引导弟子,使之达到新的智慧境界。师傅越粗暴,弟子认为自己得到的帮助越大。师傅可能突然敲掉弟子嘴边的茶杯,或者把弟子摔倒,或者用铜如意敲打弟子的指关节;猝不及防之间,弟子仿佛受到电击,猛然顿悟。这样的震撼打掉了他的自满。禅书里有很多这样的故事。

　　为了使弟子努力开悟,禅师最爱用的一种方法是"公案",字面的意思就是"问题",据说有1700个。禅师逸话中说,有人为解决一件公案竟费时7年之久,这样的故事不足为奇。"公案"并不求得合理的答案。比如:"试想孤掌拍响",或者"体会投胎前对母亲的渴望""谁在背负你无生命的身体?""朝我走来者是何人?""万物归一,一又何归?"等。12世纪、13世纪以前,中国人曾用这样的禅问修行。日本人引进禅宗时引进了这种修行的方法。在中国,公案修行已无迹可循。然而在日本,它却成了达到"圆熟"境界的最重要的训练手段。禅的入门书非常重视公案。"公案使人铭记人生的困境。"他们说,纠缠于公案的人就像"被赶入绝境的老鼠",宛若"想吞热铁球"的人,或"想叮铁块的蚊子"。他忘乎所以,加倍努力。最后,横在他的心灵与问题之间的那道"旁观的自我"的屏障轰然坍塌,犹如一道闪电,心与公案融合为一,他就顿"悟"了。

　　读过这些让人绞尽脑汁的文字以后,再到公案书中去求真,定会兴味索然。例如,南岳花了8年时间思索"朝

> 南岳,禅宗六祖慧能的法嗣。

我走来者是何人"并最后顿悟。他的结论是:"即使肯定此地有一物,旋即全然失之矣。"不过,禅悟有个普适的套路,可从以下问答中略窥其妙:

僧问:"我如何避免生死轮回?"

师答:"谁束缚了你?(谁将你绑在轮回之上?)"

他们之所学,借用中国一句著名的成语就是"骑牛找牛"。他们认识到,"所需者并非渔网和陷阱,乃是其捕捉的鱼和兽"。借用西方的术语来说,两难困境的两极皆与题无关。他们还认识到,只要打开心眼,现存手段即可达到目标。一切都有可能,无须借助外力,只需反求诸己。

公案之意义不在求真者发现的真理,这是世间一切神秘主义者所追求的;公案的重要意义在于日本人构想求真的方式。

公案被称作"敲门砖"。"门"就装在未开悟的人性周围的墙壁上;未开悟前,人总是担心,现存手段是否够用,总是幻想,众目睽睽,或褒或贬。这堵墙就是日本人觉得的确存在"羞耻"。一旦用砖把门砸开,人就能自由呼吸,砖就被弃之不用,人就不必再去求解公案。功课修完了,道德困境随即消解。他们拼命摆脱困境时,因"为了修行"而变成"咬铁牛的蚊子"。最后恍然大悟,根本没有两难。"义

禅僧雪舟之《秋冬山水图·冬景》

务"与"情义"、"情义"与"情感"、"正义"与"情义"之间,都不存在绝境。他们发现了一条出路,获得了自由,从此能充分"品味"人生。他们达到了"无我"之境,达到了人生"修养"的"圆熟"目标。

禅学泰斗铃木大拙把"无我"解释为"无为意识的三昧境界":"不着力、无用心"①,"旁观的自我"被灭,人"失去自身"。换言之,人不再是自身行为的旁观者。他认为,"意识一旦觉醒,意志就裂变为二:行为者和旁观者,两者必然冲突。因为,'行为的自我'想要摆脱'观察的自我'的约束"。一旦"开悟",弟子豁然开朗,原来既无"观察的自我",也无"知量的或不可知量的灵体"。② 只有目标及实现目标的行为,其余一切均不存在。研究人类行为的学者不妨将这一表述略加变通,用以专指日本文化的特性。人在童年时就受到严格的训练去观察自己的行为,并根据他人的议论评判自己的行为;他那"旁观的自我"极为脆弱。为了灵魂上升到三昧的境界,他就灭除脆弱的自我。他不再觉得,"自己在有所为"。如此,他就觉得自己的心性修养业已成功,犹如习剑者站在高桩上而无所畏惧一样。

同理,画家、诗人、演说家及武士都如此修炼,以求达到"无我"之境。他们求得的并非"无限",而是对有限美的感受,明晰的、不受干扰的感受;或者是通过手段和目标的调节达到既定的目标,且用力恰到好处,"不多亦不少"。

即使没有受过任何训练的人也可能有"无我"的体验。欣赏

---

① Suzuki, Professor Daisetz Teitaro, *Essays in Zen Buddhism*, vol. 3, p. 318 (kyoto,1927,1933,1934).

② Quoted by Sir Charles Eliot, *Japanese Buddhism*, p. 401.

能乐和歌舞伎时,人可能因忘情而失去自我,也可以说他失去了"旁观的自我"。他手心出汗,感到这是"无我之汗"。轰炸机飞行员逼近目标、投弹之前也会渗出"无我之汗"。"他已经意识不到,自己正在做什么",在他的显意识中,"旁观的自我"不复存在。高射炮手全神贯注瞄准敌机时,周围的世界荡然无存,他同样会出"无我之汗",其"旁观的自我"已被灭除。这就是说,在上述情况下,人进入了最佳状态。

上述观念充分证明,日本人把自我监察当作沉重的压力。他们说,只有这种约束不复存在,他们才能获得自由和效率。美国人把所谓"旁观的自我"与内心的理性原则画等号,于是以临危不惧、"头脑清醒"而自豪。相反,日本人力求进入三昧之境,忘掉自我监察的束缚;唯有如此,方能卸掉套在颈上的石磨。我们看到,日本文化反复向心灵深处灌输谨小慎微的理念;他们宣告,一旦卸掉心理重荷,人的意识就进入更加有效的层次。

日本人表达这种信条有一种最极端的方式,那就是高度赞赏"像已死者那样生活"(one who lives as already dead),至少西方人觉得他们是在这样说。如果照字面翻译,"像已死者那样生活"就是"行尸走肉"(the living corpse)。但在西方的任何语言中,"行尸走肉"都令人毛骨悚然。我们讲到这句话时,意思是说,某人的自我已然死亡,徒留一具躯体在世。相反,日本人讲"像已死者那样生活"时,其意思是,某人已达到了"圆熟"之境。他们常把这句话用于日常的劝勉和鼓励。在鼓励因中学毕业考试而苦恼的少年时,他们会说:"就当你已经死了,这样就容易通过。"鼓励正在洽谈重要商务的人也这样说:"就当死了,干下去。"陷入严重的心理危机,看不到一线希望时,人也常以"就当已死"的决心去生活。战败后进入贵族院的基督教领袖贺川在其自传体小说中说:"就像被魔鬼缠身一样,他每天躲在自己房间里哭泣。他那阵发性的抽泣已接近歇斯底里。苦痛持续了一个半月,但生命终于获胜……他要此生带上死的力量活下去,不惧冲突……他决心成为基督徒。"[1]战争期间,日本军人喜欢说:"我决心像已死者那样生活,以报答皇恩。"这句话适用于一系列的情况:出征前为自己举行葬礼,发誓化作泥土,"葬身硫黄岛",决心"像缅甸的落英一样战死"等。

以"无我"为根基的哲学也支撑着"像已死者那样生活"的态度。一进入这种状态,人就灭除了一切自我监察,灭除了一切恐惧和谨慎。他宛若亡者,再无须思虑恰当的行为。死者不用再报"恩",他们自由了。因此,"我要像已死者那样生活",这句话的意思是,人终于彻底解脱,不再面对生的冲突。换言之,"我的精力和注意力直接奔向既定的目标。'旁观的自我'及伴生的恐惧均已被卸载,不再横亘于我和目标之间。曾经烦扰我的紧张和沮丧也随之消失。现在,一切皆有可能了"。

换用西方人的说法,日本人在"无我"及"就当已死"的训练中灭除了良心。他们所谓的"旁观的自我"与"搅扰的自我"是评判自己行为的监察。这生动地指明了西方人与东方人的心理差异。我们说某个美国人没有良心(conscienceless)时,我们的意思是,他做错事,没有罪恶感。相反,日本人说某人没有良心时,其意思是,此人不再紧张、心里没有干扰。同样说"没有良心",美国指的是坏人;日本则指好人、有修养的人、能最大限度地发挥其能力的

---

[1] Kagawa, Toyohiko, *Before the Dawn*, p. 240.

人,是指能够完成最困难的工作、最无私奉献的人。推动美国人向善的约束力是罪恶感,如果他的良心麻痹,他就失去罪恶感,就变成反社会的人。日本人对这个问题的分析则不同。按照他们的哲学,人的心灵深处存在着善,如果心灵深处善的冲动能直接表现为行动,他就品行优良,轻松自如。因此,他想努力修行,以求"圆熟",灭除自我监察的"羞耻感"。只有达到这种境界,第六感官的障碍才能消除,这是摆脱自我意识和内心冲突的至上之境。

如果将日本人的自我训练与其个人生活经验割裂开来看,其自我修养的主张就会成为不解之谜。如前文所述,他们把"羞耻感"归之于"旁观的自我","羞耻感"是他们的沉重包袱。然而,如果不描绘日本人的育儿方式,他们的精神驾驭术究竟有何哲理、意义何在,就始终是朦朦胧胧的。在任何文化里,道德规范的代代相传,不仅要靠语言,而且要靠长者对儿童的态度来完成。如果不研究其育儿方式,局外人就很难理解该文化生活中的重大问题。至此,我们在成人的层次上描述了日本民族对人生的各种设想。其育儿方式将使我们对这一课题有更清楚的了解。

第十二章　儿童的学习

经典名句

◆ 日本人的人生曲线与美国人的人生曲线正好相反。他们的人生曲线是一条深凹的 U 形曲线，婴儿和老人享有最大限度的自由，最受纵容。

◆ 如今，从西方的意义上说，日本人已经"放下刀"；但在日本人的意义上，他们仍将始终不渝地关注心中那把刀，使之不生锈。用他们的话说，刀是象征；在更加自由和平的世界里，他们仍然可以在心里想着那把不生锈的刀。

《富岳三十六景·相州海泽左》

日本人的育儿方式是西方人难以设想的。诚然,美国父母也训练孩子准备适应生活的挑战,但美国人不像日本人那样谨小慎微、清心寡欲,而且,美国孩子很小就知道,自己的小小愿望并不是世上至高无上之必需。我们规定孩子的喂养时间和睡眠时间。时间未到之前,不管他如何哭闹也得让他等。稍后,当他吸吮手指、用手触摸身体的其他部位时,母亲就会敲打他的手去禁止。母亲常常不在孩子身边,而且当她外出时,孩子必须留在家里。当婴儿依恋妈妈哺乳、不喜欢吃其他食物时,妈妈也迫使其断奶。如果是人工喂养,则不给婴儿奶瓶。有些食物对身体有益,孩子就必须吃。如果不按规矩吃,就要受惩罚。美国人认为很自然的规矩,在日本就成了加倍严格的训练。日本幼儿就像加工完善的产品,他必须克制自己的欲望,小心谨慎地遵守严格的道德准则。

然而,日本人的育儿路子与我们大异其趣。日本人的人生曲线与美国人的人生曲线正好相反。他们的人生曲线是一条深凹的 U 形曲线,婴儿和老人享有最大限度的自由,最受纵容。幼儿期过后,约束逐渐增加,直到结婚前后;此时,个人自由度降至低谷。这条低谷线贯穿壮年期,以后就逐渐爬高,直到 60 岁;此后,老人就好像幼儿,几乎不为羞耻所累了。在美国,我们这条人生曲线是倒过来的：幼儿养育强调纪律，随着孩子的成长，要求逐渐放松，直至他长大成人，自谋生活，成家立业。在美国，成年期是自由度和主动性的鼎盛期。此后，随着年龄的增长，精力日益衰退，依附性加重，受到的约束加大。日本人那种人生模式，美国人是难以想象的，它似乎与现实背道而驰。

然而实际上，美国人和日本人的人生曲线都确保了成年期的人生特点：积极参与本民族的文化生活。为此目的，我们美国人依靠增加成年期的个人选择自由。日本人的情况相反，他在成年期最大限度地约束个人。这时的他体力最旺盛、谋生能力最强，却不能主宰自己的生活。他坚信，约束是最好的精神训练，自由不能产生那样的效果。日本人在最活跃、最有创造性的成年期受到最大的约束，但绝不意味着整个人生期受约束。在日本，幼年和老年则是人生"自由的区间"。

对孩子娇惯的国民都非常希望生养孩子。日本人正是这样。首先，他们像美国父母一样爱孩子，因为呵护孩子给人以乐趣。不过，日本人希望有孩子还有其他的原因——在美国不那么有分量的原因。他们之所以需要孩子，不仅是为了获得情感上的满足。如果没有延续香火、传宗接代，那就是人生的失败。每个日本男子都一定要有儿子。他去世后，他的儿子要在家里的神龛上供奉他，在他的微型墓石前祭拜他。他需要儿子传宗接代，光耀门庭，维护家财。由于传统的社会原因，父亲需要儿子，几乎就跟幼儿需要父亲一样。儿子将来总要取代父亲，但这并不等于撇开父亲，而是为了让父亲老有保障。在若干年内，父亲仍然是"家务"的托管人，以后才由儿子接班。如果父亲不能把家务的重担交给儿子，他的人生角色就失败了。这种根深蒂固的香火意识防止成年的儿子对父亲的依赖。虽然倚重父亲的时间比西方长得多,但儿子不会因此而感到羞愧和受辱。在西方,长期依靠父亲的儿子会感到羞愧和受辱。

同理,妇女需要儿子也不仅是为了感情上的满足;另一个原因是,只有生了儿子,她才有地位。不能生育的妻子在家里的地位很不稳定;即使不被遗弃,她也不能指望能当上婆婆,对儿子的婚姻和儿媳行使权力。为了延续香火,她的丈夫可能会领一个养子;按照日本人的观念,不能生育的妻子仍然是个失败者。社会期望妇女多生孩子。20世纪30年代前半期,日本人口平均出生率是3.17%,甚至比东欧多子女的国家还要高。美国1940年的出生率是1.76%。日本妇女生孩子的年龄很早,多数妇女19岁就生孩子。

在日本,分娩与房事一样隐秘。产妇阵痛时不能大声叫喊,以免让人知道。母亲要提前给婴儿准备新被褥和小床,因为新生儿不睡新床不吉利。贫苦的家庭买不起新床,只好把被料和棉花洗净,聊作"新"被。小被褥也不像大人的被褥那样板硬,而是很轻。据说婴儿在自己的小床上睡得更舒服。不过,他们觉得这是一种"感应巫术",即新生儿必须睡"新"床。小床尽量靠近妈妈的睡床,但妈妈不抱婴儿睡,据说等婴儿满一周岁、主动要求妈妈抱时,妈妈才搂着睡。

婴儿出生后的头三天,妈妈是不喂奶的,这是要等待产妇出奶。三天后,婴儿可以在任何时候衔妈妈奶头,或吃奶,或玩耍。妈妈也喜欢给孩子喂奶。日本人相信,哺乳是女人最大的生理快感之一,婴儿也分享妈妈的乐趣。乳房不仅供给营养,而且提供喜悦和快乐。头一个月,婴儿不是在小床上睡觉,就是躺在妈妈怀里。30天后,妈妈抱婴儿去参拜当地神社,借以让婴儿的生命扎根。此后,妈妈才能带其自由外出。满月后的婴儿由妈妈背在背上。背带系在孩子的腋下和臀部,绕过妈妈肩头,在腰前打一个结。天气冷时,妈妈用自己的棉衣裹住孩子。稍大的孩子无论男女都背婴儿,连玩垒球、跳房子时也背着婴儿奔跑。农家和贫困家庭尤其依靠大孩子照看婴幼儿。"由于生活在人群中,日本婴儿很快就显得聪明伶俐,逗人喜爱;在大孩子的背上时,他们似乎也在与大孩子一道玩游戏。"[1]日本婴儿四肢伸开被绑在背上,太平洋诸岛及其他地方流行用披肩裹婴儿,两者颇为相似。这种育婴方式容易诱发婴幼儿的被动性。如此成长的人很会睡,不择地点、不拘姿势。日本人正是这样的。但是,日本人用带子背婴儿养成被动性的趋势不如用披肩包裹婴儿那样严重。婴儿"趴在妈妈背上,像小猫一样抓得很紧……背带足以保证他的安全,但婴儿……还是靠自己的努力求得最舒服的姿势;很快,他就学会了随遇而安的技巧,他不再是绑在妈妈背上的一团包袱了"[2]。

妈妈做家务时把婴儿放在小床上,上街时把婴儿背在背上。妈妈对婴儿说话,哼小曲,让其学习礼貌动作。妈妈让婴儿跟着她给别人还礼,她晃动婴儿的头和肩,表示鞠躬。总之,妈妈注重礼节,总是考虑到如何培养婴儿。每天下午,妈妈与婴儿一道洗浴,让孩子坐在自己膝头上玩。

三四个月以前,婴儿要系上尿布,尿布又重又粗糙。日本人常抱怨说,他们的罗圈腿与尿布有关系。过了三四个月,妈妈就

---

[1] Bacon, Alice Mabel, *Japanese Women and Girls*, p.6.
[2] *Op. cit.*, p.10.

培养婴儿大小便的习惯:估量好时间,把婴儿带到户外,用手托着婴儿的身子,用单调的低音吹口哨,等孩子便溺。孩子也能听懂这一口哨的目的。众所周知,日本的婴儿像中国婴儿一样,很早就学会了大小便。婴儿尿床时,有些母亲拧小孩的屁股,但一般都只是变换一下说话的语气,更频繁地把难以训练的婴儿带到户外。拉不出大便时就给婴儿灌肠,或给其服泻药。母亲说这样是为了让婴儿舒服些。学会大小便以后,婴儿就不必再系不舒服的尿布了。婴儿肯定觉得尿布不舒服,不仅因为尿布笨重,而且因为尿湿以后也不及时更换,母亲没有这样的习惯。但婴儿太小,不懂得学会大小便与不系尿布之间的联系,只是能感觉到每天必须系尿布,妈妈要坚持。训练婴儿大小便时,妈妈要让孩子尽量离开她的身子,却又紧紧抱着。这种无情的训练有助于婴儿的成长,有助于日本人成年后接受日本文化里更加难以名状的强制性。[1]

　　日本的婴儿通常是先会讲话,后会走路。爬是从来不受鼓励的。传统的习惯是,婴儿不满周岁是不允许站立,不允许走路的。从前,母亲不准婴儿一岁前学走路。最近一二十年来,政府以低价大量发行《母亲杂志》,传授育儿法,鼓励婴儿早一些学习走路;如此,一岁前学走路才逐渐普及开来。母亲在婴儿腋下系根带子,或者用手扶着婴儿,让其蹒跚学步。但婴儿学说话似乎比以前早一些。婴儿开始学话时只会说一个单词,大人喜欢把婴儿的

---

[1] 杰弗里·戈雷尔(Geoffrey Gorer)也强调了日本人对婴儿排便进行训练的重要性,见 *Themes in Japanese Culture*, Transactions of the New York Academy of Science, vol. 5, pp. 106-124, 1943。

话串起来,逗婴儿说话,使之快乐,这样的"婴儿语"就变成有意的传授了。他们不是让婴儿靠偶然的模仿学话,而是有意识地教单词、语法和敬语,婴儿和大人都喜欢这样的游戏。

孩子学会走路后,就可能淘气。他们可能会用手指捅破窗户纸,甚至可能掉到屋中间的火炉里。大人不满意孩子淘气,于是就夸大室内的危险,说踩门槛是"危险"的,完全是禁忌。日本人的房子没有地下室,是靠梁柱架在地面上的。大人相信,连小孩踩门槛,也可能使整个房屋变形。不仅如此,孩子们要知道,榻榻米的接缝处既不能踩,也不能坐。榻榻米的尺寸已标准化,房间按其数量命名:"三席室"或"十二席室"。父母常讲这样的故事:古代的武士藏在地底下,在铺席连接处用剑把人刺死;只有厚实而柔软的铺席才安全,铺席的接缝处则很危险。母亲把这样的感觉变成随时随地的谆谆告诫:"危险""不好"。第三个常用的告诫词是"脏"。日本家庭的整洁是出了名的,儿童自动接受的告诫就是重视整洁。

在下一个孩子出生以前,多数婴儿都不断奶。近年,政府在《母亲杂志》上提倡婴儿最好在八个月时断奶。中产阶级的母亲常照此实行,但这一主张远未成为普遍的习惯。日本人觉得,哺乳是母亲的乐趣。但在接受缩短哺乳期习惯的圈子里,人们认为,那是母亲为孩子的幸福而做出的牺牲。他们接受新的断言——"长期吃奶的孩子身体弱",并且批评不让孩子及早断奶的母亲,说那是母亲的自我放纵。他们说:"她说没办法给孩子断奶,那是她不准备断奶,是她自己想继续喂奶,她得到的好处更多。"由于这种态度,八个月断奶难以普及,就完全可以理解了。断奶晚还有一个实际的原因。日本人没有给刚断奶的婴儿提供特别食品的传统。如果断奶早,本应喂以米汤或稀粥,但一般情况下,婴儿从吃母奶直接就转为吃普通的成人食品。日本人的饮食里不包括牛奶,他们也不为婴儿准备特别的蔬菜。在这种情况下,人们自然有理由怀疑,政府宣传的"长期吃奶的孩子身体弱"是否正确。

一般地说,婴儿能听懂大人说话时就断奶。在此以前,全家吃饭时,妈妈抱着婴儿,给他喂一点儿成人的食物。断奶后,婴儿吃的成人食物就要增多。在断奶后的过渡期,有些孩子的饮食就成了问题。母亲又生一胎后,孩子被迫断奶的困难,就容易理解了。此间,母亲不时地给他们一点儿糖果,让他们不再吵闹着要妈妈喂奶。有时,母亲在奶头上涂上胡椒面。不过,所有的母亲都用嘲弄的口气对孩子说,如果吵着要吃奶,那就是个小娃娃。她会说:"看你表弟,他是男子汉。他和你一样大,不再吃奶了","瞧那小男孩在笑话你,你是男孩,却还要吃奶"。两三岁甚至四岁还要吸妈妈奶头的孩子,一发现大一点儿的孩子走过来,常常就会放开奶头,装出没那回事的样子。

这种用嘲弄的办法敦促孩子长大的办法,不限于断奶。从孩子能听懂说话时起,这是任何情况下都常用的办法。当儿子哭鼻子时,妈妈就会说:"你又不是女孩子,你是男子汉。"或者说:"看那个贝贝,他不哭。"客人带小孩来串门时,妈妈会当着自己孩子的面,亲客人的孩子,并且说:"我要这个小宝宝,我喜欢他,他是好宝宝,真乖。你都长大了,还尽淘气。"这时,她自己的孩子就会飞跑到妈妈跟前,一边用拳头打母亲,一边哭着说:"不,不,我们不要这个宝宝,我听妈妈的话。"当一两岁的孩子吵闹,或慢腾腾不听话时,妈妈就会对男客人说:"请把我这孩子带走,我们家不要他了。"客人假装照办,准备把孩子带走。此刻,孩子哭喊着向妈妈求救,气得发疯。母亲看到逗弄已然生效,就心肠一软,把孩子拉到身边,要求仍在发疯的孩子保证听话。有时,这种小把戏也演给五六岁的孩子看。

逗弄还有另一种形式。母亲转身面向父亲,对孩子说:"我不爱你,我爱爸爸,爸爸真好。"孩子万分嫉妒,要把妈妈和爸爸分开。母亲又说:"爸爸不像你,不在家里乱喊乱叫,也不乱跑。"孩子抗辩说:"不,不,我也不吵闹,不乱跑。我是好孩子。这样听话,你喜欢我了吧?"戏演够了,父母相视而笑。这种办法既适用于男孩,也适用于女孩。

日本家庭内分工

这种经验是培养畏惧嘲笑和排斥的沃土,这样的恐惧在成年日本人身上非常引人注目。我们难以断定,儿童要到几岁才懂,那是在逗弄他,但他们早晚会明白逗弄的意思。以后,怕嘲弄的意识就与恐惧结合在一起,孩子会害怕失去一切给其安全感和亲密感的东西。成年后,受嘲笑时的恐惧仍存留着幼儿期的阴影。

在二至五岁的孩子心上,这种逗弄引起更大的恐慌,原因是:家庭的确是安全与放纵的天堂。父母亲的分工,在体力上和感情上都很彻底;在孩子面前,他们难得以竞争者的姿态出现。母亲或祖母承担家务,教育孩子。她们都恭敬地跪坐着侍候父亲,尊敬父亲。在家里的等级制中,尊卑长幼,位阶分明。儿童从小就知道谁有优先权:长者优先,男人优先,兄长优先。不过,在二至五岁这个阶段,儿童能享尽一切优待,男孩子尤其如此。无论是对男孩还是女孩,妈妈常常是什么愿望都能满足的人。三岁的男孩可以向母亲发泄无名怒火。他不敢对父亲表示任何攻击性。相反,他可以对母亲和祖母发脾气;父母逗弄他、要把他"送给别人"的玩笑积累的无名火,他一股脑儿发泄在她们身上。当然,并非所有的小男孩都发脾气。但无论在农村或上流阶级家庭里,发脾气是三至六岁的孩子常有的现象。幼儿可能会用拳头打母亲,又哭又闹,肆无忌惮,竟至于抓母亲珍惜的发髻。母亲是女人;而孩子即使才三岁,也是大男人。他甚至以攻击取乐。

对父亲,孩子只能毕恭毕敬。对他而言,父亲是等级制上高层次的标本。孩子必须学会表达对父亲应有的尊敬,借用日本人的话说,那是"为了训练"。几乎与任何西方国家相比,日本的父亲都较少承担训诫子女的任务。管教孩子的事交由妇女掌握。父亲对孩子有什么要求,一般只是用眼神示意,或者只是讲几句训诫的话。而且,由于父亲的训诫很不常见,所以孩子们都立刻听从。有空余时,父亲会给孩子做玩具。孩子走累以后,像母亲那样,父亲也抱抱他。对这段年龄的幼儿,日本的父亲偶尔也进行照看,而美国的父亲一般都把照看孩子的事情交给母亲了。

诚然,祖父母受小孙子尊敬,但小孩子在祖父母跟前总是更"放肆"。祖父母并不扮演训诫孩子的角色。父母对小孩子的教育太放松,使他们感到不满时,他们才出面扮演训诫的角色,但这就会引起他们与孩子父母的摩擦。祖母通常一天24小时在家。

而且，在日本家庭里，婆婆与媳妇争夺孩子的现象极为普遍。从孩子的角度看，他可以获得双方的宠爱；从祖母的角度看，她常常利用孙子来支配儿媳。年轻的母亲要讨婆婆的欢心，这是她一生最大的义务。因此，无论祖父母如何娇惯孙子，媳妇也不能提出异议。妈妈说不能再给糖果吃时，奶奶却给糖果，还要含沙射影地说："奶奶给的糖糖没有毒。"在许多家庭里，祖母给孩子的东西都是母亲不能给的，她有更多的闲暇陪孩子玩。

哥哥和姐姐都奉命宠爱弟妹。妈妈生下另一个孩子时，大一点儿的孩子知道，他可能有被"夺宠"的危险。他不得不放弃妈妈的乳头和卧床，将其让给新生的婴儿，他很容易把自己的"失宠"与小宝宝联系起来。新宝宝诞生之前，妈妈告诉他：他可以和一个活娃娃玩耍，而不是和"假"宝宝玩耍了；可以跟爸爸睡而不是跟妈妈睡了，妈妈把这说成是优待。兄弟姐妹与妈妈一道为新宝宝的出生做准备。新宝宝出生时，他们由衷地激动和喜悦，但情绪难免会有低落的时候；这本在预料之中，不会有大的危害。失宠的孩子可能会抱起新宝宝走到一边去，对母亲说："我们把这个宝宝送给别人吧。"妈妈回答说："不，这是我们家的宝宝。我们要爱宝宝。小宝宝像你，我们要你帮妈妈照顾小宝宝。"这样的场面有时会反复出现，持续相当长的时间，母亲对此似乎也不介意。多子女家庭里会自动出现一种调节办法，即孩子们之间建立间隔次序的密切关系：老大会照顾老三，老二则照顾老四；反过来也是这样，老三更亲近老大；老四更亲近老二。在七八岁之前，性别对这种兄弟姐妹关系并不产生什么影响。

17世纪京都的一家玩具店

日本的孩子都有玩具。父母及亲友都给孩子们送布娃娃及其他玩具,或自己动手做,或花钱去买。穷人自己做玩具,几乎不花钱。幼儿用玩具做游戏:家务,结婚,过节。他们在游戏之前先理论一番:怎样做才是大人那样"正确的"方法。意见不一致时就请妈妈决定。孩子吵架妈妈就说,"大孩子让小孩子",劝大孩子忍让。常用的话是"吃亏是福",意思是,你先让一让,过一会儿,他玩腻了,又想玩别的,就还给你了。妈妈这个意思,三岁的孩子都能很快领悟。或者,在玩主仆游戏时,妈妈会让大孩子扮演他不喜欢的角色,告诉他说,大家都高兴,他也有乐趣。在日本人的生活中,这种"吃亏是福"的道理在成年人中也受到广泛的尊重。

除训诫与逗弄之外,另一个重要的育儿办法是转移孩子的注意力。一般认为,经常让孩子吃糖果就是办法之一。孩子接近上学年龄时,父母就会采用各种"治疗"方法。如果孩子发脾气、不听话、爱吵闹,母亲就把他带到神社或寺院去。母亲的态度是"我们求神拜佛,帮助你学会听话"。这常是一次愉快的郊游。治病的神官或僧人严肃地与孩子交谈,问其生辰,有何麻烦。然后,他

第十二章 儿童的学习

退至后屋祈祷,出来后宣布如何治病。有时给孩子打虫,治疗完毕后让孩子回家。日本人说,这种方法"能管一阵子"。即使最严厉的惩罚也被认为是"良药"。在小孩的皮肤上烧灸,这种治疗可能留下终身斑痕。用艾叶做成艾炷烧灸是东亚传统的疗法。这在日本也很流行,用来治疗各种疼痛症,还用来治疗坏脾气和犟脾气。母亲或祖母经常给六七岁的孩子烧灸"治病"。难治之症甚至要治两次,但很少治三次。艾灸并不是美国意义上的惩罚,美国人对孩子说:"不听话就揍你!"烧灸比挨打难受,孩子于是懂得,不能淘气,否则要受惩罚。

  以上是对付调皮孩子的办法,此外还用一些常规的习俗培养孩子的身体技能。他们十分强调老师手把手教孩子,孩子则必须老老实实地模仿。两岁以前,父亲就按着孩子的腿,使其端坐,两腿盘起来,脚背贴着地板坐。刚开始时,孩子很难做到不仰面朝天。端坐强调身子稳定,这特别困难。孩子不能晃动,不能移动。日本人说,掌握端坐的诀窍就是全身放松,人处于被动状态。父亲按着孩子的腿,使其端坐,凸显了端坐的被动性。不仅坐的姿势要学,睡觉的姿势也要学。日本妇女重视睡姿端庄,其严肃性犹如美国妇女不能被人看到裸体一样。为了争取外国人的认可,日本政府曾把裸浴列为陋习。此前,日本人并不以公开裸浴为羞,但却特别重视妇女的睡姿。男孩怎么睡都没关系,女孩睡时双腿并拢,不能弯曲。这是强调男女有别的早期训练规则之一。在这一要求上,上层阶级比下层阶级严格,就像其他大多数行为规矩一样。杉本夫人谈及她的武士家庭教养时说:"自我记事时起,我晚上总是小心静静地躺着,头放在小木枕上……武士的女儿受到的教育是,任何时候都不能失去对身心的控制,即使睡觉时也要控制身体的姿势。男孩子睡觉可以四肢叉开,呈'大'字形。女孩子睡觉则必须小心谨慎,曲身庄重,呈'き'字形。这就是'自制'的精神。"①日本妇女告诉我,小时候晚上睡觉时,母亲或祖母要帮她们把手脚放规矩。

教儿童学习写字的传统方法也是老师手把手地教,这是为了给孩子以"感觉"。儿童不会写字甚至还不会认字以前,就让他们体会那种有所控制、节奏分明的运笔方法。在近代大班上课时,这种教授法不如以前常见,但仍在使用。鞠躬、用筷子、射箭以及把枕头当婴儿背在背上,都要手把手地教,让孩子把身体摆正。

除上层阶级外,儿童上学以前就与邻里的小伙伴一起玩耍,无拘无束。在农村,不满三岁的儿童就已经在结队。即使在城镇里,他们也在拥挤的街头玩耍,在车辆上爬进爬出,其自由令人吃惊。他们是有特权的小家伙。他们可以在商店周围闲逛,听大人说话,跳房子,玩手球。他们在村子的神社里玩耍,神灵保护着他们的安全。上学以前和上学以后的头两三年内,男孩与女孩一起结伴玩耍。但多数是同性之间最亲近,特别是同年龄的孩子最易结为密友。这样的同龄小团体可能会成为终生的团体,在农村尤其如此,其时效超过其他团体。在须惠村,"由于性兴趣随老龄的到来而逐渐减退,同龄人的集会便成为人生的真正乐趣。须惠村俗话说:'同龄人比老婆还要亲近。'"②

这种学龄前的儿童团队在交往时无拘无束。从西方人的观

---

① Sugimoto, Etsu Inagaki, *A Daughter of the Samurai*, Doubleday Page and Company, 1926, pp. 15, 24.

② Embree, John F., *Suye Mura*, 1939, p. 190.

第十二章 儿童的学习

点来看,他们有许多游戏是不知羞耻的淫秽行为。因为大人随便谈论性,因为日本人的居室逼仄,孩子们很早就有了性的知识。此外,母亲逗孩子、给孩子洗澡时,也常常使孩子注意自己的生殖器,尤其是男孩的阴茎。只要场合和对象不出错,日本人一般不责备孩子的性游戏。手淫也不被认为是危险的事情。小帮派之间也互相指责——长大以后这样的指责就是侮辱;还相互吹牛——长大以后的吹牛会羞辱别人。对孩子的损人和吹牛,日本人宽厚地笑着说,"孩子不知什么叫羞耻",并补充说,"因而他们才如此幸福"。这就是幼儿与成人之间的鸿沟。如果说哪个成年人"不知羞耻",那就等于骂他死不要脸。

这段年龄的儿童常常贬损其他孩子的家庭和财产,尤其喜欢吹嘘自己的父亲。他们常说,"我爸比你爸壮","我爸比你爸聪明"等,还常常拳脚相向。美国人觉得这类行为不值得注意。日本的情况是,儿童的言行与他们耳闻的大人的言行反差强烈。大人称自己家是"寒舍",尊称邻居的家为"府上",称自己家为"鄙家",尊称邻居家为"贵府"。日本人一致认为,从小朋友结伴到小学三年级的童年时代,在九岁以前,儿童都热心于这种个人本位的主张。他们有时说:"我当主君,你当家臣","不行,我不当家臣,我要当主君"。有时吹嘘自己,贬低别人。"他们想说什么就说什么。但随着年龄的增长,他们知道这些话不能说,别人不问就不张口,他们再也不会自吹了。"

儿童在家里学习对超自然神灵的态度。神官和僧侣并不"教"孩子。一般说来,孩子对有组织宗教的经验只是在民族节日;和其他参拜者一道,他们接受神官洒的祓灾水。有些孩子被带去参加佛教仪式,也大都是在特别的节日。然而,经常而深刻的宗教经验总是来自家里,就是那些围绕家庭佛坛和神龛的祭祀活动。更为突出的是安放祖先牌位的佛坛,那里供奉着鲜花、香火和特别的树枝。每天都更换供奉的食品。家长向祖宗报告家里发生的一切大事,每天跪拜。傍晚要点上小小的油灯。人们常说,不愿意在外面过夜,因为离开家里这一套祭告,若有所失。神龛是一个简单的搁架,供奉着从伊势神宫请来的神符,也可以放一些供品。厨房里供奉黏着香灰的灶神。窗户和墙壁上贴着许多护符,以保证全家的安全。村里的神道庙同样是安全的地方,因为有仁慈的众神镇守。母亲们喜欢让孩子到那个安全的地方去玩耍。儿童没有怕神的经验,也不觉得必须使公正和挑剔的神灵满意。神灵赐福人间,人们就供奉神灵,以为回报。神灵赐福人间,而不是威逼人间。

儿童入学两三年以后,真正的训练才开始,以使之适应成人那种谨慎的生活模式。此前,孩子已开始学习控制身体。如果太淘气,就"治疗"他的淘气,使其转移注意力。他受到不带强制性的规劝,有时还受点逗弄。但父母容许他任性,甚至容忍他对母亲粗暴。他那小小的自我得到培养,上学以后也没有多大的变化。最初三年是男女生同校。而且,男女老师对孩子都很喜爱,与孩子打成一片。然而,家庭和学校教育的重点始终是:防止陷入"难堪"境地的危险。儿童尚小,不知"羞耻"为何物,但他们必须要知道,如何避免使自己"难堪"。比如"狼来了"的故事,本来没有狼,但那个孩子却瞎喊:"狼来了!狼来了!"他想"愚弄别人,如果你也这样骗人,人家就会不相信你。那就很难堪了"。许多日本人说,首先嘲笑他们做错事的是同学,而不是老师或家长。实际上,家长这段时间的工作不是用嘲笑教育孩子,而是逐渐把嘲笑和"对社会的情义"结合起来进行道德教育。到 6 岁时，义务才逐渐成为一套约束。上文讲述的"哈齐"义犬的故事就选自六年级的课本，这是忠诚报恩的故事。长辈对孩子说："如果这样，世人会耻笑你。"规则有所变异，因时因地制宜，大多数规则与我们所说的礼节有关。按照要求，儿童逐渐认识到，自己的意志要服从日益增多的对邻居、家庭及国家的义务。儿童必须学会自制，必须认识到自己的义务，他逐渐进入欠恩的状态，如果要报恩还债，他就必须谨慎处世。

如此，儿童的地位发生了变化。这一变化通过家人态度的变化向儿童传达。在此期间，幼儿期逗弄的模式转化为全新的严肃的态度。到八九岁时，家人可能会摒弃他，驱逐他。如果老师报告说他不听话，不尊敬老师，或操行有污点，家人就会反对他。如果一家店主指责他淘气，那就意味着"玷污了家庭名声"，全家人就一致指责他。我认识的两个日本人曾有过这样的经历。十岁以前，他们曾两次被父亲逐出家门；因为羞耻，他们也不敢到亲戚家去。这是因为他们受到老师的处罚。他们都只好待在外边的窝棚里，后来被母亲发现，经母亲调解才得以回家。小学的高年级孩子有时被关在家里"悔悟"，被迫写日本人十分重视的日记。总之，家里人都把他看成是家庭在社会上的代表。如果他受到批评，全家人就反对他。如果没有履行"对社会的情义"，他就别指望得到家人的支持，也不能指望同龄人的支持。他犯了错误，同学就疏远他，他必须赔不是并发誓不再犯，否则伙伴们就不理睬他。

正如杰弗里·戈雷尔（Geoffrey Gorer）所言："值得强调的是，从社会学角度看来，上述种种约束到了极不寻常的程度。在大家族或其他社会群体活跃的大多数社会里,当群体成员受到其他群体成员的非难和攻击时,该群体一般均一致予以袒护。只要他继续得到本群体的首肯,他就敢肯定,在必要时或遭到攻击时,他都敢于和外人对抗,因为他能得到本群体的充分支持。然而,日本的情况似乎刚好相反。换言之,只有得到其他群体认可时,他才有把握得到本群体的支持。如果外人不认可他、批评他,本群体的人也会反对他、惩罚他,除非他能迫使别人放弃对他的批评。由于这种机制,'外部世界'的认可在日本文化里的重要性也许是其他任何社会都难以匹敌的。"[1]

到此为止,对女孩子和男孩子的教育没有本质的区别,但在细节上有差异。女孩子受的约束要多些;虽然男孩子有时也得照顾新出生的小宝宝,但相比而言,女孩子做的事总是要多一些。在礼品和关心方面,女孩子总是所得甚少。她们不能像男孩子那样发脾气。但与其他亚洲国家的女孩子相比而言,日本女孩子是很自由的。她可以穿鲜红的衣服,与男孩子一起在外面玩耍,打架,不会让步。她也"不知羞耻"。从六岁起到九岁,他们逐渐懂得对社会的责任,其感受与男孩子大致相同。九岁以后,学校男女分班,男生很看重刚刚形成的男生团结。他们排斥女孩子,害怕被人看见和女孩子说话。母亲也告诫女孩子不要与男孩子交往,说这样的交往不

岸田刘生·女童图

---

[1] Gorer, Geoffrey, *Japanese Character Structure*, mimeographed, The Institute for International Studies, 1943, p. 27.

体统。据说,这个年龄段的女孩子都郁郁寡欢,喜欢自己玩,不好教育。日本妇女说,这是"童欢"的终结。由于遭到男孩子的排斥,她们的童年时代结束了。此后很多年里,她们的人生道路只能是"自重再自重"。她们将这一教诲铭记在心,谈婚论嫁时是这样,结婚以后还是这样。

男孩子懂得"自重"和"对社会的情义"以后,还不能说已经懂得男子汉应该承担的全部义务。日本人说:"男童从十岁起开始学习'对名誉的情义'。"这句话的意思当然是:因受辱而怨恨是美德。他还必须学习这一类规矩:什么时候与对方算账,什么时候用间接的方式洗刷污名。看来,他们的意思并不是说,孩子要学会在遭受侮辱时进行反击。十岁以前,儿童已经养成对母亲粗暴的习惯,已经学会了与同龄的孩子争执并大打出手,所以没有必要在十岁以后学习攻击性。以后,十几岁的少年就要信守"对名誉的情义",就要把攻击性纳入公众接受的模式,并学会驾驭攻击性。如前所述,日本人往往把攻击性指向自己,而不是对别人施以暴力。学童也不例外。

六年制小学毕业后继续升学的男童约占人口的15%(女童比例略低)。这是即将因"对名誉的情义"而承担责任的年龄。他们面临中学入学考试的激烈竞争,每个学生每门功课排名的竞争也接踵而至。对于这种竞争,他们并无逐渐积累的经验,因为无论在小学校园里或在家里,竞争都被降低到最低限度,甚至接近零。这种突如其来的新经验给竞争火上浇油,使人忧心忡忡。人人为排名而竞争,个个怀疑别的同学有老师偏袒。不过,在日本人的生平里,中学时代的竞争并不太突出,让人难以释怀的是高年级学生折磨低年级学生的陋习。高年级学生随意支使低年级学生,想方设法加以欺侮,让低年级学生表演各种滑稽、受辱的动作。低年级学生怨恨的怒火深埋心底,极其普遍,因为他们不觉得这是玩笑而已。新生被迫在高年级学生面前顶礼膜拜,被任意差遣,他会咬牙切齿,图谋报复。由于不能立即报复,他就更加怀恨在心。他认为,这关乎"对名誉的情义",是道德问题。有时他日后找到机会,利用家庭势力使对方丢掉饭碗。也许,他会通过完善剑术或柔道,毕业后能在大街上羞辱对方。除非有朝一日雪耻报仇,否则他就觉得"心事未了"。难以释怀是日本人报仇雪恨的核心。

不升中学的少年,如果入伍,也会有同样的经历。在和平时期,每四个青年便有一人被征当兵。而且,二年兵对一年兵的侮辱,远胜高年级学生对低年级学生的欺侮。军官对此不闻不问;即使士官过问,那也算是特例。日本军人条例的第一条显示,向军官申诉是丢脸的事情。争执都由士兵自行解决。军官认为这是"强化训练"部队的一个办法,只袖手旁观。二年兵把上一年的积恨一股脑儿发泄到一年兵身上,想方设法侮辱一年兵,以显示他们受"锻炼"的水平。新兵入伍训练以后,往往判若两人,变成"真正黩武的国家主义者"。究其原因,这样的人格变化并不是极权主义国家理论教育的结果,也不是被灌输了忠于天皇的思想的结果。各种屈辱的体验是更重要的原因。家庭生活的礼仪和极其"自尊"的心态,一旦陷入军队的环境,容易使人兽性十足。新兵不能忍受嘲弄。他们把老兵的折磨视为对自己的排斥,反过来,他们就更会想方设法折磨别人了。

当然,近代日本中学和军队里的这种风气,追根溯源,是日本人讥讽和羞辱的传统造成的。大中学校和军队并不是这类习俗的始作俑者。不难看出,由于有"对名誉的情义"的传统规范,以老欺小的恶习在这里比在美国更让人难以忍受。受欺侮的群体稍后把惩罚转嫁到下一个受欺侮的群体身上。不过,这并不排除被侮辱的人立即清算、对施虐者进行报复的可能性,立即报复也符合古老的行为模式。在许多西方国家中,找替罪羊发泄是常见的民俗,在日本则不是这样。以波兰为例,新学徒或年轻的雇农常受欺负,他们不对欺凌者进行报复,而是向下一批徒弟或雇农发泄。自然,日本少年以这种方式泄愤,但他们首先关心的还是立即复仇。受虐者若能立即清算,报仇雪恨,他就会"感到痛快"。

在战后重建日本的事业中,关怀日本前途的领导者们,如果特别注意日本大中学校和军队里这种以老欺小的习俗,那自然大有好处。他们最好是强调"爱校精神",甚至"老同学关系",以打破高低年级、高低军龄的界限。在军队中要切实禁止虐待新兵。二年兵应当坚持对一年兵的严格训练,正如各级军官坚持严格训练一样,这不是侮辱。但欺侮新生、新兵肯定是侮辱人格。在学校和军队里,以老欺小都必须受到惩罚;如果迫使新生、新兵学狗叫、学蝉鸣,迫使新兵在开饭的时间"倒立",那就要惩罚欺凌者。这将是日本再教育的大变革,相比而言,其效果将远远超过否定天皇的神格,比清除教科书里的国家主义内容更有效。

妇女不学习"对名誉的情义"。她们没有男生和士兵那样的现代生活体验,也不会经受类似的训练。她们的人生周期远比自己的兄弟平稳。从记事的年龄起,她们所受的教育就是接受这样的事实:无论什么事情都是男孩子优先,兄弟们得到礼品和关照,女孩子是没有份的。她们必须遵守的人生规矩是,女孩子没有自作主张的权利。尽管如此,她们在婴幼期也和兄弟们一样享受了幼儿的特权生活。小姑娘时,她们穿特别鲜红的衣服。成年后,她们要放弃大红的衣服。到了60岁,进入人生的第二个特权时期以后,她们也可以穿红戴绿了。在家里,小姑娘和兄弟们一样,可以享受彼此不睦的母亲和祖母的宠爱。此外,弟妹总是想要姐姐和其他家人"最喜欢"他们。弟妹们要求与姐姐一同睡,以表示最亲热。姐姐常常把祖母给予的恩惠与两岁的弟妹分享。日本人不喜欢单独睡觉。夜里,幼童可以把被子紧挨着他喜欢的姐姐。"你最喜欢我"的证据就是,两个人紧挨在一起睡。十来岁时,女孩子遭到男童的排斥,不能和他们一起玩。不过,她们可以在其他方面得到补偿。父母让她们梳讲究的发型。14岁至18岁大姑娘的发型,在日本是最讲究的。她们可以穿绫罗绸缎,而不是棉布衣服。家人也千方百计为她们提供漂亮衣服,使她们更加富有魅力。如此,女孩子也得到一些满足了。

女孩子受许多约束,她们肩负重要的责任,这不是高压的父母强制她们肩负的责任。父母亲对她们行使家长的权利,不是通过体罚,而是通过平静而坚定的期待,表达对她们的要求。以下极端的例子值得引述,它充分说明了非威压的培养方法,同时也是不甚严厉、少有优待的培养方法。从六岁起,稻垣镇子①就有一位博学的儒者老师,老师要她熟记汉文经典:

> 整个两小时的上课时间,除了双手和嘴唇外,老师纹丝不动。我坐在榻榻米上,面对老师,同样端坐,纹丝不动。有一次上课时我动了动,那时,老师还在上课。不知

---

① 稻垣是杉本夫人婚前的旧姓。

什么原因,我坐不住,稍微挪了一下,盘坐的膝头稍有偏移,老师脸上漾起一丝吃惊的神色。他静静地合上书,慢条斯理却严峻地说:"小姐,你今天的心境显然不适合学习,你应该回房间好好想想。"我那小小的心灵羞愧难当,无地自容。我不知所措,只能恭恭敬敬地向孔子像行礼,又向老师鞠躬赔罪,然后毕恭毕敬地退出书房。我慢腾腾地来到父亲跟前,每次上完课总是要向父亲报告的。爸爸很吃惊,因为下课时间还未到。他不假思索地说:"你功课学得真快呀!"这简直就像丧钟。直到今天,那心灵的伤疤仍然仍隐隐作痛。①

杉本夫人在另一个语境下描绘了她的祖母,言简意赅地勾勒了日本父母态度里最典型的一个特点:

> 祖母态度安详,她希望每个人都按照她的想法去做,既无呵斥,也无争辩。但她的期望宛若丝绵,柔软而坚韧,把人数不多的家庭网络在一起,向着她认为正确的方向前进。

这种丝绵般柔软而坚韧的期望效果甚佳,原因之一是,每一种工艺和技术的训练都显而易见。日本人学到的是习惯,而不仅仅是规则。幼儿期学用筷子、步入房间的体态,稍后学习茶道和按摩,都是长辈手把手教、反复练习的结果,直至成为自然而然的习惯。大人从不认为,孩子会"自然而然地学到"正确的习惯。杉

---

① Sugimoto, Etsu Inagaki, *A Daughter of the Samurai*, Doubleday Page and Company, 1926, p. 20.

本夫人笔下有一段文字,描绘她14岁订婚以后如何学习伺候未来丈夫用餐的情景。彼时,她尚未见过丈夫。丈夫在美国,而她在日本老家。在母亲和祖母的眼皮底下,她一次又一次"下厨,根据我哥哥的介绍,我做松雄(未来的丈夫)特别爱吃的几道菜。我假设他就坐在我身旁,为他摆好桌子,给他盛饭菜,先伺候他。这样,我学会小心照顾未婚夫,并使他愉快。祖母和母亲说话时,总是假装松雄在场。我也很注意自己的衣着和举止,好像他真的就在房间里。如此,我就学会了尊重丈夫,尊重我作为他妻子的地位"①。

对男孩子的训练不像对女孩子那么严格,他的习惯的养成也是通过范本和模仿进行的。习惯一旦"养成",就不能有任何违反的托词。青春期以后,在一个重要领域里,他多半要靠自己主动学习。长者从不教他求爱的习俗。在家人的圈子里,一切公开的爱欲都在排除之列。而且,十来岁时,没有亲属关系的男童与女童就完全授受不亲、绝对隔离了。日本人的理想是,双亲要在男孩对性发生兴趣之前为他订婚,因此,男孩在女孩面前显得"腼腆"就令人满意。在农村里,人们常常用这个话题逗弄男孩子,致使他们"害羞"。但男孩子仍然设法学习求爱。过去,许多甚至多半的姑娘出嫁之前就已怀孕,直到近年,偏远的农村仍然是这样的情况。这种婚前的性经验是"自由领域",父母为子女安排婚姻时也不在乎这些事。但是今天,就像须惠村一位日本人对恩布里博士介绍的那样,连女佣都受到足够的教育,知道必须保持贞洁。中学男生也严禁与异性有任何交往。日本的教育和舆论都在竭

---

① *A Daughter of the Samurai*, p. 92.

力防止两性婚前的亲密关系。在日本电影里,对女孩子有任何调情表现的男孩子都被视为"坏"青年。在美国人看来,他们所谓的"好"青年是那些对漂亮姑娘粗鲁、不文明的人。在女孩子面前太轻松自如就意味着"放荡",或者是在艺伎、娼妓和咖啡女郎里寻花问柳的人。到艺伎馆去学习是"最好"的方法,因为"艺伎会教你,男人可以放松观赏"。他不必害怕自己笨手笨脚,人们也不会想,他与艺伎有性交易。但有财力到艺伎馆去的青年人并不多。他们到咖啡馆去看男人怎样与女人调情。不过,这种观察并不是他们在其他领域的训练所期待的那种类型。男童会长期担心自己笨手笨脚。在极少数领域里,他们学习新的行为方式,无须长者的监护,性行为就是这些领域之一。有地位的家庭为新婚夫妇准备《枕草子》和绘有各种姿态的屏风。正如一位日本人说的:"看书就可以学会,好比学园艺,父亲并不教你如何打理庭院,这是你稍长即会的爱好。"①他们把性和园艺相提并论,认为看书就可以学会,这很有趣。不过大部分日本青年是通过别的途径学习性行为的。无论如何,他们不是靠长者的细心指教学会的。这种训练上的差异使青年深深相信,性属于另一领域,与人生大事无关;人生大事需要长辈的严格督导、用心培养。性是令人惴惴不安和尴尬的

枕草子绘卷

---

① Embree, J. F., *Suye Mura*, p. 175.

领域,但却可以自行摸索,学会掌握,以求满足。这两个领域有不同的规则。结婚以后,男子可以在外面寻欢,不必偷偷摸摸,这不会侵犯妻子的权利,也不会威胁到家庭的稳定。

妻子则没有同样的特权。她的义务是对丈夫保持忠贞。即使不忠,也只能偷偷摸摸。即使被勾引,很少的日本妇女能享有足够的隐秘去搞外遇。被认为紧张或心绪不宁的妇女被说成是"歇斯底里"。"妇女最经常遭遇的困难不是社交生活,而是性生活。很多精神失常的妇女以及大多数歇斯底里(精神紧张、心绪不宁)症患者,显然是由于性生活不协调。妇女只能被动接受丈夫五花八门的性要求,给予他所谓的性满足。"须惠村的农民们说,大多数妇女的疾病"始于子宫",然后进入头部。如果丈夫迷恋其他女人,妻子就求助于日本人认可的手淫。自农村以至贵人的家庭,妇女都秘藏手淫的传统淫具。农村妇女生过孩子以后,就可以公开表现色情的言行。当母亲以前,她绝不能拿性开玩笑;当了母亲以后,随着年龄的增长,这种玩笑就充斥于男女同堂的聚会中。她还会以色情舞蹈供大家取乐,或随着下流歌曲的节拍,扭摆屁股。"这种表演必定引起哄堂大笑。"在须惠村,士兵服役期满回乡时,村里人都到村外迎接。这时,妇女便女扮男装,互开下流玩笑,佯装要强奸年轻姑娘。

如此,日本妇女在性的问题上也被容许一定程度的自由。出身越卑微,自由度越大。在大半生的时间里,她们都必须遵从许多禁忌,但没有许多忌讳要求她们否认人生的事实。在满足男人的性欲时,这些事情是色情的又是非性欲的。到了成熟的年龄,女人就抛开禁忌;如果出身寒门,其淫荡则不输于男人。关于女人的妥当行为,日本人视目标年龄和场合而异,并不指向一成不变的人物，不像西方人那样，简单地把妇女分成"洁女"和"荡妇"两种。

与之类似，男人有时会放纵，但也有需要节制的领域，视不同场合而定。男人的最大满足是与哥儿们喝酒，如有艺伎陪坐则会更放纵。日本人乐于醉酒，没有醉酒不失态的规矩。几口酒下肚以后，他们就会解除拘谨的姿态，相互倚靠，亲密无间。极少数"难以相处的"醉酒人可能会吵吵嚷嚷，但很少人会行为粗暴或打架斗殴。除了诸如此类的"自由领域"，他们说男人决不能有出人意料之举。如果说一个人在严肃的生活领域里有出人意料之举，那就接近于骂他为"傻瓜"了。

如果从日本人养育儿童的方式去看问题，西方人笔下的日本人的矛盾性格，就可以理解了。这种育儿方式生成了日本人人生观的两面性，哪一面都不能忽视。幼儿享受种种特权，无心理压力，这样的经验贯穿在以后的各种训练中，婴幼儿时期"不知耻"的无忧无虑的生活始终留在他们的记忆里。他们不必描绘未来的天堂，因为天堂就在过去的生活里。他们将童年时代的天堂记忆重新修饰一番，他们说人性本善，众神慈悲，做日本人无上光荣。如此，他们很容易就把自己的道德建立在极端的解读上。他们说，人人皆有"佛性"，死后都能成神。这使他们固执、自信。他们乐意干力所不及的事情，其思想基础就是那种极端的观念。他们敢于坚持己见，甚至反对政府、以死力谏，其思想基础也在于此。有时，极端的观念使他们陷入集体性的狂妄自大。

六七岁以后，他们逐渐肩负"谨慎""知耻"之类的责任，承受强大的约束力。如果不履行责任，家人就会反对。这种压力不是普鲁士式的纪律，但无法逃避。拥有特权的幼儿时代为日后的成长奠定了基础。父母坚持不懈地训练婴儿大小便的习惯,训练他端坐、鞠躬的姿势;父母常常逗弄孩子,吓唬说要遗弃他。父母告诉他,"世人"会嘲笑他,排挤他。这些幼年的经验使他准备接受严格的约束。成年以后,他要抑制幼儿期无拘无束地表达的冲动,并不是因为那些冲动邪恶,而是因为它们已经不合时宜。成年的他正在进入严肃的生活领域。童年时代的特权逐渐遭到否定,但他越来越成熟,享受到更大的快乐。尽管如此,幼年时代的享乐经验决不会真正消失。他的人生哲学大量吸取童年时代的经验。他容许"人情"进入自己的生活,这也是回复到幼时的经验。成年时期,他自始至终在重温"自由领域"内的儿时体验。

　　日本人童年生活的前期和后期有一个显著的连续性:得到伙伴的接纳至关重要。正是这一点,而不是绝对的道德标准,被灌输在他的脑海中。在前期,当他大到足以向母亲要这要那时,妈妈就带着他睡觉;他还会计算,自己和兄弟姐妹各得了多少糖果,以此判断自己在母亲心目中的地位。一旦被忽视,他就能敏感地注意到。他甚至会问姐姐:"你是不是最爱我?"在童年的后期,他不得不越来越多地放弃个人的满足,但得到补偿,那就是"世人"的赞许和接纳。这个时期的惩罚是遭"世人"讥笑。当然,在大多数文化中,这都是儿童训练里的惩戒。然而在日本,这种压力却特别沉重。被"世人"抛弃在父母的逗弄中得到戏剧性的表现,父母亲吓唬说要把他送人,那就是被"世人"抛弃。终其一生,日本人都怕被伙伴排斥,这比挨打还要可怕。他对讥笑和排斥的威胁异常敏感,即使这种威胁仅仅是自己脑子里的幻想也使他害怕。实际上,由于日本社区生活中几无隐私可言,"世人"对一个人的所作所为了如指掌,这绝不是什么幻想;如果不赞同他的言行,邻里就可能排斥他。日本房屋的结构使人难以保护隐私：墙壁很薄，不隔音，白天还得推开。那些无力修筑围墙和庭院的人家就更是毫无隐私可言，他们生活在众目睽睽之下。

日本人使用的一些象征物品有助于澄清其性格的两面性；其两面性的根基在于儿童养育过程中的非连续性。幼年期养成的性格的一面是"不知羞耻的自我"。日本人成年后常照镜子，以此检测自己保存了多少这样的童真。他们说，镜子"反映永恒的纯洁"，既不会培养虚荣心，也不会反映"干扰的自我"，而是反映灵魂的深处。人会从中看到自己"不知耻的自我"。在镜子中，他们把自己的眼睛看成通向灵魂的"门户"，镜子有助于他们以"不知羞耻的自我"的姿态生活。他们在镜子中看到理想化的父母形象。在很多作品里，有人总是镜子不离身。有人特意在佛坛上放一面镜子，借以静观自身，反省自己的灵魂。他"祭祀自己"，"祭拜自己"。这是异常之举，却只不过是一个小小的举措，因为每家的神龛上都放有镜子，用作神器。战争期间，日本的广播电台特意推出一首赞歌，表彰几位女生，她们掏钱买了一面镜子放在教室里；谁也不会认为，这是虚荣心的表现。她们这一举动被描绘为重新焕发的精神，目的是安抚心灵。照镜子是验证精神高尚的外在活动。

日本人对镜子的感情萌动很早，在"观察的自我"被灌输到心灵里以前，他们对镜子的感情就已扎根。照镜子时，他们看见的并不是"观察的自我"。在镜子里，他们的自我和童年时代的自我一样善良，无须用"羞耻"来开导。这是他们赋予镜子的象征意义，同样的象征意义也是他自律"圆熟"的基础。在自我修养的过程中，他们坚持不懈地消除"观察的自我"，以求回归幼儿时期的直率天真。

童年前期的特权生活对日本人产生了各种各样的影响。尽管如此,他们并不认为,童年后期以羞耻感为道德基础的各种约束纯粹是剥夺特权。如前所述,自我牺牲是基督教的概念之一,日本人则常常挑战这种观点,断然否定他们有自我牺牲的观念。相反,即使是在极端情况下,他们也说赴死是"自觉自愿"的,是为"尽忠""尽孝"或为"情义"。对他们而言,这似乎不属于自我牺牲的范畴。他们说,这样自愿赴死就达到了人要追求的目标。反之就是"犬死",即无价值的死。在英语中,"dog's death"是指因穷愁潦倒而死,但在日本不是这个意思。至于那些不太极端的举动,英语中所谓"self-sacrificing"(自我牺牲)的行为,在日语里则属于"自重"的范畴。"自重"常常意味着克制,克制与自重一样有价值。只有靠自我克制才能成就大事业。美国人强调自由是实现目标的必要条件;日本人的生活体验不同,他们始终认为,强调自由是不够的。他们的主要道德信条是,自我克制才能使个人更有价值。如果不自我克制,人怎能控制自己充满冲动的危险的自我呢?须知,冲动有可能爆发,搞乱正常的生活。一位日本学者说:

> 经年累月,一层又一层的漆涂抹在漆器的坯胎上,涂层越多,漆器就越贵重。一个民族也是如此……人们这样说俄罗斯人,"刮掉俄罗斯人的外表,你看见的是鞑靼人";以同样的套路说日本人亦无不可,"刮掉日本人的外皮,除掉外面的漆层,你看见的是海盗"。但请不要忘记:漆在日本是珍贵的产品,是制作工艺品的辅料。它不是掩

盖瑕疵的涂料，没有伪劣成分，与其髹漆胎体同样珍贵。①

对西方人而言，日本男子的行为矛盾重重，太引人注目，这是由日本人童年期接受的教养的非连续性造成的。即使在反复的"油漆"以后，童年期的烙印还是深深地留在他们的意识里。彼时，在他们小小的世界里，他们就是小神仙，为所欲为，攻击性强，似乎一切欲望都能得到满足。由于这根深蒂固的二元性，成年以后的日本人性格震荡：既可以沉溺于浪漫的爱情，也可以绝对顺从父母的包办婚姻；既可以沉湎于享乐和安逸，也可以千辛万苦去承受极端的义务。谨慎的教育往往使他们行动怯懦，但他们又勇敢得近乎鲁莽。在等级制森严的环境中，他们可能会极为驯服，但又很轻易地接受上级的管控。他们非常谦恭有礼，却又不失倨傲骄横；在军队里，他们可以接受疯狂的训诫，却又桀骜不驯；他们是坚定的保守主义者，但又很容易被新的方式吸引，采纳中国习俗和西方学问就足以为证。

日本人性格的二元性造成种种紧张，对紧张的反应则因人而异。他们解决问题的方式各有不同，但面对的是同样一个基本问题：如何调和童年前期和童年后期截然不同的生活经验。起初，他们为所欲为，父母十分宽容；稍后，他们不得不接受种种束缚，以确保成年后的安危。许多日本人难以解决这个问题。有些人像学究，一丝不苟，接受约束，唯恐率性而为，难以适应实际生活。因为率性而为不是幻想，而是幼儿时期实实在在的经历，这种恐惧就更加严重。他们态度超然，墨守自己所制定的规则，觉得自

---

① Nohara, Komakichi, *The True Face of Japan*, London, 1936, p. 50.

己认同了一切权威。有些人的意识更加分裂。他们害怕自己心中郁积的攻击性,就用表面的温顺来掩饰。他们执着于鸡毛蒜皮的琐事,不去想自己的真情实感。于是,他们每天按部就班,机械重复幼年被训诫养成的习惯,其实,那套程序基本上已毫无意义。另有些人深陷儿时生活的经验,面对社会对成年人的一切要求时,他们都忧心如焚。他们尝试更多依赖别人,但年龄已不允许。他们觉得,任何失败都是对权威的冒犯,任何努力都使他们躁动不安。凡是不能生搬硬套对付意外情况的时候,他们都会被吓得半死。①

  这就是日本人面临的典型的危险。当他们的极度焦虑难以承受,因而害怕被人排斥或非难时,就遭遇这样的危险。压力并不过度时,他们既会享受生活乐趣,又能注意不伤他人感情,这是他们在幼年养成的品行。这是相当可观的成就。童年前期的生活使他们自信。彼时,沉重的内疚意识尚未被唤醒。然而到了童年后期,以同伴团结为名的各种束缚强加在他们身上,他们要与同伴相互承担义务。成年以后,尽管在某些事情上,个人愿望会受到他人的干涉,但在特定的"自由领域"中,感情冲动仍可得到满足。日本人一向以具有自然情趣而闻名:观赏樱花、月亮、秋菊、新雪;听悬挂着的笼子里的蝈蝈叫;写写小诗;搞搞园艺;插花、品茗。心神不宁、攻击性强的人难以从事这样的活动。他们乐以忘忧,享乐时不会惆怅悲戚。在日本开启灾难的大东亚"使命"之前,日本农民度过了幸福的时光。在闲暇的日子里,他们愉快、乐观,不输任何民族;在工作的时候,他们吃苦耐劳,亦不逊于

---

① 此处参考了几份战时收容所的研究报告。

任何民族。

但日本人对自己要求甚严。为了避免遭人排斥和非难等重大威胁，他们必须放弃童年时代让他们尝到甜头的个人满足。在人生的重大事情上，他们必须抑制追求满足的冲动。违背这一规矩者为数极少，一旦违背就有丧失自尊的危险。规划人生轨迹时，自尊者并不在"善""恶"之间进行选择，而是在做"意料中的人"和"意料外的人"之间进行选择；他们把自己的个人要求深藏在集体的"期望"之中。他们是善良的人，"知羞耻"，千般小心，万般谨慎；如此方能为自己的家人、家乡和国家增光。由此而产生的高度紧张，表现为高远的志向，这使日本成为东方领袖和世界强权国家。但对于个人而言，紧张却是沉重的压力。人人都非常警惕，唯恐失败，唯恐在非常克制的情况下仍然被人看不起。有时他们会爆发攻击的行为。之所以爆发攻击行为，并不是因为他们的原则或自由受到威胁，而是由于觉得自己被侮辱或诋毁。在这一点上，他们不像美国人。此时，他们那危险的自我随之爆发。如果可能的话，他们就攻击诋毁者；如不可能攻击他人，他们就将攻击的矛头指向自己。

日本人为自己的生活方式付出了高昂的代价。他们放弃了基本的自由，而美国人却视自由为理所当然，犹如呼吸的空气一样。我们必须记住，战败以后的日本人多么期盼民主啊。率性而为、单纯无忌的生活使他们陶醉！杉本夫人对这种喜悦心情的描绘无与伦比。她被送往东京的一所教会学校去学英语，老师告诉她们能在园圃里栽花养草，自由选择，每个人都分到一块地，得到她想要的种子。

>这是一块可以随意种植的园圃,它赋予我享有个人权利的全新感觉……人的心里竟能有这样的幸福感,这使我惊诧不已……不违背传统,不玷污家名,不让父母、老师、邻居感到震惊,不给世间任何事物带来伤害,我竟然能在世上自由自在了!①

其他女生都种花,她种的是马铃薯。

>谁也体会不到,这荒谬之举却给我率性而为的自由……自由之精神在叩响我的心扉。

这是一个崭新的世界。

>我家的花园有一块土地闲置,不种花……但总有人忙碌,修整松枝,修齐树篱。每天早晨,园丁都要清扫石阶,清扫松树下枯黄的松针,然后把从林中采来的新鲜松针撒在树下。

日本庭院艺术的杰作——桂离宫

对杉本夫人而言,这种仿真的野趣有象征意义。在她的训练

---

① *A Daughter of the Samurai*, pp.135-136.

中,这代表模拟的自由意志。这样的仿真志趣遍布日本。日本人的庭院里总是竖立着一些巨石,一半埋在地下,底下平铺一层卵石;巨石都经过精心挑选,从别处运来,其布局要与流泉、屋宇、灌木、乔木相衬。菊花也是盆栽,准备参加每年无处不见的菊展。每朵花瓣均经过细心摆弄,内藏细金属丝做成的支架,使花朵形成园丁想要的样式。

园丁请她亲自动手摘掉隐藏在菊花里的细金属丝,这使她感到陶醉,她的喜悦是纯真的。在小盆里,菊花的花瓣被人为干预;一旦回复自然,菊花像人一样欢愉吧。今天的日本人获得了"出人意料"的自由,他们可以对"羞耻感"提出质疑,但这样的自由有可能会打破他们生活方式的微妙平衡。在新的体制下,他们不得不学习新的自制方式。而变化是要付出代价的,探索新观点和新道德是不容易的。西方世界不能设想,日本人会立即接受一套全新的观念,并使之真正成为自己的东西。同时,西方人也不该想象,日本最终不能确立一套比较自由和宽容的伦理规范。生活在美国的二代日本移民,不知道日本的伦理道德,也不遵从这样的道德,父母从日本带来的东西已被遗忘,祖先的传统没有任何约束力。同样,在新时代里,生活在祖国的日本人,也可能确定一种新的生活方式,不再像过去那样给个人强加那么多约束。毕竟,去掉金属丝的约束、不过分修整的菊花同样是风姿绰约的。

在走向更大精神自由的过渡期,日本人可以借助一些传统的道德,以实现平稳的过渡。其中之一就是"自我负责"精神;用他们自己的话说,自我负责就是要擦掉自己"身上的锈"。这个比方把身体比作刀。正如佩刀者有责任使刀铮铮闪光一样,人要对自己的言行举止负责。对于因他的能力不足、缺乏恒心或效果不彰而产生的一切后果,他都必须承认并接受。对何为自我负责的解释,在日本比在讲究自由的美国要严格得多。在这个意义上,刀在日本不是攻击性的象征,而是理想的人和能自我担当者的比方。在尊重个人自由的社会,这种德性发挥着最佳平衡作用。而且,经过儿童教育和行为哲学的灌输,自我负责的德性已成为日本精神的一部分。如今,从西方的意义上说,日本人已经"放下刀";但在日本人的意义上,他们仍将始终不渝地关注心中那把刀,使之不生锈。用他们的话说,刀是象征;在更加自由和平的世界里,他们仍然可以在心里想着那把不生锈的刀。

第十三章　投降后的日本人

经典名句

◆ 一个善意的、对日本人信任的政策得到了丰厚的回报,也许,在其他国家都不可能得到这样的成功。在日本人眼里,这一政策是从惨败的现实中排除屈辱的象征,促使他们实行新的国策;之所以能接受这一政策,正是因为他们那种特殊的文化性格。

◆ 用强迫命令的方式创建一个自由民主的日本,美国做不到,任何其他国家也无能为力。在任何被统治的国家,外来的强迫命令都从未奏效。任何不通晓一个民族风俗习惯和观念的外国人,都不能发号施令强迫一个民族,都不能按照自己的形象将一种生活方式强加于人。

《富岳三十六景·隐田水车》

对日战争胜利以后,美国人行使对日本的管理,我们有充分的理由为此而感到自豪。美国制定的政策体现为国务院、陆军部、海军部的联合指令。8月29日由电台发布,麦克阿瑟元帅实施这一指令,得心应手。然而,由于报纸和电台带有党派色彩的赞扬与批评,我们引以为自豪的理由反而变得模糊不清了。了解日本文化的人凤毛麟角,人们并不能确信,一种既定政策是否恰当与可取。

日本投降时的一个重大问题是确定占领的性质。战胜国是应该利用现存政府甚至天皇呢,抑或是要清算天皇呢?每一个都道府县都应该由盟军军政府的官员直接掌管吗?意大利和德国的占领方式是:每个战区都设立盟军军政府,作为战斗部队的一部分,地方行政掌握在盟军官员手中。但直到对日作战胜利,太平洋战区的盟军军政府官员仍然设想,对日政策也应该照搬意大利和德国的占领方式。日本人也不知道自己能保留多少行政职权。《波茨坦公告》只做了这样的陈述:"日本领土上经盟国指定之地点必须被占领,以确保吾人于兹所示之根本目标。"公告又云,"欺骗及误导日本人民使其妄图征服世界之威权及势力"必须被永久清除。

国务院、陆军部、海军部向麦克阿瑟将军发出的联合指令,就

第十三章 投降后的日本人

上述要务做出了重大的决定，麦克阿瑟将军统帅的司令部全面支持这一决策。日本人将负责本国的行政管理和重建工作。"只要能推进美利坚合众国之目标，最高统帅将通过日本政府的行政机构及天皇行使其权力。在最高统帅（麦克阿瑟将军）的指令下，日本政府将被允许就内政行使正常的职能。"由此可见，麦克阿瑟对日本的管理与盟军对德、意两国的管理迥然不同。它仅仅是一个统帅部组织，自上而下地利用日本的官僚机构。统帅部的通告发给日本帝国政府，而不是发给日本国民，或都道府县的居民。统帅部的任务是规定日本国政府的工作目标。如果某位日本内阁大臣认为指令不可能实施，则可提出辞职，但如果他的建议正确，统帅部也可以修改指令。

这种行政体制是一个大胆的举措。从美国的角度看问题，这一政策的好处十分明显。正如希德林将军（General Hilldring）所言：

> 利用日本政府参与管理的占领模式所获甚丰。如果没有日本国政府可资利用，我们势必要直接实施行政管理；须知，维持对一个有7000万人口的国家的管理，需要一整套复杂的行政机构。他们的语言、习惯、态度与我们截然不同。通过清理并利用日本国政府，将其作为治理的工具，我们节省了时间、人力和资源。换言之，我们要求日本人自己清理自己的国家，而我们只是提供具体的指导。

1945年裕仁天皇会见麦克阿瑟

国务院、陆军部、海军部的联合指令在华盛顿制定的时候,许多美国人仍在担心,日本人也许会采取愠怒和敌对的态度,一个伺机报复的民族可能会破坏任何和平计划。后来证明这些担忧都没有根据。原因在于日本文化的特殊性,而不是战败民族及其政治、经济的普遍原理。一个善意的、对日本人信任的政策得到了丰厚的回报,也许,在其他国家都不可能得到这样的成功。在日本人眼里,这一政策是从惨败的现实中排除屈辱的象征,促使他们实行新的国策;之所以能接受这一政策,正是因为他们那种特殊的文化性格。

在美国,我们不断争论议和条件的强硬与温和,但真正的问题并不在于政策的软硬。要害在于政策的强硬恰到好处,足以摧毁原有的危险的侵略性模式,建立起新的目标。至于对管制手段的选择,则取决于战败国的国民性格及其传统的社会秩序。普鲁士的威权主义深深嵌入家庭生活,在市民的日常生活中也根深蒂固,所以对德国的占领就需要一些媾和的条件。明智的对德媾和指令就不同于日本。德国人不像日本人,他们不认为自己有负于世界和时代,他们努力奋斗,不是为了偿还难以计量的恩情,而是避免沦为受害者。在德国,和其他身居高位的人一样,父亲是威权人物,用德国人的话说,父亲是"迫使人尊敬"的人。如果得不到尊敬,他就会感受到威胁。在德国人的生活中,每一代人在青春期都反叛父亲的权威。等到他们成年以后,他们自己也认为,最终还是要屈服于单调无味、没有激情的、昔日与父辈画等号的那种生活。人一生的巅峰期是青春期反叛的狂飙突进的年代。

日本文化的问题不是极端的威权主义。在日本,父亲尊重孩子,钟爱孩子。几乎所有西方的观察者都认为,这样的现象在西方极为罕见。日本孩子认为,与父亲的伙伴情谊是理所当然的,他们公开夸耀自己的父亲。因此,父亲只要稍许改变一下说话的声调,孩子就会按他的意愿行事。不过,父亲绝不是幼儿的严师,青春期也不是反叛父母权威的时期。相反,一旦进入青春期,在世人众目睽睽的判断面前,孩子就成为家人的代表,有责任心,温良恭顺。日本人说,他们尊重父亲,那是"为了学习","为了训练"。换言之,作为受尊敬的对象,父亲乃是一种非人格化的象征,他代表的是等级制和待人接物的正确方式。

这样的态度是儿童在早期从父亲的身上学到的,这一态度成为整个日本社会的模式。一般地说,身居高位的人最受尊敬,但并不行使专断的权力。在等级制中居首的官员并不掌握实权。上自天皇下至底层,都有顾问和隐蔽势力在幕后起作用。一个黑龙会式的超国粹团体领袖的一段话最确切地说明了日本社会的这一侧面。在20世纪30年代初,他对东京一家英文报纸发表谈话说:"社会犹如一个三角形,一个角由大头针固定。"①换言之,三角形在图表上,谁都看得见。大头针却是看不见的。三角形有时往右偏,有时往左偏,却始终围绕一个支点摆动。正如西方人常说的,日本人做一切事情都借用"镜子"。他们千方百计将专断权力减少到最低限度,使一切行为都像是忠诚的姿态,忠诚

> 黑龙会,日本民间军国主义团体,1901年创立,鼓吹夺取中国东北、蒙古和西伯利亚,1946年被解散,一度与孙中山等革命党人合作。

---

① Quoted by Upton Close, *Behind the Face of Japan*, 1942, p. 136.

于那个象征性地位的姿态,而这个地位经常与实权是脱离的。当日本人发现那去掉面具的权力的源头时,他们将其视为剥削性权力,认为这与自己的制度并不相称,就像他们对高利贷者和暴发户的看法一样。

既然对自己的社会作如是观,日本人在反抗剥削和不义的同时就不会成为革命者。他们并不打算毁掉自己的社会组织。像明治时代一样,他们实行最彻底的变革,却不必批判自己的制度。他们将这种变革称为"复古",即回到过去。他们不是革命者。西方许多人著书立说时严重地误读了形势。有人寄望于日本人大规模的意识形态运动,有人夸大日本的地下势力,指望在日本投降时夺权,还有人预言激进政策将在战后的选举中获胜。保守派首相币原男爵 1945 年 10 月组阁时发表的下述演讲最准确地表达了日本人的想法。

> 币原男爵(1872—1951),二战后日本首任首相,推行与英美的"协调外交",因军部和右翼的攻击而下野。

> 新日本的政府具有民主形态,尊重民意……自古以来,天皇就使自己的意志成为国民的意志。这就是明治天皇宪法的精神,我所讲的民主政府可以被认为是这种精神的真正体现。

这样的民主说词,在美国读者看来,简直毫无意义。但毫无疑问,基于这种复古的解说而不是基于西方的意识形态,日本更容易拓宽国民的自由范围,增进国民的福利。

诚然,日本将试行西方民主政治体制。但在这里,西方的制度安排并不能像在美国那样,成为改善世界的可资信赖的工具。

普选和由此产生的立法机关固然能解决许多问题,但同时也会产生许多困难。当这些困难加剧时,日本人就会修正我们赖以实现民主的方法。那时,美国人就会提高嗓门说,这场战争白打了。我们相信我们的民主工具是正确的。然而,在日本重建和平国家的漫长过程中,充其量而言,普选至多发挥次要的作用。自19世纪90年代首次试行选举以来,日本尚未发生根本的变化。小泉八云当时所记述的那些困难不太可能再发生了:

> 在激烈的选举较量中,牺牲了许多人,其中不存在真正意义的个人仇恨。在议会的激烈论战中,暴力频发,使人震惊,其中罕有个人间的对抗。政治斗争并不真是个人之争,而是家族利益、党派利益之争。而且,每一个家族或党派的忠诚追随者将新的政治理解为新的战争,这是一种忠于领袖利益的斗争。①

在20世纪20年代的选举中,农村人在投票前总是说:"洗干净脖子准备砍头。"这句话把选举战与昔日特权武士对平民的攻击画上等号了。直至今日,日本选举的一切含义仍然与美国迥然不同;无论日本是否推行危险的侵略政策,情况都是如此。

日本能将自己改造成为一个和平的国家,其真正力量在于,它能承认过去的方针"失败了",然后把精力转向其他渠道。日本人有多种选择的伦理。他们试图通过战争赢得在世界上的"适当地位",结果失败了。如今,他们能抛弃那种方针,因为他们接受的全部训练使他们能适应改弦更张。相反,信奉绝对伦理观的民

---

① *Japan: An Interpretation*, 1904, p. 453.

族必然相信,他们是在为原则而战。他们不得不投降时总要说:"我们战败了,正义不复存在了。"他们的自尊心要求继续努力准备再战,争取他们所谓的"正义"获胜。另一种表现是,他们捶胸顿足,承认有罪。日本人则不会这样。投降后的第五天,美军尚无一兵一卒登陆,东京的大报《每日新闻》即发表社论,评述战败及其所带来的政治变化:"然而,这对日本的终极拯救是大有裨益的。"社论强调,人人都必须时刻牢记,日本彻底地战败了。单凭武力来建设日本的企图,彻底失败了。既然如此,他们就必须走和平国家的道路。另一家东京大报《朝日新闻》也在同一星期发表文章,认为日本近年来"过分相信武力",那是日本内外政策的"重大错误";"过去的态度使我们罕有所获,损失惨重,我们必须改弦更张、弃旧图新;我们的态度必须植根于国际合作与爱好和平"。

西方人认为这种转变应该是原则性的转变,因而心怀疑虑。但这却是日本人为人处世的态度不可分割的组成部分,在人际关系上是这样,在国际关系上也是这样。日本人采取某种行动方针而未能达到目标时,便认为是犯了"错误"。如果失败,他们就把它作为失败的方针而予以抛弃,因为他们没有必要固守失败的方针。日本人常说:"噬脐何及,徒劳一场。"20世纪30年代,他们普遍认为,军国主义是靠武力赢得全世界钦佩的手段。他们忍受了这一方针所要求的一切牺牲。1945年8月14日,日本最神圣的声音向他们宣告日本战败。他们迅即接受战败带来的一切后果。这意味着美军要占领日本,于是他们欢迎美军;这意味着帝国侵略战争的失败,于是他们主动考虑制定一部摈弃战争的宪法。日本投降后的第10天,《读卖新闻》以《新艺术与新文化的开端》为题发表社论,其中写道:"我们必须坚信,军事的失败与一个民族的文化价值没有关系,军事失败应当成为动力……通过全民失败的代价,日本人民才能提高思想认识,直面世界,才能客观认识事物的本来面目。过去一切歪曲日本人思想的非理性因素都应通过坦率的分析而予以消除。……直面战败这一残酷的现实是需要勇气的。但我们要对日本文化的明天怀有信心。"这就是说,他们过去尝试的方针失败了;今天,他们将尝试一种和平的生活艺术。日本各家报纸的社论都反复强调:"日本要得到世界各国的尊重。"日本国民要在新的基础上赢得别人的尊重,这是他们的责任所在。

这些报纸社论不仅是少数知识分子的心声。东京街头的市民及偏远地区的村民同样来了个180度的大转弯。令美国占领军难以置信的是,这些友好的人就是曾经发誓要用竹枪拼死抵抗的人。在日本人的伦理中,有许多要素是美国人批判的,但美国占领日本的经验很好地证明,一种陌生的伦理体系里也含有许多值得称道的方面。

麦克阿瑟将军治下的美国对日管理,承认了日本人改弦更张的能力。占领军的管理没有坚持令人屈辱的手段来阻碍这一进程。以西方的伦理标准来衡量,羞辱人的政策对我们的文化而言是能够接受的。根据西方的伦理原则,羞辱和惩罚是有效的社会控制手段,可以使做过坏事的人认识自己的罪孽。这样的认罪是重新做人的第一步。如前所述,日本人却以另一种方式来表述。按照他们的伦理,人必须对自己行为的一切后果负责,过错的后果使他相信,那样做不可取。总体战战败也是自己必须负责的后果。他们并不视这些情况为屈辱,并不因自食其果而怨恨。在日本人的词汇里,所谓某人某国侮辱他人他国,无非是采用诽谤、嘲笑、鄙视、贬损,是不断诋毁的象征手段。如果他们认定自己受到侮辱,复仇就被认为是美德。无论西方伦理如何强烈地谴责日本人的这种信条,美国占领的有效性却仰赖他们这样的自制。这是因为日本人非常憎恶嘲笑,他们认为,嘲笑与"自然后果"是截然不同的两码事;根据他们的投降条件,解除军备、强加赔偿等都是"自然后果"。

日本曾战胜过一个强国。当这个强国最终投降,作为战胜国的日本小心谨慎,避免侮辱失败的敌人,因为日本认为,这个战败者并未嘲笑过它。1905年,俄军在旅顺口投降的一张照片,在日本尽人皆知。照片显示,俄国军人依然佩带军刀。战胜者和战败者的区别只是军服不同,战败者并未被解除武装。据在日本流传的著名故事说,俄军司令官斯提塞尔将军愿意接受日方提出的投降条件,于是,一位日本大尉携翻译到俄军司令部去送食品。彼时,"除了斯提塞尔将军的坐骑以外,所有军马都已被宰杀供人果腹;因此,日本人带来的50只鸡和100个鸡蛋就受到了由衷的欢迎"。次日,斯提塞尔将军和乃木将军如约会见。"两位将军握手,斯提塞尔将军赞扬日军英勇……乃木将军则称赞俄军长期的勇敢防御。斯提塞尔将军对乃木将军在这次战役中失去两个儿子表示同情……斯提塞尔将军把自己心爱的阿拉伯种白马送给乃木将军。乃木将军说,虽然他很希望从阁下手中得到这匹马,却必须首先将其献给天皇陛下。他相信这匹马一定会下赐给他。他许诺,如果获天皇恩赐,他一定要像爱护自己的坐骑一样爱护它。"①日本人都知道,乃木将军在自己的住宅前院为这匹马修建了马厩。据描述,它比乃木将军的宅邸还要讲究。将军死后,马厩成为乃木神社的一部分。

乃木希典与斯提塞尔(中央二人)

有人说,自上次俄国投降后,日本人已经大变。比如,他们占领菲律宾以后,肆意破坏,虐待俘虏,世人皆知。不过,对于日本这样极易随着情况而改变道德标准的民族而言,上述结论未必是必然的。首先,美菲联军在巴丹战役后并没有投降,投降的只是局部地区;后来,虽然菲律宾战区的日军投降了,但其他战区的日军仍在战斗。其次,日本人从来不认为,俄国人在本世纪初曾经"侮辱"过他们。与此相反,在20世纪的二三十年代出生的日本人都一致认为,美国的政策是"蔑视日本";用他们的话说,美国"将日本视为粪土"。对于排日的《移民法》,他们做出这样的反

---

① 引自一个日本人的叙述,见 Upton Close, *Behind the Face of Japan*, 1942, p. 294. 这个版本的俄国投降故事未必可信,未必有重要的文化意义。

应;对美国在《朴次茅斯和约》及《海军平权裁军条约》中扮演的角色,他们也做出这样的反应。美国在远东的经济影响扩大,我们歧视世界的非白种民族,这也促使日本人做出同样的反应。因此,日本在日俄战争中对俄国的胜利以及本次大战早期在菲律宾对美国的胜利,显示了日本人行为中明显对立的两面性:遭受侮辱时是一种态度,未遭受侮辱时是另一种态度。

美国对日本的最后胜利使日本人所处的环境再次发生变化。按照日本人常规的生活模式,最后的战败使他们放弃了以前的方针。这种独特的伦理观,使他们能自行荡涤污垢,留下一块清洁的白板。美国的决策,以及麦克阿瑟将军的对日管理,都避免在这块白板上书写羞辱的记号,只坚持必要的受降条件和政策,而日本人将这些条件和政策视为战败的"自然后果"。盟军这一方针行之有效。

保留天皇具有非常重大的意义。这一方针处理得当。天皇首先拜访麦克阿瑟将军,而不是麦克阿瑟将军首先拜访天皇;对日本人而言,这是直观的一课,其力量是西方人难以估计的。据说,在建议天皇否认神格时,天皇曾提出异议,说让他抛弃他本来就没有的东西,感到很为难。他说得对,日本人从未把他看作西方意义上的神。但是麦克阿瑟司令部劝他说,西方人认为,天皇仍在坚守其神格,这一想法将不利于日本的国际声誉。天皇知道,否认神格将付出代价,但他同意了。于是,天皇在元旦发表讲话,同时请求把世界各国的评论全部译出来让他看。读了这些评论后,天皇致函麦克阿瑟司令部表示满意。外国人以前显然不理解天皇在日本的地位。天皇也感到高兴,他同意了发表声明的建议。

美国的政策还容许日本人得到某些满足。国务院、陆军部、海军部三部的联合指令明确规定，"对于在民主基础上组织起来的劳动、工业和农业团体，应鼓励其发展并给予支持"。日本工人在许多产业中被组织起来了。20世纪20年代和30年代积极活动的农会也重新抬头。对许多日本人而言，他们如今能主动改善自己的生活条件。这就证明，日本能在战争的后果中有所收获。一位美国记者告诉我，东京街头一个罢工的日本人以尊敬的目光看着一个美国人，喜气洋洋地说："日本'胜利'了！难道不是吗？"今天，日本的罢工与战前日本的农民起义很相似，那时的农民常因年贡、赋役过重而请愿，他们的反叛常妨碍正常的生产。但这些反叛不是西方意义上的阶级斗争，目的不是变革制度本身。今天日本各地的罢工并没有减少生产。罢工者喜欢采取的办法是由工人"占领工厂，继续工作，增加生产，使经营者丢脸。在三井所属的一家煤矿，'罢工'的工人禁止管理人员下井，他们把日产量从250吨提高到620吨。足尾铜矿的工人'罢工'期间也增加了生产，并争取到工资翻倍的成果"①。

当然，无论被接受的政策如何通情达理，任何战败国的行政总是困难的。在日本，粮食、住宅、国民再教育等问题必然是尖锐的。假如占领者不利用日本政府的官员，问题至少会同样尖锐。战争结束前，美国政府就非常担忧士兵复员的问题。倘若日本政府的官员没有被留用，这个问题的威胁显然会更大。由于旧官员的留用，这个问题的威胁有所减轻，但也并不容易解决。日本人深知这一困难。去年秋天，日本报纸以同情的语气评述日本兵的

---

① *Time*, February 18, 1946.

感受,他们历尽艰辛,最后战败,这杯苦酒令其难受。报纸吁请士兵们不要因此而影响自己的"判断"。一般地说,被遣返回国的军人做出了相当正确的"判断",但失业和战败也使一些人接受了秘密会社的陈旧模式,去追逐国家主义的目标。他们很容易对自己现在的地位感到愤恨。日本人不再赋予退伍兵昔日的特权。以前,伤残军人身穿白色衣服,街上的行人遇见他们时都要行礼;年轻人入伍时村里要开欢送会,退伍回乡要开欢迎会。在欢送会和欢迎会上,他们坐在首席,享用美酒佳肴,欣赏歌舞。如今,退伍兵根本得不到那种优厚的待遇。家人为他们留了一席之地,仅此而已。在许多城镇里,他们都受到冷遇。同胞急剧的行为变化让退伍兵刻骨铭心,明乎此你就容易想象,退伍兵喜欢与战友相聚,缅怀过去,那是将日本的名誉托付给军人的时代。此外,有些战友可能会告诉他,有些比自己幸运的日本军人已经在爪哇、山西、满洲向盟军开战了。他们会说:为什么要绝望?他也将再度奔赴疆场。国家主义的秘密会社在日本历史悠久。它们"洗刷了日本的污名"。有些退伍兵受环境影响,觉得"世界不平衡",余恨未消,他们很可能参加这种秘密团体。黑龙会、玄洋社之类的秘密会社使用暴力;在日本的道德中,这是"对名誉的情义",是被允许的。在未来一段时间里,如果要消灭这种暴力,日本政府还必须继续努力,强调"义务",贬抑"情义"。

可见,除了呼吁正确的"判断",还需要做许多工作。必须重建日本经济,使二三十岁的年轻人有谋生的机会,能"各得其所"。必须改善农民的命运。每当经济不景气,日本人只好回到乡下老家。由于地狭人稠,深陷债务,地租沉重,许多地方难以养活增加的人口。工业也必须发展。反对平分家产的情绪十分强烈,长子继承制把其他儿子赶出家门，迫使他们进城去寻找机会。

无疑，日本人今后的道路既漫长又艰辛。但是，如果国家预算不提供重新武装的经费，他们就有机会提高国民的生活水平。珍珠港事件前大约十年间，日本国民收入的一半花在军备及维持军队上。这样的国家如果取缔军备支出，同时又逐步减轻农民的赋税，是有可能为健全的经济建立基础的。如前所述，日本农产品的分配是耕种者得60%，其余40%用于支付赋税及佃租。这与其他水稻生产国比如缅甸、暹罗形成极大的反差；在那些国家，传统的分配方式是把90%的产量留给农民。归根结底，日本农民的巨额税金用于维持国家的战争机器。

在今后10年间，欧洲或亚洲任何不搞军备的国家，都比搞军备的国家具有潜在的优势，因为不搞军备的国家可以把财富用来建设健全、繁荣的经济。在美国，我们在推行亚洲政策及欧洲政策时几乎不考虑这样的情况。因为我们知道，我国不会因昂贵的防务计划而陷入贫困。美国没有遭到战争的蹂躏。我们不是以农为主的国家，我们的关键问题是工业生产过剩。我们的大规模生产和机械设备已很完善，除非启动庞大的计划，投入大规模军备、奢侈品生产、福利事业及研究设施，否则我们的国民就会失业。资本对赢利投入的需求也十分迫切。其他国家的情况则完全不同，即便西欧也大不一样。尽管德国要负担沉重的战争赔偿，但由于它不能重新武装，在今后十年左右，如果法国的政策是建成军事强国，那么德国就有可能奠定健全而繁荣的经济基础，而法国则难以企及。日本也将尽可能利用相对于中国的优势。中国当前的目标是军事化，其抱负得到了美国的支持。如果日本不把军事化纳入国家预算的目标，用不了许多年，它就会经济繁荣,它在东方的商务格局中就不可或缺。其经济将以和平红利为基础,其人民的生活水平就能提高。和平的日本将赢得世界各国的尊敬。如果美国利用其影响继续支持这项计划,那将是对日本莫大的帮助。

用强迫命令的方式创建一个自由民主的日本,美国做不到,任何其他国家也无能为力。在任何被统治的国家,外来的强迫命令都从未奏效。任何不通晓一个民族风俗习惯和观念的外国人,都不能发号施令强迫一个民族,都不能按照自己的形象将一种生活方式强加于人。立法的程序不能使日本人接受当选者的权威,不能使他们忽视等级制中的"各安其位"。立法也不能使他们采纳美国人那种轻松自如的人际交往,他们不会接受我们那种自我独立的强烈要求,不会接受我们那种自己选择配偶、职业、住所的热情,也不会接受我们那种承担义务的热情。然而,日本人已详细论述了朝这个方向改变的必要性。日本投降后,其公共人物就说,日本必须鼓励男女国民掌握自己的生活,相信自己的良心。诚然,他们不会这样明说,但任何日本人都能意会何为良心,他们已在怀疑"羞耻感"在日本社会里的作用。他们希望在同胞中开发新的自由:从对"世人"批评和排斥的恐惧中解放出来。

无论多么心甘情愿地拥抱社会压力,社会压力对个人的要求实在是太苛刻了。社会压力要求他掩盖个人情感,抛弃个人欲望,要求他以家庭、团体或民族代表的身份出现,使他暴露在众目睽睽之下。日本人曾经证明,他们能够忍耐这种生活道路所要求的一切自我磨砺。但那样的负担极端沉重,他们不得不过分压抑,方能从中获益。由于不敢要求过心理压力较小的生活,结果就被军国主义者逼上了一条无休无止地牺牲的道路。由于付出了高昂的代价，他们非常自负，鄙视伦理道德比较宽容的民族。

　　日本人朝社会变革迈出了一大步，他们承认侵略战争是"错误"，注定会失败。他们十分希望在热爱和平的国家中重新赢得受人尊重的地位。这个世界必须是和平的世界。在未来的岁月里，倘若俄国和美国扩充军备，准备进攻，日本就会利用其军事知识参加那场战争。然而，即使承认日本参战的必然性，我们也不能怀疑日本成为和平国家的内在可能性。日本人的动机是随情势而变的。如果情况允许，它将在和平的世界中谋求一席之地。反之，它就会成为武装阵营里的一个成员国。

　　目前，日本人认识到，军国主义这盏灯已经熄灭。他们将警惕地注视，军国主义在世界其他国家是否也失败了。如果没有失败，日本会再次燃起好战的热情，它将显示自己能为战争做出什么贡献。如果军国主义在其他国家也失败了，日本就会证明，它汲取了深刻的教训：帝国主义王朝的侵略战争绝不是通向光荣的道路。

译者后记

一、缘起

20世纪70年代末,我对费孝通先生的人类学和社会学著作产生了浓厚的兴趣,1980年留美之前又从他的《访美略影》中了解到美国人类学的一鳞半爪。所以,留美期间,我非常注意美国人类学的大家,接触到他所谓的"四大金刚"(克莱德·克拉克洪、罗伯特·雷德菲尔德、拉尔夫·林顿和阿尔弗雷德·克罗伯)和"两位女将"(玛格丽特·米德和鲁思·本尼迪克特)的著作。

1982年至1983年,金克木先生在《读书》杂志先后发表了三篇文章介绍比较文化,评介美国两位著名人类学家在第二次世界大战中的杰出贡献,其中一篇就名为《记〈菊与刀〉》。在他的感召下,我发表了两篇文章予以响应:《比较文化我见》(《读书》1983年第8期)和《介绍一门新兴学科:跨文化的交际》(《外国语文》1983年第2期)。自此,我始终不能割舍对人类学、社会学、跨文化交际(传播)的兴趣。

为此,我先后翻译了克莱德·克拉克洪的《人的镜子》(因出版社毁约,未刊)、拉尔夫·林顿的《文化树》(重庆出版社1989年版)和玛格丽特·米德的《古今蛮族》(因出版社毁约,未刊)。

在《比较文化我见》一文里,我呼应了金克木先生对《菊与刀》的介绍,萌生了将其译介给中国读者的愿望,可惜彼时学术译著市场萎缩,凤梦难圆。

所以,2011年4月北大出版社的周丽锦编辑建议我翻译《菊与刀》时,我欣然应允。谁知——

二、压力不小

网上检索之后,不禁大吃一惊,《菊与刀》已经有十来种译本。但既已承诺,再加喜爱,就不能不奉献一个比较令人满意的新译本,何况我本人多年来反复宣示,自己的译作应该对得起作者、读者、出版社、译者自己和后人呢。

着手翻译后又发现,《菊与刀》的译本"不可胜数"(见汤祯兆:《晶报·深港书评》2011年9月11日B08版)。到2011年国庆节时检索发现,《菊与刀》的译本竟有二十来种。

翻阅了一些译本之后发现,大多数的译者严肃认真、各有所长,译本各有特色。要胜人一筹殊非易事。

我的短板在于:没有在日本长期生活的经验,难以对作者的观察和评论做深入的批评。为了克己之短,我虚心学习其他译本中关于日本观念、术语、国民性的译文,尤其注意他们的注释。除了浏览其中的几种译本外,我还翻阅了夏遇南的《日本人》、金文学的《丑陋的日本人》、小泉八云的《日本与日本人》和赤军的《宛如梦幻》。

我的优势在于:多年对美国人类学尤其对本尼迪克特的研读和理解,几十年英语教学、研究和翻译的积累。

一旦浏览我翻译的本书目录,读者就可能注意到,我对一些关键词的翻译有别于其他任何译本,比如,"各安其位"而不是"各得其所","情感"而不是"人情"。

这本书在我翻译的五十余种社科论著和文学作品中,语言是最平实明快、通俗易懂的。但我注意到,一些译者的英文可能还欠火候,其译本中有一些明显的理解错误。

世上没有完美的译本。我想,经过许多译者的共同努力、暗中较劲、互相勉励,我们终能接近于推出完美的译本吧!我希望,这个北大版的译本能无愧于自己五个"对得起"的承诺。

三、为何有这么多译本?

《菊与刀》有二十来个中文版,使人不能不惊叹其市场号召力。市场效应,盖有三种因素:一是中国读者持久不衰的兴趣,二是中国读书市场的海量,三是出版社的赢利空间。

有人批评《菊与刀》的译本"不可胜数",有一定道理;一些出版社为名利双收,难以免俗,可能有一哄而上之嫌。

然而,主要的原因是:《菊与刀》是世界级的经典,虽然世易时移,其主要的观察、思想、断语和结论是持久不衰的。

按理说,美国人研究日本人不一定占优势,但他们留下的三部名著却举世公认:埃德温·赖肖尔(Edwin Reischauer)的《日本人》(1988)、约翰·道尔(John Dower)的《拥抱战败》(1999)和本尼迪克特的《菊与刀》(1946)。

中国人研究日本的名著有戴季陶的《日本论》、蒋百里的《日本人》,还有当代著名的《丑陋的日本人》(金文学)、《战后日本文化与战争认知研究》(刘炳范)等。这些论著,尤其是豪气冲天的金文学的《丑陋的日本人》,都享有一定的声誉,但离世界级的经典似乎还有一段距离。

中国人与日本人的恩怨情仇迫切需要认识与化解,我们迫切需要深入研究日本。

《菊与刀》阐述的日本文化模式绝不可能是绝对真理,更不可能永远正确。然而,任何文化的民族性和模式都持久不变,其基本要素和文化基因是难以变化的。所以,《菊与刀》的研究方法、文化模式论、深刻洞察力和对日政策建议仍然具有深刻的启迪价值。

四、日本文化模式

《菊与刀》的副标题是"日本文化模式论",名副其实。

菊花是日本皇室徽标,象征日本文化温文尔雅的一面,刀是武士的标记,象征尚武、野蛮、非理性、攻击性的一面;樱花是武士道的象征,所以武士道也有非野蛮的一面。菊与刀以及樱花的象征意义是本尼迪克特所论日本文化模式的第一母题。日本人从人到兽、从人到魔、从文质彬彬到杀人如麻的急剧震荡行为,我们可以从中求解。

作者历数日本文化的重重矛盾、国民性的两面性,用"既……,又……"的套语加以归纳:日本人既彬彬有礼,又趾高气扬、盛气凌人;既顽固僵化,又欣然适应极端的革新;既恭顺服从,又很难服从自上而下的控制;既忠心耿耿、宽宏大量,又背信弃义、心怀恶意;既无所畏惧,又畏首畏尾;既服从铁的纪律,又桀骜不驯、长有反骨;既专心致志、热衷西学,又很保守(英文版第1—2页,以下页码亦然)。

二战期间,日本人的行为令人困惑:日本政府一边在华盛顿与美国谈判,一边偷袭珍珠港,几乎全歼美军太平洋舰队,使美国人大吃一惊;菲律宾战役,美国人大败,日本人虐待盟军战俘,使美国人恨之入骨;后来的太平洋岛屿争夺战中,日本兵拒不投降,战至最后一兵一卒,使美国人伤亡惨重。战争行将结束时,美国政府亟须回答很多问题:

"日本人将要做什么?如果不入侵其本土,日本会投降吗?我们该不该轰炸天皇的皇宫?我们对日本战俘有何期望?在对日军和日本本土的宣传中,我们应该说什么才能挽救美国士兵的生命,才能削弱他们战到最后一兵一卒的决心?……我们需要对他们实行长期的军事管制吗?我们的军队不得不清剿日本山区要塞里死拼到底的日本兵吗?日本会不会发生法国革命、俄国革命那种革命,然后才能实现国际和平呢?谁会领导那样的革命呢?另一种选择是不是灭绝日本人呢?"(第3页)

所有这些问题使美国政府头疼,美国人不了解日本,美国政府亟须智囊和学者的帮助。于是,战略情报局请本尼迪克特研究日本文化,希望从中寻求比较合理而有效的对日政策。

如此,本尼迪克特受命去完成一个几乎不可能完成的任务:提出建议,协助美国政府制订对日战略。结果,她创造了一个令人惊叹的奇迹:美国政府和盟军司令部几乎照单全收她的政策建议。因此,《菊与刀》不仅成为美国对日本的政策指南,而且成为日本人佩服的经典。

本尼迪克特不通日语,未曾旅居日本,而且战争期间又不能去日本做田野调查,那么她何以创造奇迹呢?这是因为她的理论学养深厚,实践经验丰富。彼时,她是文化相对论、文化模式论和

译者后记 | 289

心理人类学的代表人物,能得心应手地运用人类学和民俗学理论,从事田野调查。

《菊与刀》就是她理论与实践并重的结晶,是她的文化模式论的杰出成果。虽不能深入敌后去研究,但她能深入美国政府为日本人设置的"重新安置中心",将这些集中营作为她田野调查的基地。她夹在集中营当局和"囚徒"之间,身份暧昧、处境尴尬、被人怀疑,但由于具有深厚的学养和丰富的经验,她能得到信息提供者的信任,顺利开展调查研究,因此,她能见他人所不能见,言他人所不能言,发现了日本人自己都不能发现的"庐山真面目",创造了日本学者也不得不佩服的奇迹。当然,除现场的田野调查外,她还以独到的眼光解读了大量的文献、"审看"了许多电影。她能穿透日本人行为、文字和影像的表象,挖掘其底层的文化模式。

《菊与刀》的目录使日本文化的主要模式一览无余。

(1)社会的等级制使各阶层、群体和个人"各安其位";等级森严,社会流动性差;文化趋于保守,却也稳定。

(2)"明治维新"使日本文化的继承和断裂得到彰显,既是猛烈的社会变革,又推进"王政复古",使天皇制"万世一系"、"万世一统"。

(3)背负恩情和难以报恩的意识构成沉重的生活压力,使他们感到"难以报恩于万一"。负恩和报恩是日本人沉重的义务包袱。

(4)"情义"的独特义务观最为沉重,使他们必须履行对社会的义务,并维护自己的名誉;他们觉得,不回报情义就会人格破产,所以他们谨言慎行,小心翼翼地行走在复杂的世界里。"履行

'情义'难以承受,是'不太情愿'的"(第136页)。"情义"是日本特有的道德范畴,稀奇古怪;忠于主君是"情义",因受辱而报复也是"情义"(第139—140页)。

(5)情感生活的放纵与控制兼而有之。原因在于日本人独特的人性观:人生性善恶皆有,连天照大神之弟也善恶皆有;他们认为,人基本上是向善的,不会形成善恶对垒、肉体与精神对垒的局面,这与西方的人性观迥然不同。吃饭、睡觉、沐浴、饮酒、嫖妓、自慰都是他们放纵与控制兼有的情感生活。

(6)道德的两难困境盖源于几个因素:(A)道德标准中有"目"无"纲",不能"纲举目张";(B)道德准则仍然是原子似的积木块,忠、孝、情义、仁、情感等是积木,却没有统御一切的"拱顶石";没有总括一切道德的"全图",只有相对分散的"忠的圈子""孝的圈子""情义的圈子""仁的圈子""情感的圈子";(C)而且,"日本人的道德准则或道德'圈子'总是随着情况的变化而变化,情况一变,截然不同的行为变化就必然发生"(第195页)。

(7)罪感文化与耻感文化。这是美国文化和日本文化的最大差异之一,也是本尼迪克特最广为人知、影响最大的模式论之一。

(8)自我修养的目的是享受人生、品味人生;自控、自制、自律的目的不是自我牺牲,而是为了享受人生、品味人生;相信直觉,接受禅宗的"无为"之境,反对用"观察的自我"来约束"行为的自我"。

(9)"育儿模式"是人类学家研究文化的看家本领之一。借此,本尼迪克特步步紧追,挖掘日本文化最深层的奥秘。第十二章"儿童的学习"有几个亮点:(A)日本人的人生曲线是深凹的U形曲线,婴儿和老人享有最大限度的自由,成年人的自由度降至低谷;美国人的人生曲线是倒过来的,幼儿期强调纪律,成年期的自由度和主动性最大,老年期的自由度减少。(B)日本人的童年分为前后两期,前期快活似神仙,后期受种种束缚,此所谓"童年期教养的非连续性",这正是日本人性格矛盾、行为震荡、急剧摇摆的根源。(C)"刀"与"锈"的比方。人身和品格好比"刀",污点好比"锈";"刀"要常擦拭,永不生锈,铮铮闪光,这就是"自我负责"的精神。

(10)最后一章"投降后的日本人"有两个亮点:(A)美国政府与盟军司令部全盘接受了本尼迪克特的政策建议:"一个善意的、对日本人信任的政策得到了丰厚的回报"(第300页);"保留天皇具有非常重大的意义。这一方针处理得当"(第309页)。于是我们看到,日本人对美国人的态度来了个180度的大转弯,他们对占领军热诚欢迎,阿谀奉承。(B)日本人善于改弦更张:"日本人有多种选择的伦理。他们试图通过战争赢得在世界上的'适当地位',结果失败了。如今,他们能抛弃那种方针,因为他们接受的全部训练使他们能适应改弦更张"(第305页)。

五、从奥斯威辛到南京大屠杀

几乎在翻译《菊与刀》的同时,我为花城出版社翻译了《迫害、灭绝与文学》,很自然要将日本人、德国人和犹太人进行比较。

我的结论是:任何民族,无论其国民性如何,一旦踏上军国主义和法西斯的道路,必然从人变成兽,由人变成魔。

二战期间的奥斯威辛死亡营和南京大屠杀是世界历史上的两大毒瘤。德国人勇敢割掉毒瘤,脱胎换骨。日本人不知悔改,不但不深刻反省,反而肆无忌惮地否认血淋淋的兽行。

二战期间的德国和日本结成轴心国因疯狂而征服,因征服而疯狂,很快走上不归路。

两者的不同是,德意志民族真诚反省,日本人未曾悔罪。

两个国家和民族何以如此相似,又为何如此不同?

这是中国人、日本人和世界人民都不得不直面的事实,不得不长期研究的课题。

六、日本文化的变与不变

再说一说日本文化的变与不变。12世纪,幕府将军"挟天子以令诸侯",日本名义上实现了统一。19世纪,明治维新"废藩置县"、"王政复古";同时,日本"脱亚入欧",步入现代化,却保留了封建残余,武士、农民、工匠、商人、贱民、"秽多"的等级制即为残余之一。第二次世界大战,日本战败投降,制定和平宪法,宣称永不再战,但由于同盟国尤其美国并未彻底清算日本军国主义,日本难以实行睦邻外交。20世纪80年代,日本取得经济奇迹,跃升为世界第二大经济体。

以上变化,翻天覆地,乃经济、政治、社会的剧变,但仅为表层皮毛而已。日本人的文化心理底层并未发生剧变,军国主义抬头,政治向右转,靖国神社的幽灵令人不安。日本的变化乃"革面"之变,并未完成"洗心"的脱胎换骨。

日本人的反省需要外人的帮助,外人对日本文化的批评需要武器,本尼迪克特的这本奇书具有持久的认识价值和批判威力。

《菊与刀》是我为北京大学出版社翻译的第八本书,前七本是《媒介环境学》《技术垄断》《口语文化与书面文化》《作为变革动因的印刷机》《超越文化》《无声的语言》和《与社会学同游》。感谢北大出版社的信赖和重托,感谢周丽锦、徐少燕、谢佳丽、陈相宜编辑的工作。

何道宽

于深圳大学文化产业研究院

深圳大学传媒与文化发展研究中心

2011 年国庆节